留白

数学教学的艺术

俞波◎著

吉林大学出版社
长春

图书在版编目（CIP）数据

留白，数学教学的艺术 / 俞波著 . -- 长春 : 吉林大学出版社 , 2020.9

ISBN 978-7-5692-7299-4

Ⅰ . ①留… Ⅱ . ①俞… Ⅲ . ①数学课－教学研究－中小学 Ⅳ . ① G633.602

中国版本图书馆 CIP 数据核字（2020）第 199631 号

书　　名　留白，数学教学的艺术
　　　　　LIUBAI，SHUXUE JIAOXUE DE YISHU

作　　者　俞　波 著
策划编辑　刘子贵
责任编辑　赵洪波
责任校对　周　婷
装帧设计　智诚源创
出版发行　吉林大学出版社
社　　址　长春市人民大街 4059 号
邮政编码　130021
发行电话　0431-9560028/29/21
网　　址　http://www.jlup.com.cn
电子邮箱　jlup@mail.jlu.edu.cn
印　　刷　武汉市卓源印务有限公司
开　　本　787mm × 1092mm　1/16
印　　张　16.75
字　　数　300 千字
版　　次　2020 年 9 月 第 1 版
印　　次　2020 年 9 月 第 1 次
书　　号　ISBN 978-7-5692-7299-4
定　　价　46.80 元

序言
PREFACE

留给自己成长的空间

蔡金法
美国特拉华大学 Kathleen and David Hollowell 终身讲席教授
西南大学教育部长江学者奖励计划讲座教授

我的家乡在美丽的萧山，俞波老师是我在家乡所带的“坚石班”的学员之一，也是这个班的班长。

俞波老师用“留白”作为本书的中心思想，我觉得很有意思，因为这也正是我想表达的。一名优秀的教师，不仅要做到留给学生思考的空间，也要留给自己思考的空间和成长的空间。

留给学生思考的空间

很多教学研究发现和证明，教师基于学生的思维开展教学是一种非常有效的方式。在教学实践过程中，教师需要用充分的手段来了解学生，如课堂提问、课前测试等，以便于更好地进行教学设计。然而，尽管教师们会尽可能地把自己对学生的理解融入教学设计中，并认真地备课，甚至磨课，但这毕竟还只是一个预设，在实际课堂教学中，随着很多因素的变化，可能会有一些预想不到的事情发生，在这样的情况下，就要留给学生足够多的思考空间和时间。当教学中的“学生需要思考的时间”与“预设这个环节所预计的时间”之间产生很大距离的时候，一般有两种办法来处理：一种是把这个特殊情况一带而过，从而顺利地完成教学计划；另一种是对教学中发生的实际情况进行处理，按照课堂生成随时调整教学预设，在有可能完不成教学计划的情况下解决学生生成的问题。

留给学生思考的空间有两个相关的做法：一是尽可能了解学生的思维。越了解学生的思维，就越容易设置课堂教学活动，从而促进学生的学习和自我发展；

二是教师要设置足够多的机会让学生自己思考。在国培班展示的那堂课中，俞波老师选择给学生足够的时间思考，而不是为了完成教学进度严格执行自己的计划。这样给了学生足够多时间的同时，也有助于教师按照学生的思维调整自己的教学。

留给自己思考的空间

在我家乡的老师中，俞波老师是首位被我邀请到全国范围内进行教学展示的老师。在这个过程中，我们有了很多的接触与交流。期间他跟我谈过很多关于自己的教学心得，而现在他将这些教学心得撰写成书，我是非常鼓励的。我相信，该著作的出版将会为他的未来发展打下非常坚实的基础，也会让他在专业上有更大的发展。现代教师不仅仅是一个教书匠，而且要成为一个探究型的教师。因此，教师不但要思考和研究如何上好一堂课，更应在课中以及课后进一步思考如何才能完善教学和实现自我的成长。

在这本著作中，无论是教学心得还是教学案例，都可以从中看到俞波老师花了很多时间对自己的教学进行了反思。而任何一种改进都是建立在已有经验基础上的，对经验的系统性总结和反思的过程，本身就给了自己一个思考的空间和机会。记得 1994 年我拿到博士学位后刚开始在一个大学里教书的时候，我就用视频记录了自己上的课，之后再认真地回顾写总结。持续两年的认真总结和反思，让我收获非常大。尽管现在已经很少这样做了，但是每一次教学完，我还是会花一点时间对课堂进行回顾，包括教学任务选择的恰当性、给学生思考时间的长短等，以帮助我改进下一次教学。而俞波老师的这本书恰恰也体现了这一做法。

留给自己成长的空间

衷心祝贺俞波老师的著作即将出版，与其说这是教学生涯的一个顶峰，倒不如说是他自己专业成长的一个起点。有这样一个机会系统地总结自己的教学，相信会给他带来更多的成长机会。与此同时，希望俞老师能够留给自己系统阅读一些数学教育专业的、人文的和历史类的著作的时间和空间，不仅把自己的教学心得和教学研究的心得传递给更多的教师，更可以将自己置于一个更大的教育和研究环境中被审视，让自己有机会与它们建立链接。这一做法也是我一直提倡的——教师要留给自己成长的空间。

最后，我想讲一个小故事来作为简短序言的结束。2020年年初，我有幸被邀请到我小学毕业的母校访问。学校把教过我的蔡老师也邀请了过来。40多年没见的我们回忆起了很多事情，其中蔡老师特地提到，从我们二年级开始，他所教学生的大部分作业都是让我协助来批改的。其实如果按照现在的标准，蔡老师不算是一个全优的老师，因为他既没有很高的学历，也没有发表过很多篇教学论文。但我觉得蔡老师是一位非常好的老师，因为他让我有机会批改别人的作业，让明白为什么这里是错的，为什么那里是对的，也理解了同一题目会有很多不同的解法。因此，当时我就萌发了长大后也要成为一名数学老师的理想。

我之所以用这个故事作为结束，是因为我想跟俞波老师以及所有的老师一起共勉，我们不仅仅要留给学生思考的空间，也要给我们自己创造更多的思考时间与空间，让我们能够在各自的专业上得以长足发展，从而真正地成为一名探究型的教师。

目　录

CONTENTS

第一章

一次展示课后实现了留白的顿悟

教书育人是教师的主要职责。然而教书只是技术，育人才显情怀。所谓教育情怀可以由我当初选择教师这个职业出发，是为初心。其过程需要丰富的经历，最终才能拓展自己的教育视野，是为格局。所以，有幸参与一些教学经历，就是为了不忘初心，拓展格局，让教育情怀真正落地。

第一节　我有什么教学特色

我有什么样的教学风格或是教学特色？作为一线教师的我，虽然有问过自己这样的问题，但一直觉得这是数学教育名家所能做的事。不过在 2018 年 10 月 19 日这一天，我彻底改变了原来的观点。那天的经历，不仅让我总结出了自己 18 年以来“留白”的教学特点，还让我明白了如何从一次教学展示中去获得更加丰富的收获；如何与高端理念对接；我是如何践行的；老师们可以借鉴什么。虽然我自己总结的还算不上特色，但我相信，只要坚持，终有一天我会有自己的教学特点。如果一个技工的学徒学了 18 年，我想他的技艺应该很出色了，所以作为教师的我，也希望在教学见解上有一个自己满意的答案。

2018 年 10 月 19 日，我在数学国培班上做了展示课，听课的老师是各个省市的数学教研员。带我去上课的是美国特拉华大学的蔡金法教授，蔡老师还针对我的课进行专题讲座，这样高规格的教学展示是我从教以来的第一次，于是无论是我的课前准备、课堂教学还是课后反思，都特别深入，因此有了很多的收获。

最大的收获是当天的课后反思，我想清楚了自己“留白”的教学风格。那天傍晚，我坐上了回萧山的飞机。在飞机上，我一口气写出了三个关键词及相对应的三段话。

一、放大

本次教学中，我落实了蔡金法和孔企平两位教授所提到的一个理念，就是把学生在理解算理时所需要的语言表达、思维成长的过程给拉长或者放大，教学中舍去那些数量关系式的机械呈现重复训练。当时学生的状态告诉我，他们真正地受益了，确实吃透了加减法的本质含义。因为40分钟的课堂，我几乎都在让学生理解两位数加减法含义。只有这样的真实体验，我们才能真切地感受到教授们给我们讲授的理念是真的好。

这种数学课堂教学中“放大”的理解与应用，不仅是提升数学教师教学水平的重要手段，更是学生能自主获得思维成长的重要途径。我们常常说一位解题能力超强的数学教师不一定能成为一名优秀的数学老师，因为这样的老师往往会在几分钟内就把小学数学教学中的一个例题讲完了，剩下的时间就是机械地训练，通过重复练习达到教学目的。我想如果我们的数学老师能够学会、应用两位教授的放大的教学理念，那么学生就有机会去真实地表达自己的想法，更有机会去展示自己的数学成长过程，同时教师也能获得引导学生的最佳时机。这个放大的过程就是教师与学生一起欣赏数学学习沿途风景的过程，是多么的美好。

二、等待

那天做课过程中，我有一个意料之外的收获。当一个孩子回答为什么要用加法解决自己提出的问题时，他突然想不起要说什么了。说来也奇怪，当时我没有催促他，也没有让他坐下，甚至没有说启发他的话，有的只是安慰和等待，把话筒对着他，让他慢慢想。大家都知道，在课堂上如果停下来几秒钟，就会显得时间特别长，何况是在几百人听课的大场面上。但是我当时一点没有急，觉得学生一定能讲出来，于是坚定地“等待”。此时，我是微笑着的，台下的老师都专注地期待着，同学们也非常希望这个孩子能立马回答上来。大概十几秒钟以后，这个孩子还是没有说话。但是旁边的一个孩子有了动静，他开始用手势比画起来，试图用这样的方式教会站着的孩子该怎样说。此时，我还是没有说话，只是微笑地看着他们，继续等待。让我惊喜的是，另一边的孩子也这样做了，接着第三个，第四个……最后，几乎全班都在做这样的手势。终于，那孩子大胆地表达了正确的加法含义。这时，台下的老师给予孩子们热烈的掌声。我想这就是“等待”的力量，简单的等待让全班孩子自己理解了加法的含义。

平时教学中，我们常常会遇到这样的事，请一位同学回答问题，结果这个孩子并不能一下子说出什么。对于这样的情况，我们更多的是选择请别的同学来回答，而不是等待这个孩子。经过这次教学经历，我坚定了自己的信心。课堂中的等待是必须的，是有价值的。大家可以想见，这样的等待，绝不只是为了这个站起来的孩子，而是为全班孩子的学习创造一个深入学习的机会。一旦教学静下来，一些走神的孩子会立马回到学习上，一些专注的孩子则能更加深入地思考该如何回答，一些已经理解的孩子还能创造一种身体语言去帮助同学回答问题。这些都是教师的等待所带来的效果，我相信这样的教学方法是值得我们深思的。

三、开放

我一直不擅长在一节课上用很多很多细致的问题进行教学，我最喜欢的是用一个或者几个大问题来引领整堂课，然后通过开放的交流方式在课堂上无形地实现教学目标，落实重点，突破难点。在这次教学展示中，这样的教学方式得到了很好的磨砺。那天课上，我让学生根据算式提出问题，用这样一个大问题贯穿整节课。正是有了这样的大问题引领，课堂就显得板块清晰，而不琐碎。而且在后续交流中，我向学生提出的每一个小问题，常常都有 5 个以上的孩子进行具有个人观点的回答。一个问题引起不同回答的人越多，说明这样的问题越开放。这样的开放教学，恰好适合蔡老师提出的教学理论。所以，这次教学经历更是对我原有教学经验的提升和重构，能做出自己的特点来。

开放的课堂，对于学生来讲最大的好处就是自由，在数学课上体现的是思维的自由。这是能放飞孩子们的灵魂的，是功德无量的。只有在自由的思维环境下，孩子们才能发挥无限潜能。在开放的课堂中，教师同样是自由的，能够根据学生的生成随时调整教学流程。当然，教师不能死板地按照固有设计进行教学，而是需要准备好关于本课内容的各个知识点的小目标及每一个教学板块的大目标。这样不管学生怎么回答，不管学生先回答什么，教师在教学中都能恰当合理地进行应对与引导。这样的课堂就是自然而然的数学课，是真正属于学生的数学课。只要做好充分的准备，教师在课堂上也是放松而快乐的。

有了“开放”“等待”“放大”这三个教学策略的积累之后，我头脑中第一次出现了“留白”两个字，我觉得留白刚好能将以上三个词语很好地概括起来，这也正是对我 18 年教学工作的最好概括，所以我想对自己说：我的教学风格是“留白”。

所谓留白教学，就是要像国画大师一样，一大幅作品中只有几只虾和几棵水草，留给读者的却是无限的遐想。如果把一节数学课比喻成一个具有无限生命力的鱼塘的话，数学教师只需要在教学中抓住这个鱼塘中几个大鱼群即可，只要这几个鱼群保持强大的生命力，池塘肯定是非常生态的，这样的鱼塘所有的生命必定是自由而欢快的。要说如何操作，那就是课堂中做到“开放”“等待”“放大”，为孩子们留出自由的空间，孩子们的思维就能自然而然地获得无限的发展可能。

这样说至少有以下三点原因：一是开放有利于留白的空间更宽广。开放的课堂是实现留白的前提，只有开放的教学设计才能将课堂上更多的空间留出来给孩子们。二是等待有利于留白的产出更丰富。在“开放”的课堂里，孩子们拥有了自由的空间，于是这个空间里产出的效益能否最大化，就要看教师后续的水平，这个水平就是善于“等待”，要在许多关键时刻等待孩子们的精彩表现，这样留白的空间就会更加丰富，孩子们的收获也会更加丰富。三是放大有利于留白的意义更深刻。在一个自由的空间里，孩子们已经能创造无限的可能，但是这些出现的可能，价值到底能提升到什么层次，离不开“放大”。教师及时把握住学生创造的具有深层价值的点，有意识地引导学生将这些点不断放大，于是高层次的数学思维就出现了。这是多么美好的数学课堂，这就是我一直梦想、一直追求的数学课堂，现在我终于给这样的数学课堂起一个自己喜欢的名称，叫“留白”。

后来看到一位数学家的话，让我有了写这本书的信心。数学大师陈省身说：“数学是自己思考的产物，首先要能够思考起来，用自己的见解和别人的见解交换，才会有很好的效果。但是，思考数学需要很长时间。我不知道中小学数学课堂能否提供很多的思考时间。”我想我现在做的，正是数学家所希望见到的。

这次教学展示，让我彻底梳理了自己从教以来的教学方法。我想我是幸运的。整理 18 年从教经历的各种资料，重温“留白教学”的形成过程，我发现与我平时喜欢思考的习惯是分不开的。由于我的数学课是创设平台让学生有天马行空的想象空间的，所以我自己也自然而然地形成了多角度思考问题的习惯。比如，这次国培展示课上完之后，我立马开始思考：我上课前是如何向蔡教授学习“问题提出”这个教学理念的；在天津师范大学展示课的过程中我又是如何践行这个教学理念的；还有我这样的教学展示对其他老师有什么值得借鉴的地方。我觉得学会这样的思考，也是我成长中的一个重要过程。

提出问题与问题提出的最大区别：提出问题是因为对内容不知道才提问，而问题提出是对相关内容有所了解，将了解的内容转化成问题呈现出来。

第二节　我是如何践行的

一、如何与高端理念对接

以“问题提出”的方式，学习上好一堂课

——俞波执教　蔡金法点评

本文回顾了执教者俞波老师如何用“问题提出”的方式上好一堂课的心路历程，其重点在于呈现如何与蔡金法教授合作的过程。从观念形成到教学设计再到教学展示，俞波老师在学习过程中的每一个阶段都体现了这种合作的重要性。希望本文能为一线教师与研究者就如何有效合作改进课堂教学带来一点启示。

（一）对这堂课的简单回顾

本课是我第一次以“问题提出”的方式上的课，教学内容为人教版二年级上册“两位数加减法中的问题提出”。

教学目标分为三个层面：一是学会提出用两位数加减法运算的数学问题；二是能够感知不同问题之间的差异；三是掌握一种或几种图示方法来说明为什么用加法或减法计算。

教学过程主要分为以下三个片段。

片段一：根据“37+49=？”这个算式，编写一个用加法计算的数学问题。

学生提出的问题非常丰富，主要可分成两类，第一类是知道部分数求总数；第二类是谁比谁“多”或谁比谁“少”，求较大数。由于问题本身就是学生提出来的，所以学生清楚这些问题都是用加法来解决的，根本不需要教师对这方面进行讲解。

于是，学生又提出了更加深入的问题：这些看似不太一样的题目都是用加法计算的，到底是由什么因素决定的呢？此时，师生一起想到了一个直观的方法——画图，即用一些图示的方法来说明这些问题为何用加法计算。二年级学生虽然还没有具备系统的数学图示的学习经验，但人人都有图示表达的生活经验。通过丰富的图示表达，他们从本质上理解了加法的含义，明白了这些数学问题都是部分数加部分数等于总数，只是每个问题的提出方式不同而已。

片段二：根据“86–37=49”这个算式，编写一个用减法计算的数学问题。

有了前面运用“问题提出”的方式学习加法含义的经验，关于减法含义的学习，教师只是明确了学习任务，学生试着将刚才的学习方法迁移到新的学习内容中来。孩子们经历了以下过程：独立写一写；四人小组讨论提出的问题是否符合要求；给这些不同问题画示意图来说明为什么用减法；最后小组汇报。汇报过程中，学生理解了自己提出的问题都是总数减去部分数。

片段三：根据今天所学内容为老师编一些题目，便于以后更好地教学。

学生非常乐于帮助老师，甚至编出了一系列题目，将刚才陆续提出的问题按照不同类型进行了整理，形成了全面的“问题集”。即使有的孩子还来不及进行整理，但口头上也是有这样想法的。

（二）学习上好这堂课

1. 读文献

非常荣幸能受到蔡金法教授的邀请，在天津师范大学举行的“国培计划2018”专职培训团队研修项目数学班做示范课展示。“两位数加减法的问题提出”一课，是在二年级上册“百以内数加减法”这个单元结束后，结合“问题提出”教学理念所创设的一节课。“问题提出”教学理念对于我来讲是全新的，是需要好好理解的。

为了深入这一理念，我仔细阅读了这方面的书籍，特别是蔡教授撰写的理论书籍以及文章。读了之后，我体会到“问题提出”并非之前所认为的学生因为不懂而提出问题，而是教师运用学生“问题提出”进行学习的一种教学方式。能学习到这样的教学方式，我非常惊喜。“惊”的是，一般的老师出题—学生解答的过程居然可以倒过来，可以让学生提出问题，并且分析问题；“喜”的是，我借助理论学习明白了这种教学方式。但是我心中还是有疑问的，担心会不会想想是好的、看看是容易的，做起来却很难呢！

2. 读自己

一直以来，我教的都是三到六年级，从没有教过一二年级。因此，对于二年级的教学，我自身有两个不足：一是对于二年级知识体系不够清晰；二是并不擅长与二年级学生之间的课堂语言交流。于是，我尽可能地与二年级学生多交流，积累经验；同时，详细梳理二年级教材的知识点，并向骨干老师请教。

当然，多年的教学经历也使我积累了一些经验：一是蔡教授这次要求教师进行开放式教学，而自己正好喜欢以这样的方式上课，有一定的实践体会；二是愿意思考如何将新的理念落实到实践中，这样的思考可以促使我想明白一些具体的问题。

3. 读教授

在教学设计过程中，我有幸与蔡教授一对一地交流，解决了诸多疑惑。为了快速而有效地展示蔡教授的理念，起初我选择的内容是杨薪意老师上过的一年级下册“百以内数的整理与复习”，但是开课时间是在下半年，所以对上课内容进行了调整。经过与蔡教授的一番讨论，我把开课内容定为“两位数加减法的问题提出”。严格地讲，这节课是根据教学理念，结合教材内容而创设的一节课。

作为一线教师，要悟透教授的教学理念，首先要知道自己懂什么与不懂什么，要能根据自己的实践经验提出具体问题，清晰地明白掌握到了什么程度，还有哪些地方不够明白。教授就可以从我的提问中发现需要为我指导的重点。以下就是我向蔡教授请教的部分交流内容。

俞老师：为了复习100以内数的数位和位数，是让学生写出最喜欢的两位数好，还是写出最喜欢的100以内的数好？如果是写出最喜欢的100以内的数，好处是设计会更加开放一些，学生能够在交流中涉及个位数，从而更完整地复习100以内数的数位和位数。

蔡教授：能够让课堂更开放一些当然是非常好的。在教学过程中可以通过学生讲到的一位数和两位数进行对比，从而在分析中复习和巩固位值的概念，如果时间允许可以这样做。反之，直接用两位数引入也是没有问题的。

俞老师：学生在相互交流中复习相关知识点之后，教师是否需要及时地抓住教学契机进行引领和补充，还是不要过多引领，让学生自己展现出最大的可能。比如，学生说我写的数是双胞胎数，然后有学生猜测是88或99等。教师是否需要及时引领，将所有的双胞胎数说一说呢？

蔡教授：我觉得老师还是要尽可能地开放教学，让学生有更多的学习机会。所以，教师不需要纠结这些内容，因为这些内容还算不上本课的教学重点，让学生自己能充分地表达就可以了。本课需要展现的是通过学生自己不停地提出数学问题，然后内化和生成本单元的相关知识。

俞老师：教师是否需要全面完整地将知识点在黑板上展现出来？之前看到过的复习课都会将某一单元的所有知识点一一整理成一张知识网络图。这样虽然能很好地整理知识，但是多少会凸显教师的引领。教师少注重一些这样的完整性，更注重一些学生实际的生成与表达，是不是会更好呢？

蔡教授：板书并不需要追求完美或者完整，只要能够为学生的学习服务，能够突出本课的教学重点就好。比如，数数、数的组成、数的顺序等细小的知识点并不需要完整地呈现；位值等这样重要的知识点则需要呈现；还有学生根据算式提出的问题需要更多地呈现，最好还能让学生看着板书进行分析。

【经过二次实践后，我发现“百以内数的整理与复习”对于二年级的学生来说显得浅了点。最后，我们决定教学内容为“两位数加减法的问题提出”，直接出示算式，让学生提出问题。】

俞老师：学生根据加法算式或减法算式，讲讲可以解决生活中的哪些问题。这个教学环节中，是否有必要让学生先写出来，再说给大家听？直接说的好处是，对文字掌握并不丰富的低年级学生来说，可以节约时间；先让学生写的好处是，学生思维能得到整理，之后表达的内容将有一个质的提升。

蔡教授：我觉得写一写非常有必要，而且要通过不同的方式呈现学生所写的内容。比如，老师用恰当的板书或投影，将学生不同的书写内容呈现出来。在学生写的时候还要让四人小组进行讨论、辩论，使得每个小组根据算式所写的问题具有层次性和序列性。

【实践中，学生花费时间并不多，有的用拼音表达，有的用图画表达，都真实地表达了各自的思路。】

蔡教授：建议在课堂的最后，能用5分钟左右的时间来做一件事情，那会非常好。让学生根据本课所学，为老师编写一份小练习，比如，俞老师回去后要给另一个班级教学这个内容，请小朋友为那个班的同学设计一份小练习。里面包括哪些知识点是必须要掌握的，哪些问题是必须要让同学学会解决的，都可以写下来。最后贴出来展示一下，让同学们互相欣赏。

（三）在合作中长进

第一次听说蔡教授时，我觉得我们一线教师也许是很难与世界级的专家对接的；第一次接触“问题提出”教学理念，也担心会不会无法践行。但是，让我没有预料到的是，蔡教授是以合作者的身份出现在我的面前。他在确定由我开设这节课之后，同样是以“问题提出”的方式在辅导我。他首先给我一个具体的课例，由我自己去思考与实践，然后让我提出遇到的问题。接着，蔡教授根据我的实践体会与我共同设计教案。最后，蔡教授点评与指导我的试教，直到课堂设计成熟后进行展示。

面对“问题提出”教学理念，我经历了由最初的不知，到学习文献后的认同，再到与蔡教授合作下的尝试设计，最后到真正的课堂展示。我明白了教授提出的“问题提出”教学理念，并非仅仅是抛一个理念给我，而是要与我一起经历一个过程。我想，我们今后的教学中同样要与孩子们一起去经历学习过程。

有了这次经验，我对“问题提出”教学理念有了更加深入的理解，后续也积累了很多课例，比如，六年级“简便计算的复习”、一年级“差值等分”等。有了课例之后，我也学习蔡教授与我合作的方法，将“问题提出”教学理念分享给我所带的“杭州市名师乡村工作室”的学员们。通过一段时间的实践，我们发现，若能把握住“问题提出”教学的本质，不管是新课、练习课还是复习课，都可以运用这样的方式教学。这种教学方式的本质就是让学生有机会根据现有认知提出问题，扫描学习起点，对接学习难点。

（四）结论

与蔡教授的这次合作学习，不仅让我走上了“问题提出”课堂教学研究的道路，更让我明白了如何与专家合作，如何与同伴合作，如何与所带的学员合作，这样的收获已经远远超过了上好一堂课的价值。在合作中研究“问题提出”教学，研究数学课堂，研究自己的教学特点，实现自己成长、同伴成长，以及学生成长。

蔡教授点评：

这样一对一地指导一个教师用“问题提出”的方式进行教学，俞波老师不是第一位参与的。跟不同老师一起合作，有很多的共性，也有一些不同老师的个性。

共性是，我作为一个指导者，不应该高高在上地指挥老师要这样做、那样做，要以一个合作者的身份出现，与老师一起把这堂课设计好、上好。每当老师碰到新的理念时，要鼓励老师把这堂课内化为自己的课，而不是仅仅按照我的要求上一节课。我们所实践的理念，是要对老师个人所接触的教学观念能从内心认同，每当有不认同的时候，不要迁就地进行实践。

根据以往的经验，一线老师在设计有“问题提出”教学的时候会遇到很多挑战。从观念的改变，到具体“问题提出”教学任务的设计，到如何来处理课堂上学生提出的数学问题，直到如何通过“问题提出”真正让学生能学到数学，这些方面都是有挑战的。与教师合作，就要帮助他们克服这些挑战。

个性是，要根据不同老师、不同研究者的相互关系、相互了解、分工方式，进行合理的调整。在这样的一对一的过程中，实现课的设计、教学，让老师的潜能充分地发挥出来，成为老师自己的好课。

俞波老师不同于我以前指导的老师，我与别的老师已经有很多年的认识基础了，但在指导俞波老师上这节课的时候，当时我们认识并不久，所以我还不知道用什么样的方式来进行合作是最好的、最适合我们俩的。因为我不知道他在用“问题提出”进行教学设计的时候，遇到的挑战会是什么？

于是与俞波老师合作的过程中，我遵循一个大原则，就是我们俩处于平等的位置，一起来讨论这堂课。我们的主要目的就是把这堂课上好。在设计、修改的过程当中我们的命运是连在一起的，因为我们有同样的使命，这个课的好坏不只是俞波老师一个人上得好与不好，而是我们俩共同的研究结果。所以，我们处于这样一种既是合作者又是共同分担责任的角色来讨论设计和修改。同时，我在跟俞波老师合作的时候，不是跟他泛泛而谈地进行设计改进，而是让他把所有遇到的问题一个一个写出来，以及为什么他觉得这是个问题，让他把设计和教学当中的思考与困惑全部展现出来。我通过了解他的挑战所在，来确定需要如何解决这些问题，然后再一步一步地帮助他找到解决的办法。

可见，与教师一起平等合作的过程中，教师不需要太多的大道理，需要的是跟他一起具体地解决教学中碰到的困难与挑战。

二、如何践行“问题提出”教学理念

“问题提出”视域下的“模块化学习”课堂教学研究

——以“两位数加减法的问题提出”一课为例

【摘要】“问题提出”是小学数学学习的重要手段，它与模块化学习恰好是相辅相成的，它不仅让课堂学习具有挑战性，更使得课堂模块结构清晰明了。学生模块化学习能更好地实现对数学思想的解构、重构和建构，这样反过来也促进教师问题提出教学地不断深化。“问题提出”视域下的“模块化学习”课堂教学研究，是目前提高课堂教学效率的良好途径。利用问题提出来统领课堂教学的模块，实现课堂分块、知识整理、思想串联，从而在模块化的学习中激发学生深层次的理解、内化与生成。

【关键词】问题提出 模块化学习 课堂教学研究

【概念界定】

1. 问题提出

本文指出，教师呈现某个数学知识，学生根据它提出一些数学问题，并且这些问题都是可以用教师呈现的数学知识来解决的。继而学生对同学们提出的问题再提出问题，实现对第一次提出的问题进行分类、整理和归纳。课堂中就是这样不断地提出问题，不断地解决问题，学生最后自然而然地理解、内化和生成教师一开始呈现的那些数学知识所包含的数学思想。

2. 模块化学习

本文指出，整节数学课通过几次问题提出形成几个学习板块，每一个学习板块都是由一次问题提出来统领。学生在每一个学习板块中能够针对一个主题进行深刻的沟通与思考。一节课下来，学生能够轻松地将几个板块串联起来，形成知识网络，避免了零散且不利于学习掌握的课堂教学形式。

去年，我非常荣幸地读到了杨薪意老师撰写的一篇文章，是关于一年级“100 以内数的整理与复习”一课的教学。课上，杨老师在“问题提出”中拓展对数学的理解，改变了以往教师出题学生解答的教学方式，取而代之的是，教师出示教学信息，由学生根据信息提出问题。这样的教学，让我眼前一亮。于是，我在二年级的“两位数加减法的问题提出”一课中，同样采用了“问题提出”的教学方式，并且借助“问题提出”实现了模块化的数学学习。

（一）“问题提出”视域下的“模块化学习”之操作性

二年级学生也能根据算式提出数学问题，而且能在较短的时间内将问题写出来，甚至能用自己的方式画出示意图。

1. 问题提出创造模块化学习

（1）问题提出决定模块学习的主题

（板书：37+49=？）

师：请大家说说这道题的计算过程。

生：十位加十位，个位加个位，这里还有进位，得数是 86。

师：请根据 37+49=86 这个算式，编写一道用加法计算的数学问题，写在练习纸上。

“请学生根据算式提出一个用加法解决的数学问题”，在这样一个大问题统领下，学生在这个学习模块中的学习主题自然就是对于加法含义的深入理解。

（2）问题提出统领模块学习的过程

（师展示学生提出的问题）

生1：一班有37人，二班有49人，两个班一共有多少人？（第一类问题：知道部分数求总数）

生2：我有37个苹果，妈妈比我多49个，妈妈有几个苹果？（第二类问题：跟“比”有关的求比较大的数）

师：是的，这题目中有比多比少的内容。如果要把这个“多”改成“少”，但是题目仍旧是用加法做。你能改编一下吗？

生：我有37个苹果，我比妈妈少49个，妈妈有几个苹果？

师：咦，为什么用“多”和用“少”，最后问题都是用加法解决呢？

生：因为它们表示的意思是一样的，都是妈妈比我多，求的是妈妈的数，也就是多的那个数。

师板书：跟“比”有关，求比较大的数

学生根据37+49=？这个算式，编出用加法计算的问题之后，自然进入到下一个学习层次，去寻找这些问题的区别，从而找到问题的本质都是部分数加部分数等于总数，进而验证所提出问题的正确性，为学生创设了重构知识的过程。

（3）问题提出奠定模块学习的成效

师：这些看似不太一样的题目真的都是用加法计算的吗？小朋友有什么办法来证明自己是对的。

生：可以画示意图来说明。

1.用加法解决的生活问题

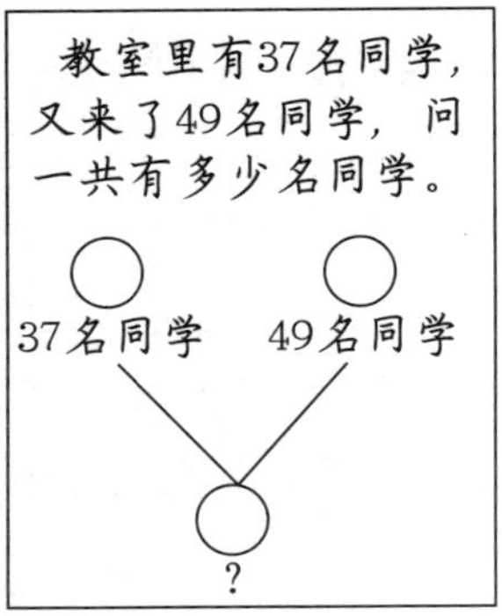

一、编题

1.用加法解决的生活问题

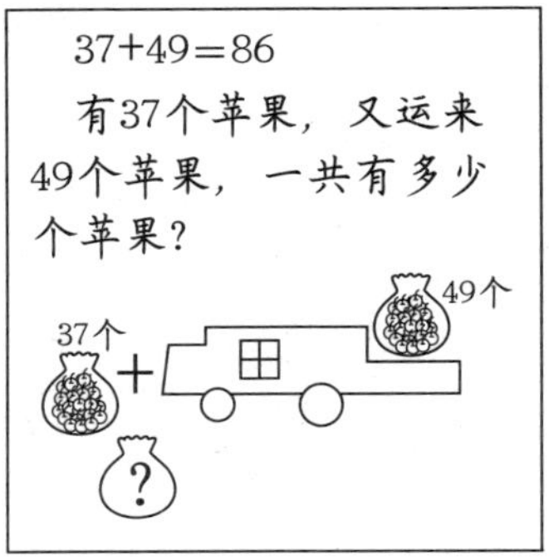

形象图示：部分数 + 部分数 = 总数

1.用加法解决的生活问题

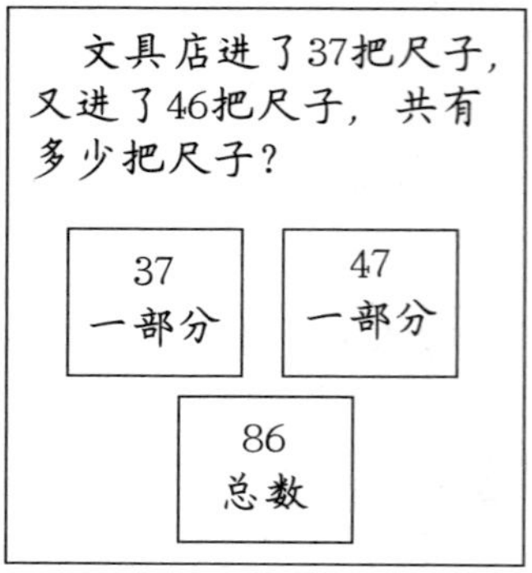

1.用加法解决的生活问题

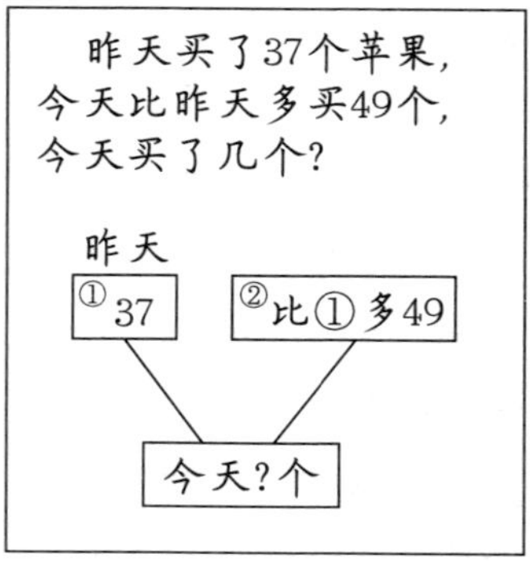

抽象图示：部分数 + 部分数 = 总数

学生根据算式 37+49=？编出用加法计算的问题，这个提出问题的过程其实就是学生自我理解加法含义的过程。所以这个过程直指本模块学习的目标，于是用示意图可以建构学生知识结构。

2. 模块化学习促进问题提出

（1）模块学习激发问题提出的专一性

师：请根据算式 37+49=86 写一个减法算式。

生：86−37=49 或者 86−49=37。

师：根据算式 86−37=49，可以解决什么数学问题？

由加法算式过渡到减法算式，然后根据减法算式“86−37=49”，提出能用减法解决的数学问题。这样非常自然地从加法含义模块学习转到了减法的含义学习，学生接下来提出的问题也自然都与减法有关了。

（2）模块学习形成问题提出的深刻性

师：根据算式 86−37=49 提出数学问题之后，四人小组讨论提出的问题是否符合要求，像刚才学习加法那样给这些减法问题画画示意图，用图来说明为什么用减法计算。

模块学习不仅能让学生提出的加法问题更全面更丰富，还可以让学习方法得以迁移。将提出能用加法解决问题这个模块中的学习方法，迁移到提出用减法解决问题的学习模块中。这样不仅能让学生学习得更轻松，而且学习方法在后一个学习模块中得到巩固和发展。教师无须更多地讲解，学生就能更加深入地思考。

（3）模块学习引导问题提出的分类性

师：请展示根据算式 86−37=49 提出的数学问题。（其他小组成员可以补充）

生 1：一班有 37 人，一班和二班一共有 86 人，二班有多少人？（已知总数，求部分数）

生 2：我有 86 个苹果，妈妈比我少 37 个，妈妈有几个苹果？（跟“比”有关的，求比较小的数）

师：把“少”换成“多”，要求仍旧用减法，可以怎么改编题目？

生 2：我有 86 个苹果，我比妈妈多 37 个，妈妈有几个苹果？

师：为什么还是用减法做啊？

生 2：因为都是表示妈妈比我少，所以求妈妈的数就是求少的这个数，那肯定用减法。

生 3：我有 86 个苹果，妈妈有 37 个，我比妈妈多几个苹果？（跟比有关，求相差数）

师：这里的“多”改成“少”，还是用减法解决问题，该怎么改？

生 3：妈妈比我少几个苹果。

师：这里求的是什么数？大的数还是小的数？

生 3：都不是，求的是大数与小数的相差数。

这里学生已经能借助图示来说明，理解了这些不同问题的本质，都是总数 − 部分数 = 部分数。模块化学习，为学生对同一种问题进行深入思考提供了机会，学生会对自己提出的问题进行分类，找出这些问题的不同点和相同点，最终把握减法的本质。

3. 课堂自然催生教学方式转变

（1）教师引领问题提出方向

师：请根据算式 86−37=49，提出数学问题。

2.用减法解决的生活问题

① 女生有86人，男生比女生少37人，男生有几人？

86-37=49（人）

生 1

2.用减法解决的生活问题

② 二（1）班共有86人，二（2）班共有49人，二（2）班比二（1）班少几个人？

86-49=37（人）

生 2

2.用减法解决的生活问题	2.用减法解决的生活问题
③ 天鹅有86只，小鸭有37只，天鹅比小鸭多多少只？ 86-37=49（只）	④ 我有86颗糖，我又吃了37颗，现在我有多少颗糖？ 86-37=49（颗）
生3	生4

课堂上，教师只是给出了算式，要求学生提出数学问题。所以教师在课堂上只需找准教学目标这个方向，所有的过程就由学生去自然生成。

（2）学生主动构建学习模块

师：请展示根据算式 86−37=49 提出的数学问题。

这样的教学环节，学生有了更多的时间、空间，去构建课堂学习模块。①先提哪个问题由学生决定。学生提出问题不会受到教师教学安排的牵制，思考和实践都非常自由。②先分哪类问题由学生决定。学生在同一个模块中可以先发现这些问题的相同点，当然也可以先发现这些问题的不同点。③先讲哪种方法由学生决定。学生可以先对这些问题进行分类，也可以先对这些问题进行画图理解。

（3）师生互动形成知识网络

师：老师在别的学校还要上这节课，请你根据今天所学帮老师编一些题目。（让学生把编出来的题目展示出来，并说说编写的题目有什么特点，其他同学来评价一下。）

课堂最后这个学习模块，学生能最大限度地实现对所学知识的整理与运用，真正将知识的习得上升到能力的发展。

（二）“问题提出”视域下的“模块化学习”之优越性

由于教学中组织的几次问题提出，课堂自然被分成了几个学习板块，每一个板块都围绕问题展开，于是学生的学习变得更有节奏，掌握数学知识更有序列。

1. 普通数学学习转变为问题提出平台

之前，关于两位数加减法的内容，学生更多的是依靠“比”“多”“少”等关键词来判断，什么情况下用加法，什么情况下用减法。为了让学生能够从本质上去理解加法和减法的含义，我们先出示了 37+49=86、86−37=49 这样的算式，让学生来提出能用这样的算式解决的数学问题。于是，原本需要学生来判断用什么算式来做，转变成了学生提出相关的数学问题。这个提出问题的过程，为学生真正重构加减法的内涵提供了很好的思考平台。

2. 线性数学课堂转变为块状学习阵地

“两位数加减法的问题提出”这节课，第一个板块是根据算式 37+49=86 提出可以用这个算式解决的数学问题，引领学生给问题分类，理解加法的本质；第二个板块是根据算式 86–37=49 提出用这个算式解决的数学问题，引领学生给问题分类，理解减法的本质；第三个板块是学生根据今天所学编写数学问题，在提出问题的过程中，梳理和拓展本课内容。

3. 散点数学知识转变为网络结构思维

根据算式 37+49=86 提出用这个算式解决的数学问题。学生头脑中原本关于加法的零散知识点，得到了充分的融合。学生原本的思维是这个题目用什么方法解决，现在思维倒过来了，需要提出一个用加法解决的问题。这样，学生就会提出一些不同的问题，但都是可以用加法解决的，此时学生就会对这些问题进行有联系的思考，形成网络化的解构思维。

（三）“问题提出”视域下的“模块化学习”之实效性

“问题提出”教学理念下，教师践行开放型的预设，教学流程决定于学生的生成而非教师的教学流程，于是学生具有充分展示的机会。

1. 借助问题提出突破了对数学知识的理解、内化、生成

学生根据算式提出问题就是对知识的理解。学生提出的问题是要用这个算式来解决的，于是学生就要考虑怎么样的问题是用加法或者减法来解决的。这样的知识理解来自于学生本身，其效果远胜于老师让他做几道数学题。

学生针对数学问题分类就是对知识的内化。当不同学生提出不同的数学问题之后，学生首先需要判断这些问题是否符合要求，其次是这些问题有什么相同点和不同点，这样两个层面的思考，就是学生在理解加法或减法的真正含义的过程，帮助学生内化为自己的能力。

学生使用图示理解问题的过程就是对知识的生成过程。学生运用图示方法，将思考过程呈现出来，一方面是对加法或者减法本质含义理解的巩固，另一方面是将抽象的理解转化为直观的图形，这样不仅能深刻地掌握加减法的内涵，同时能获得更多的生成，明白满足加法或减法含义的本质。

2. 依托模块学习实现了对数学方法的分块、整理、串联

在模块化数学课堂中，学生自然学会了分块学习。在“两位数加减法的问

题提出”一课中，学生经历了加法含义理解、减法含义理解、独立整理三大块内容，不仅学会了数学知识，更重要的是学会了分块学习的方法。课堂结构非常清晰。

在模块化数学课堂中，学生自然学会了整理方法。在同一模块之内，学生不仅仅只是提出问题，还有后续的针对提出的问题展开的一系列学习活动。这些活动，就是对相关内容的整理。学生经历了这样的数学课堂之后，自然学会了数学整理方法，使课堂模块得以深化。

在模块化数学课堂中，学生自然学会了串联思想。模块与模块之间的联系非常明确，学生能在学习过程中明白减法是加法的逆运算，减法可以由加法演变而来。更重要的是，学生从中明白一个道理，数学中的很多知识乃至数学思想，都可以串联起来思考。课堂脉络联系密切。

3. 凭借新型课堂达成了对数学思想的解构、重构、建构

“问题提出”视域下的模块化数学课堂中，师生获得了思考的机会。学生能清晰地思考一堂课中几个数学知识模块的具体内容，教师能清晰地思考提供给学生哪几个问题提出的平台。师生合作，诠释了一种全新的数学学习思想的内涵。课堂更好地实现对数学思想的解构。

“问题提出”视域下的模块化数学课堂中，师生获得了学习方法的改变。学生改变了原来被动答题的学习方法，从自己提出的问题中来学习数学。教师改变了原来提出问题让学生解答的教学模式，创设一些平台让学生来提出问题。课堂更好地实现对数学思想的重构。

“问题提出”视域下的模块化数学课堂中，师生践行着理想的数学教学理念。学生成为真正的“驾驶员”，教师成为“副驾驶的教练”。学生借助问题提出不断地内化学习，通过模块学习不停地获得学习方法。教师借助提供问题提出的素材，不断地退居幕后，成为学生的护航者。这是多么和谐而美好的数学课堂。课堂更好地实现对数学思想的建构。

这样的一堂数学课，让我对数学教学有了更深刻的思考：一是，自己工作以来具有怎样的教学风格？二是，如何能让更多的老师去践行这样的数学课堂？因此，我还在着手撰写两篇文章来回答自己的问题，相信这些文章很快能与大家见面。

三、如何让研究为教学服务

小学三年级数学单元练习“阅读模块”的创设研究

反思当前小学三年级数学教学中，单元练习的设计与运用大多以课堂作业的重复练习为主。为此，本文试图以“阅读模块”的形式来创设单元练习，真正实现知识的模块化设计，让学生在轻松的阅读中实现对知识的整理与深化。教师以某单元内容为基础，结合课堂作业中出现的常见错误来设计模块练习。这个练习最大的特点是，学生可以边阅读边练习，将学习方法、解题策略、复习诀窍等一一融入其中。练习内容包括：单元知识阅读、正例阅读（包括正例呈现、问题分析、解题策略、解题收获等）、错例阅读（包括错例呈现、错因分析、改进措施、正解呈现等）、配套习题等。学生可以用更少的练习量、更少的作业时间，实现轻松的复习、快乐的学习。

（一）创设单元练习“阅读模块”的创新性

1. 找准创新“点”体现数学“味”

（1）利用单元知识点撬动数学知识面

单元练习“阅读模块”的作用是，通过阅读、填空、判断等不同方式帮助学生收集、整理相关单元的知识，对单元知识有一个整体的认识。其中还包含一个非常重要的内容，就是可以将本单元内容拓展的相关知识结合在里面，把单元知识视作一个点去带动整个学习的知识面。这是“阅读模块”的创新所在，这些新鲜知识的加入，不仅能使学生在阅读中避免由于知识重复出现而产生的厌烦感，还能激励挑战自己，在已有知识的基础之上跳一跳摘到“桃子”。

（2）运用正例阅读展示数学思维序列

以往复习题都是集中各个知识点的练习，直白地讲都是需要学生去做的。这样的做最多能让学生的解题技能有所提高，而数学能力则不一定会有较大提升。

为此，我们有必要让学生从解题工具的“魔掌”中解脱出来，站在一定的高度去审视数学题，通过恰当的阅读安排，把相关练习的数学思维序列得以自然地呈现，让学生已有的数学思维序列得以有序排列，数学能力得以巩固与提高。

（3）巧用错例阅读提升数学思维能力

错例阅读包括：错例呈现、错因分析、改进措施、正解呈现等，是针对某个单元课堂作业中出现的常见错误而设计的一些阅读段落，因此其大多数内容是以文字呈现的方式展示出来的。这一做法改变了以前学生出现错误，教师就再出示相同类型的题目让学生做的现象，即“错了就再做”的重复而枯燥的作业类型，取而代之的是轻松的阅读。

2. 划定创新“线”凸显数学“美”

（1）多种阅读方式连成线体现知识呈现的多样化

单元阅读复习作业包括：单元知识阅读、正例阅读、错例阅读、配套习题等。这些不同的阅读方式，都结合某个单元的知识进行合理设计。它们不仅仅是分块组成的一个部分，更是相辅相成的一个有联系的整体。针对知识点选择不同的阅读方式，让数学知识的呈现更具有实效性，也让数学知识显得更加丰富多彩，学生练习时也就不会出现“审美疲劳”，从而提高学习积极性。

（2）多种阅读信息连成线体现能力提高的多元化

正例阅读包括：正例呈现、问题分析、解题策略、解题收获、配套习题等；错例阅读包括：错例呈现、错因分析、改进措施、正解呈现、配套习题等。这里面的各种阅读信息也是相互依存，相互补充的。都是围绕着提高数学能力而联系在一起的。学生可以通过这些多角度的阅读信息，从不同的侧面去提升自己的数学能力。

（3）多层次的练习连成线体现思维发展的实效性

单元阅读练习中的各项练习，都是具备一定层次感的，而且它们是孕育在同一习题中的。也就是说同一个练习，不同的学生会有不同深度的收获。比如，后进生可以直接从教师提供的各种已有信息中，了解更多的数学知识。而优等生可以在这个基础上，学会分析、提炼的方法和技巧，从而在完成相关练习的同时得到运用与实践，让自己的数学思维得以有效的发展。

（二）创设单元练习“阅读模块”的操作性

1. 知识阅读具备整体性、典型性

（1）整体性

边读边做是单元练习阅读模块的重要特点，每个单元的第一大题，都是包含整个单元相关内容的填空题，学生只要一步步读下去、填下去，就能对单元知识有一个完整的了解，因此，知识阅读具备整体性。

实例：“时、分、秒”单元知识阅读

填空题：

①钟面分为（　　）大格，（　　）小格。

秒针走一小格是（　　），走一大格是（　　），走一圈是（　　）。

分针走一小格是（　　），走一大格是（　　），走一圈是（　　）。

时针走一小格是（　　），走一大格是（　　），走一圈是（　　）。

②说说下面词语的近义词。

晚点（　　）　提早（　　）　延误（　　）　提前（　　）

说说：两个半小时表示（　　　　）

③记录跑步成绩的计时器是（　　）。

同一路程，所用时间越多，速度越（　　）；所用时间越少，速度越（　　）。

（2）典型性

阅读模块与一般的数学填空题相比，是有区别的，看上去它们好像不是纯粹的数学题，还具备典型性，是针对某个数学知识而设计的带有阅读理解性质的题目。

比如：说说下面词语的近义词。

晚点（　　）　提早（　　）　延误（　　）　提前（　　）

这个题目看似是语文题，其实是让学生更好地理解应用题中这些词语的意思，能正确地把握好用加法还是减法进行计算。

2. 正例阅读具备完整性、选择性

（1）完整性

正例阅读，并不是一般我们所认为的告诉学生正确的做法，还要告诉孩子为什么这样做，这样做有什么好处，我做了这道题目有怎样的收获，等等，有一个非常完整的阅读体系和内容，把做题目上升到真正的提升数学能力。

实例："测量"单元正例阅读

巧填单位：一包盐重 500（克），一位小朋友体重 25（千克），一头大象重 4（吨）。

只要记住这三类的重量，面对任何填重量单位的题目都不会有问题，比如：一张桌子重 24（　　），假如填"克"则桌子比盐还轻，假如填"吨"则桌子比大象还重，所以填"千克"最合适，与人的重量接近。

练习跟进：

①生活实物中感受各个长度单位的运用。

②计算中强化各个单位之间的转化。

（2）选择性

因为我们的作业面对的是不同层次的学生，所以我们的正例必须是能让不同学生去选择的。就像是同一个款式的鞋子，应当具备不同尺码，这样顾客才能找到适合自己的鞋子。

实例："有余数的除法"单元正例阅读

选择方法：你喜欢哪种方法，说说你的理由。

方法一：35÷9 = 3（人）……8 人　3+1=4（人） 所以每张坐 4 人是可全坐下的。

方法二：35÷4= 8（张）……3 人　8+1=9（张） 所以 9 张桌子是可全坐下的。

方法三：4×9=36（人）36>35 所以 35 只小动物是可以全坐下的。

练习跟进：

有 13 个小朋友去坐缆车，每辆车限坐 2 人，请问 6 辆车够吗？

（3）方法指导

这种阅读作业能够非常好地实现学习方法与解题方法的指导。比如，"时、分、秒"单元正例阅读。

实例：提高时间计算的能力

①练习呈现：

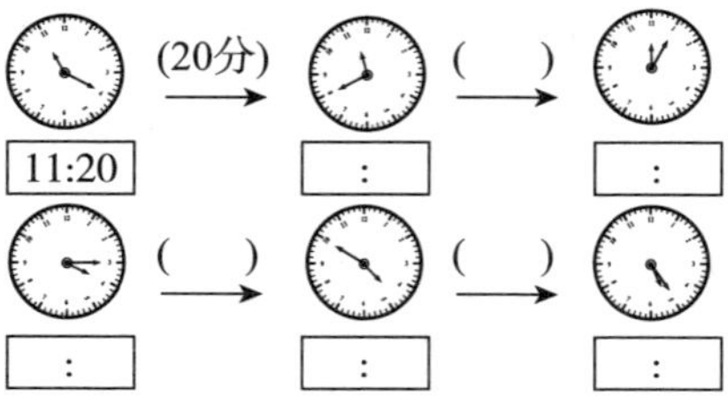

②求经过时间的方法指导：

A. 在同一个小时内的。

直接将分钟数相减就可以了。例如：11：20—11：40 就是

40−20=20（分钟）

B. 不在同一个小时内的。

用箭头的方式分段进行计算。例如：11：40—12：05 可以

11：40→（20 分）12：00→（5 分）12：05　共计 20+5=25 分钟。

C. 以上情况都可以用竖式计算。比如：

　　6：25

− 4：50

　1 时 35 分钟

但要注意三点：分小时和分钟两部分算，这里不存在个位、十位；退下来的“1”应该是 60 分钟，不是 10；最后结果应该用中文字写，这样既可以表示一段时间也可表示某个时刻，如果用“：”来表示只能表示某个时刻。

（3）配套习题：

秒针走一圈的时间是（　　），正好是（　　）小格，所以 1 分 =（　　）秒。

分针在钟面上走 1 大格是（　　）分钟，走 5 大格是（　　）分钟。时针走 1 大格，分针要走（　　）大格。

3. 错例阅读具备普遍性、可读性

（1）普遍性

错例阅读，最重要的是寻找具有普遍性的错误，作为典型的习题。只有这样才能吸引学生的注意力，从而减少作业中再次出现同样的错误。

比如，应用题的理解，确实是很多学生存在的问题，也是孩子们非常希望得到指导的地方。

实例：“万以内的加法和减法（二）” 单元错例阅读　应用题学习

①错例呈现：

小明家、小红家和学校在同一条路上。

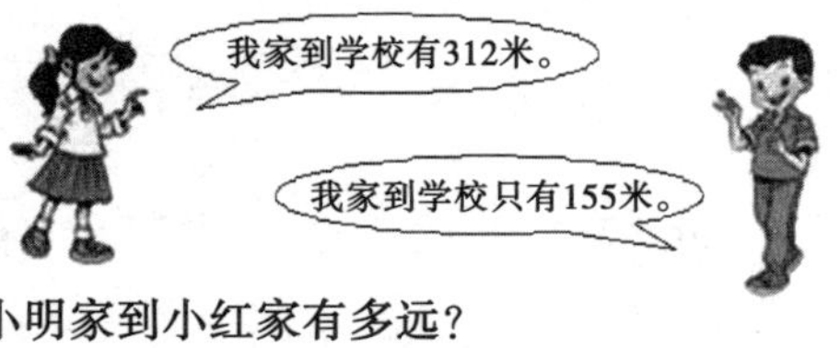

小明家到小红家有多远？

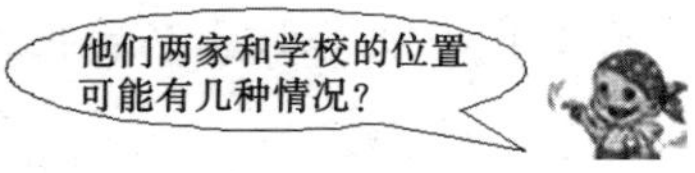

②错因分析：新教材中一二年级时学生接触的应用题比较少，学生不知道怎样去理解题目的意思，所以随便写算式。

③改进措施：遇到与路程有关的题目可以用画线段图的方法来理解题意，比如：

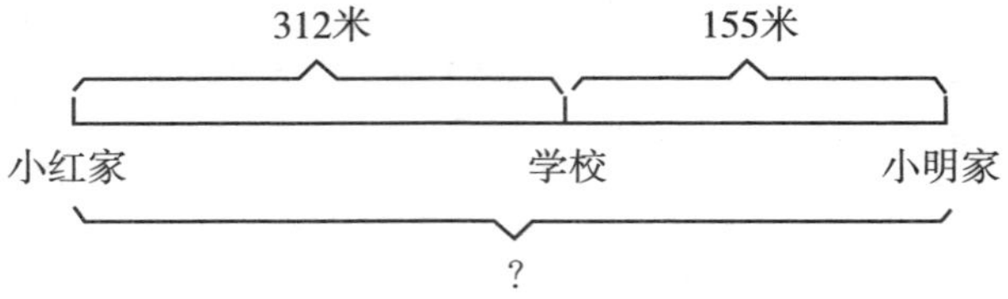

或者

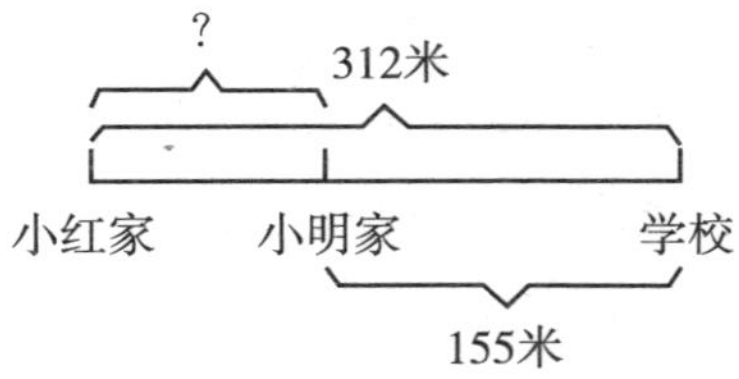

④练习跟进：小马家距离学校 300 米，小熊家距离学校 500 米。小马家离小熊家最近可能有多少米？最远呢？请画出示意图。

（2）可读性

错例阅读要具备可读性，要让学生能轻松地读懂错误原因，学会正确的解答方法，避免出现同样的错误。

实例："万以内的加法和减法（二）" 单元错例阅读　应用题学习

①错例呈现：

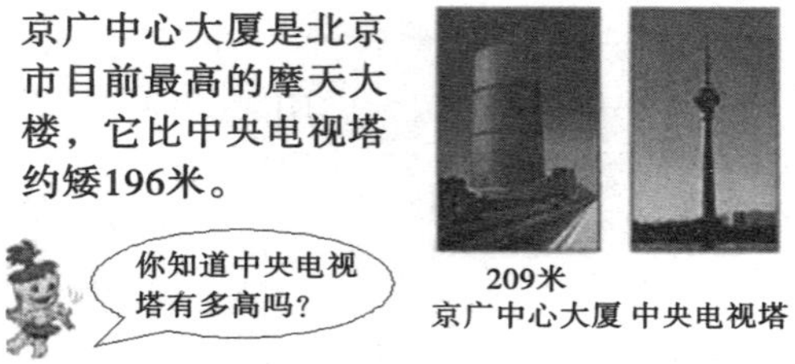

错误列式：209−196

错因分析：学生习惯性地认为"多"和"高"就是"+"，"少"和"矮"就是"−"，没有仔细搞清楚到底是谁高、谁矮。

改进措施：建议读题目时弄清楚谁比谁多，做完题目以后把答案代入到题目中去看看是否符合题目的意思。

②配套习题：

学校举办画展，低年级有178幅作品参展，比中年级少46幅。中年级有多少幅作品参展？中低年级一共有多少幅作品参展？

（3）方法指导

针对一些特殊的错例，可以给出一些恰当的方法指导，让学生能真正理解题目内涵，有效掌握解决同类问题的方法。比如：“四边形”单元错例阅读。

实例：提高巧算周长的能力

①错例呈现：

> 用2个边长为1厘米的正方形拼成一个长方形。这个长方形的周长是多少？
>
> 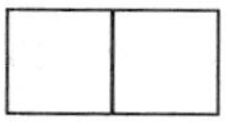

遇到这样的题目有的学生不知如何下手，答案千奇百怪。

②方法指导：

A. 要计算周长首先要找到周长，最好先描出周长。如果描出周长就可以按照长方形的周长计算方法进行计算。

B. 也可把原先小正方形的周长算出来，然后减去合并起来的那两条线段。

C. 做完之后有个非常简便有效的验算方法，就是一条一条去数，看看新长方形的周长有几条原先正方形的边长组成，那周长就是几厘米。

③配套习题：

A. 用三个边长为1厘米的正方形拼成一个长方形。这个长方形的周长是多少厘米？

B. 用两个长2厘米、宽1厘米的长方形拼成一个大长方形，拼成的大长方形的周长是多少厘米？

4. 配套练习具备关联性、序列性

（1）关联性

配套习题是针对某个单元的重点，或者经常出现的错误而设计的相同类型的典型练习，是与单元知识紧密关联的。它一般出现在一些阅读之后，就像是语文中阅读段落之后的练习题是与阅读段落紧密联系在一起的。正因为穿插在阅读段落之间，所以学生在完成这些练习时降低了练习的枯燥感，似乎还沉浸在阅读的喜悦当中，也对阅读效果做了有效的检验（阅读为练习做好知识准备，练习为阅读提供检测平台）。

（2）序列性

配套练习在题目设计上，具备数学思维序列的逐步呈现与有效整理。比如：下面练习中的三个问题，就逐一展示了学生的数学思维序列，从而提升数学学习的能力。

实例：认识商

①请将每个不等式变成有余数的除法竖式：

卡片上最大能填几？

 $\times 6 < 57$　 $\times 7 < 43$　 $\times 5 < 38$

 $\times 4 < 31$　 $\times 8 < 26$　 $\times 9 < 60$

②请举一个式子来说明谁可变成被除数、谁可变成除数、谁可变成商。

③请问做了这道题，你知道了到底商几应该怎么去确定吗？

（三）创设单元练习“阅读模块”的优越性

1. 在“阅读”中取代重复出现的练习

“阅读模块”为孩子们提供了一个提高自己的平台，能站在相当的高度去审视自己平时出现的错误，能利用个别独特的阅读实例深刻地领悟相关的知识点，将孩子们从“错了就再做”“对了也继续做”的埋头苦干中解救了出来。

2. 在“阅读”中提升数学学习的能力

“阅读”练习内容丰富，能为尚未成熟掌握学习方法的小学生提供有力的学习拐杖。在一段时间的阅读之后，学生能利用其中的方法和技巧对自己的数学成长过程进行合理分析，形成一种有效的学习方法，这是“阅读”练习所带来的除了知道为什么这样做之外更高层次的学习效果。

3. 在“阅读”中实现教学的最佳衔接

“阅读”练习不仅能带给学生收获，也能给编写的老师带来知识积累，加深教师对相关知识的认识，提高教育教学能力，改进教学方式，更能给再次利用这些作业的下一届教师提供有力的教学参考，提高教学效率。

结语：单元复习不单单是对旧知识的复习，更应该是对旧知识的一种全新认识，是认知结构的进一步完善，是数学思想方法的感知与领会。如果我们能经常关注这些，对学生数学知识的丰富、数学视野的拓展、数学思想方法的领悟、数学能力的提高、认知结构的完善、数学课程后续学习以及辩证唯物主义观念的形成将有着积极的意义。

相信任何一个民族都不太愿意接受别人帮自己做出决定，同理，各方面尚未成熟的孩子们更不会愿意教师的直接教导，所以教师要引导孩子自己去发现并做出判断，为孩子创造能为自己行为负责的平台。

第三节　老师们可以借鉴什么

一、借鉴如何践行“问题提出”教学理念

借问题提出　亮学生起点

——践行“问题提出”教学理念的切入口

【摘要】“问题提出”教学的本质就是要让学习真实地发生。本文所讲的问题提出，不是因为学生不懂而提出的问题，而是学生在现有水平的基础上，根据自己对知识的理解，用提出问题的方式呈现出他的理解。运用这些问题，展开后续的教学，就是本文所讲的“问题提出”教学方式。为了实现课堂围绕学生而展开的教学理念，本文试图寻找一种浅显易懂的方法，来有效地践行这种教学方式。就是在教学中搭建问题提出的平台，借学生提出问题来充分展示学生的学习起点，然后根据学生起点进行深入有效的学习，从而为践行者，寻找到切入口。

（一）分类型创设问题的提出

对于“问题提出”教学方式，很多老师都认为这样的教学非常好，整个课堂教学都是围绕着学生的学习展开的。不过有部分老师觉得这样的教学虽好，但未必所有的教学内容都适用。笔者觉得这些老师的担忧不无道理，但是细细一想，若能把握住问题提出教学的本质，不管是新课、练习课还是复习课，都是可以运用这样的方式进行教学的。因为这种教学方式的本质就是让学生有机会根据现有认知提出问题，这个过程就是亮出学生学习起点的过程。

1. 新知探索型——感知数学启迪思维

一般的新课教学，教师会想尽办法了解学生的知识起点，有的在课前进行前测调查；有的在课内复习引入，最起码也会根据以往的教学经验进行合理的预判。这些行动说明教学都是建立在学生已有认知基础之上的，我们必须寻找一种

快速、有效的方法让学生展示出学习起点。

为此，问题提出教学便应运而生了。比如，学习面积和面积单位时，我们可以出示一些图形，让学生提出一些关于面积的问题；学习什么是加法时，我们可以出示一些算式，请学生根据算式提出用加法解决的问题；学习条形统计图时，我们可以出示一些图形，让学生提出一些能够在图中分析出答案的问题。

学生在问题提出的过程中，自我感知到了数学的存在，启发学生用数学的思维去思考问题。所以不管是在数与代数、图形与几何中，还是在统计与概率中，各个领域的新课教学都有机会进行“问题提出”教学方式。

2. 探究发现型——体验数学揭示本质

一般教材的编写中，很多新课后面都会有相应的练习课。这些练习课的存在，一方面说明其相关的内容是比较重要的，同时对于学生具体掌握也是需要一个过程的；另一方面学生有了时间和空间，可以对相应的数学内容进行深入的探究。

既然是练习课，学生对于新知肯定有了一些具体的了解，但是要继续深入学习，教师同样需要寻找学生的学习起点。“问题提出”教学方式正符合这个需要。教师可以出示前一天所学的数学知识，然后请学生提出能用这些数学知识解决的数学问题。此时不同学生就会提出不同的问题，不仅是形式上的不同，更重要的是层次上的不同。

学生在提出问题的过程中，实现了体验式的学习，学生也就有机会去自我突破，揭示出数学的本质。教师针对这些学生提出的不同问题，可以让不同的孩子获得不同的发展。

3. 复习内化型——数学建模提升能力

复习课中采用“问题提出”教学方式是最方便的了，因为所有的数学知识都是学过的，学生都可以根据学过的知识来提出用这些知识解决的问题。但是复习课上使用“问题提出”教学方式，也是具有挑战性的。因为复习课不仅仅是学生对知识的内化过程，更是对知识的整理和数学思想的建模过程。

为此，数学复习课上在教师提供一定的信息之后，学生提出用这些知识解决的数学问题，必定是具有深刻性的问题。通过对这些问题的慢慢剖析，能够展现出学生在之前新课、练习课上学习过的痕迹。同时，在学生互相分享的过程中，必须要展现学生的学习方法，把一个题目的分享拓展到一类题目建模，从而实现数学能力的提升。

复习课上学生需要自我收集数学信息，综合这些信息进行梳理、串联和提炼，从而提出相关的数学问题，然后结合这些问题再次梳理和概括相关的数学思想，这样课堂就真的有机会让学习发生了。

（二）定策略寻找学生的起点

很多教学内容都可以运用“问题提出”教学方式进行教学，但是不同的教学内容，问题提出的展现方式会有所不同，有的可以用文字的方式来提出问题，有的可以用画图的方式来提出问题，还有的可以用具体的操作方式来提出问题。根据具体内容，选择合适的策略提出问题，能够更加恰当和深入地亮出学生的学习起点。

1. 编出问题——对比法展示对知识的理解

学生提出问题最普遍的方式便是应用题，然后同学们一起对这些提出的问题进行对比，从而真正地理解相关的数学知识。学生此时提出的问题，本质上讲并非学生不会解答的数学问题，而是学生自己认为会解决的问题，而且是与教师今天所要展开的教学内容息息相关的。这样一来，教师就能非常真实、全面地掌握学生的学习起点，然后开展有针对性的教学。

比如，“加减法的复习”一课，教师出示算式 37+48=85，然后请学生根据算式提出能用这个算式解决的数学问题。

再如，“圆的认识”一课，教师出示信息“圆，一中同长也”，请学生提出一个问题，且这个问题能用这个信息解决。或者，教师直接请学生提出一个问题，且能用圆的知识解决。

这些问题提出之后，同学之间互相进行对比，从而很好地促进学生学习起点的统一，更有利于对新学知识的进一步理解。

2. 画出问题——图示法展示对知识的内化

对于数学问题，不仅仅只有应用题，还有很多的图形问题。因此，学生提出问题时，还可以用图形的方式来提出。在这个过程中，首先，教师需要把一些具体的数学教学问题化，就是教师出示一些信息之后，与学生共同发现问题，然后请学生将问题用画图的形式展示出来。学生在具体的画图过程中深入内化相关的数学思想。这里看似学生没有直接地提出问题，但是学生在画图的过程其实就是结合自己原有能力提出数学问题，而且是可以用之前的数学知识来解决的。所以，学生画出图形不仅是提出问题，更是对原有数学认知的展示。

比如，“分数与除法”一课，教师出示算式 $3 \div 4$ 和分数$\frac{3}{4}$，问学生它们中间应该填大于号、小于号，还是等于号？然后请学生用画图的方法，把刚才的问题展示出来，把一个除法式子与一个分数比较大小的问题转化成两个图形的大小比较。

又如，“面积和面积单位”一课，教师根据学生的表达，出示长方形面积 = 长 × 宽，然后请学生用画图的方式，表达出为什么长方形面积 = 长 × 宽；或者根据这个公式，画一个面积为 12 的长方形。

再如，“数学思考”一课，教师先出示一组图形，请学生发现这些图形的规律，然后请学生编一组别的图形，且能用这个规律来解释的；继而再画出别的图形，能用别的规律来解释的。

3. 摆出问题——操作法展示对知识的生成

很多数学知识是抽象的，但是也有不少是需要直观理解的。因此，在数学教学的过程中，教师需要提供给学生一些必要的数学学具，进行动手操作，来展示出学生对知识的理解和生成。在问题提出教学过程中，学生同样借助学具摆出相应的数学问题，也是非常有效的。

比如，“千以内数的认识”一课，教师出示数字 997、998、999、1000，请学生在计数器上陆续摆出可以用这个数字表示的珠子。

再如，“策略”一课，教师请学生讲田忌赛马的故事后，请学生用 6 张卡片摆出田忌赛马的问题，然后请学生用扑克牌编出类似的数学问题。

当然，也有的课以上几种策略都可以实施，如“倍的认识”一课，教师可以请学生编写出有关倍的数学问题；也可以请学生画出有关倍的数学问题；或者请学生利用学具摆出有关倍的数学问题。

（三）探方法拓展问题化起点

学生根据一定的信息，提出相关的数学问题，这些问题已经充分而真实地展现出了学生的学习起点。因为每一个孩子的学习起点不一定相同，所以这些问题化的学习起点需要进一步地深入学习，来尽可能统一学生在此的学习起点，同时在不断地分类、分析和小结的过程中实现对所学新知的内化和拓展。

1. 问题分类——拓展问题化起点的内涵

由于学生提出的数学问题会有所不同，所以对提出的问题进行分类是利用这些问题进行深入学习的最好方法。学生在分类中能真正理解这些数学知识的内涵。

比如，“加减法的复习”一课中，学生根据 37+48=85 这个算式提出的数学问题，大致可以分成三类。第一类：小店原来有 37 盒饼干，现在又进了 48

盒，现在小店一共有几盒饼干？第二类：一个数是 37，另一个数比 37 多 48，另一个数是多少？第三类：一个班有 37 人，比一个年级少 48 人，这个年级有多少人？

通过分类，学生能够很快发现每一类的特点。最重要的是，学生对不同类的问题进行分析后，必须要回答一个问题，为什么不同类别的问题都是用加法做呢？这个问题一旦解决，学生就真正地理解了加法的内涵了，即加法就是把两部分合并起来。

2. 问题表达——拓展问题化起点的外延

学生提出的问题除了文字表达之外还有图形表达。图形表达问题要求学生对数学知识的了解更深入一步，不仅需要理解这些知识，还需要从数学的思想上去拓展，通过图形的表达实现数学问题外延的拓展。

例如，通过线段、圆形、长方形等不同的图形，表达出分数与除法的关系时，学生对于 $3\div4=\frac{3}{4}$这样一个等式，理解的不仅仅是一个简单的等式，所画出的图形中更深入地展示了这个等式的外延，比如，一个圆的$\frac{3}{4}$是等于 3 个圆的$\frac{1}{4}$的，这样的理解如果没有图形是很难实现的。

3. 问题定型——拓展问题化起点的本质

学生提出的数学问题，可以通过摆一摆来呈现。这样摆出来的数学问题，可以说已经不是简单的数学问题了，而是学生对相关知识深入理解之后的行动表达。这个摆一摆的表达过程，其实就是对摆出的问题融入规则来深入学习，是学生对这些数学知识定型化的理解过程。

比如，“千以内数的认识”一课，这些小棒为什么表示 997？因为由 9 个百，9 个十，7 个一组成，这些理解就是数学规则的学习。当从 999 摆到 1000 时，学生不仅能理解到 1000 等于 10 个百这个读数的规则，更能从中学习到数学的本质，1000 不仅仅是 10 个百这么简单，1000 是 999 加上 1 之后需要一个新的数来表达的一个数，是数的表达所需要产生的。这样的数学本质理解，在摆一摆的过程中非常好地实现了学习。

践行问题提出教学方式的方法应该会有很多，但是用提出问题的方式寻找学生的学习起点，这是笔者践行的一种非常有效的方式。这样的方式便于教师正确地理解“问题提出”教学法的独特教学理念和方法，而且能很快地寻找到一种合适的方式让学生提出数学问题，还是建立在学生对已有知识理解之上的数学问题。同时这样的数学问题，经过后续的深入学习，更为学生的学习提供了非常好的学习资料。因此，学生的学习将一直建立在学生的认知基础上开始和展开学问直到结束，是真正地在学习。

二、借鉴学生给我整理的教学方法

我想请大家欣赏几封信，这些信是我教过的学生寄给我的。我教他们时大概是三四年级吧，他们信中的语言，应该能够把我的数学教学策略说出个大概来。我当时看了信非常激动，因为他们在表扬我，当然也不仅仅是这点，还有他们比我自己还要全面地把我的教学策略进行了概括，文采也很好。当时我是这么回复的：文章写得很好，我看了非常激动，预祝你们在初中能够获得更大的发展，静候你们更多的好消息！

朋友与老师

（陆宇涵）

“数学美”你们听说过吗？这个词语是由谁发明的呢？你知道为什么四年级时上的数学课是那么有趣好玩吗？那是因为——他。

他是我们四年级时的班主任，戴一副眼镜，镜片中透露出一丝丝睿智的光，平头，十分幽默，走路起来风风火火的，我们都十分喜欢他。“心语本”也是他的“发明”哦！

当他调走后，我们都十分地怀念他，以后再也没有心语本了，就算有，又会有谁来批改呢？又会有谁会在我们发现数学的窍门时鼓励与赞扬呢？也许只有他了。

他是那样的负责，自己编一本“俞式练习”让我们练习，利用自己休息的时间，为那一班“调皮鬼”出题目，整理一些作业（书本）上的重点。当我怀着感激的心情提起笔，回忆着他的音容笑貌时，当我完成这篇文章时，这位亲爱的朋友，你是否能看见呢？往事历历在心头，我陷入了深深的回忆。

那时，他时刻欢迎我们发现的数学小窍门，哪怕是对课本的习题有一种更新的思考，都可以跟他来说。而他呢？总是笑眯眯地站着，做一个认真的听众，等我们把话讲完了，才会提出新的疑问。而我们每一次去他那儿，不是在述说，而是在进行一种发现，进行一种对原来的见解的突破。到现在，只要想起他，我就会想起他的笑脸。如果有些问题不对，他会当场给你指正，或是见一些题目太难就会先记下来，过一天再给答复。这位朋友教给了我们要善于去探索，去寻找解题更简便的方法。而我们的沟通方式，不仅仅是心语本及口头交谈，还可以是一张张小纸条。有时，在批改作业时，不用我们去问，他就会对我们提出更高的要求。比如针对一些题目，他会对我说："按照你的成绩不应该只有这么一种方法，而是应该再有几种方法，这种题目应该有许多种方法可以解答。"随后，他又会说："最近心语本上的发现太少了，脑子多动一下，思考一下数学书上的几道习题。"这样的数学故事更多了。

一天大课间上，我们在跳长绳。一个接一个有秩序地跳过了之后，忽然，一直站在一旁观看的他抢先一步进入了长绳，而且跳得不错！甩绳的同学想要刁难一下俞老师，就时而甩得快，时而甩得慢，但这些"诡计"都被他识破了，他真是一个跳绳天才。在跳绳的几个班级中，只有他一个人以老师的身份在跳。后来，他见两个甩绳的同学累得上气不接下气就停下来说道："你们一定很累了，换我与谁上吧！你们也跳一会儿。"说完甩绳的同学便激动地回到队伍中。而他呢？一边看着一个接着一个跳过的我们，一边卖力地甩着绳，还一边调节着呼吸。类似的事还有很多，他就像我们班中的一个大孩子，与我们一起玩耍一起奔跑。

记得有一次练习我们考砸了。他阴沉着脸，窗外的乌云也奋力地上演着自己配角的角色。他十分生气，先帮我们总结了一下，再批评一顿。我们都低着头，流着泪，室内的气氛十分沉闷。他一个一个地说，说到我了！大意是这次我不应该考这么低的分数。我听他这么说，知道他的失望，不禁低下了头，把眼泪藏起来，因为眼泪无法洗去痛苦。

现在，他调走了，留下的只有一本心语本与一段段评语及六年级时坐在窗前发呆的我。

最难忘的老师

（彭程远）

记得在三年级的时候，我们班换了一位男数学老师——俞波老师，他的到来使得全班一片哗然，这很正常，我们当时都还小，很怕那些五大三粗的男老师，何况他还成了我们班的数学老师。在一片议论中，俞老师侃侃而谈，很快使气氛轻松了不少。渐渐的，同学们对这位新老师产生了兴趣。

我妈妈当时和俞老师有过一段时间的合作，按她的话说，俞老师这个人"花头精很透"，能把小朋友的积极性调动起来。是的，在与俞老师的交往中，我们确实感受到了他独特的教学魅力。记得到了期末，很多小朋友对自己的成绩没有把握，聪明的俞老师便果断地从网上下载并整理了一份资料拿到班上（这件事的内幕至今只有我知道），自称这份资料是俞波根据多年来行走江湖的经验编出来的，做了这份练习保准期末考98分以上。他还为这份练习定了一个很洋气的名字——俞氏练习。小朋友们听了立刻争先恐后地向俞老师讨要。俞老师故作神秘道："不行，这份资料是尖子生专用的，我给你做一张卷子，凡是考到95分以上的来领一份！"随后当堂测验。为了得到"俞氏练习"，同学们立刻奋笔疾书，做完之后仔细检查。最后，全班90%以上的同学都得到了"俞氏练习"。同学们欣赏着，赞叹着，不一会儿就刷刷地做了起来。俞老师在一旁得意扬扬、心满意足地看着同学们做他的"俞氏练习"。那些没得到"俞氏练习"的同学也在偷偷加油，争取得到这份神奇的练习。我也得到了"俞氏练习"。当时的我和同学们一样单纯，拿到了"俞氏练习"就像捡到了个大金元宝，做完"俞氏练习"之后倍感浑身有劲，心想这回期末考试绝对OK！这份"山寨练习"给我注入了一种不山寨的能量，我在期末考试中得到了98分！正好印证了俞老师的预言。

俞老师还有很多事情使我印象深刻。听他的课，你必须100%集中注意力，他在课上常会问："我讲到哪儿了？"如果你回答不出来，就会被他礼貌地提醒站着听会儿。他偶尔也给我们施加一下压力，他当时也教一班的数学，常在我们面前说："期末考试之后要两个班比一比，哪个班考不好，对方一个班就可以去他们班看笑话，看笑话时还可以在后面吃零食、喝饮料。一班的总体成绩很好，你们可要加油了！千万别被一班看笑话……"当时我们很怕，可我现在才知道，俞老师在一班面前也是这么说的，只不过把其中的"一班的总体成绩很好"改成了"二班的总体成绩很好"罢了。

俞老师的"抢跑计划""家长会发奖品"等新颖的教学方式也让我一直难忘。

俞老师真是一个幽默聪明、循循善诱、富有个性、教学方法独特的老师，我会永远记住他！

三、借鉴我的学生如何写数学文章的

【作业展示】有趣的数学

别以为只有语文王国有脍炙人口的故事，数学王国的故事同样丰富多彩。

（一）努力试一试

数学题：

把 2、3、4、5、6 填入下图中，使横行、竖行的三个数相加的和相等。

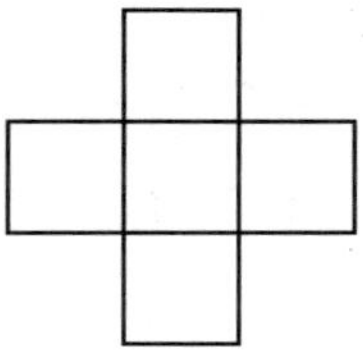

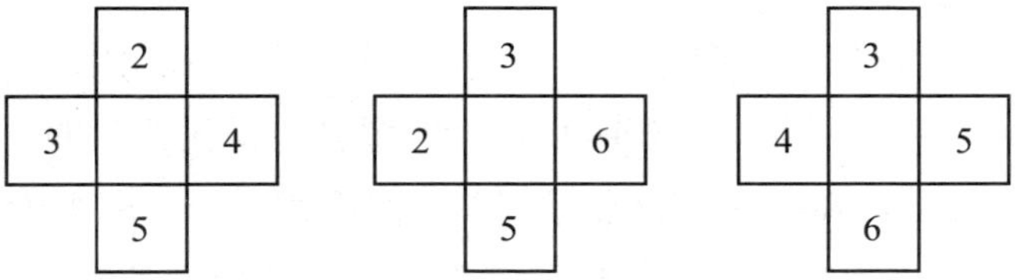

解题方法：先算 2+3=5，然后看 4、5、6 有没有两个数的和是 5；再算 2+4=6，然后看 3、5、6 有没有两个数的和是 6；依次往下算，2+5=7，看 3、4、6 中，3+4=7，所以中间是 6；继续算，2+6=8，然后看 3、4、5 中，3+5=8，所以中间是 4；接着算，3+6=9，然后看 2、4、5 中，4+5=9，所以中间是 2；最后算 4+6=10，2、3、5 中有没有两个数的和是 10。最后把这道题的 3 种可能全写出来了。努力地试一试，就可以成功。瞧，“三架小飞机”要起飞了！

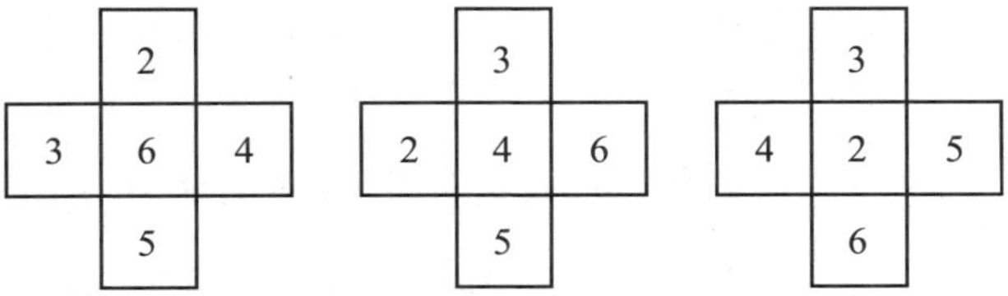

其实，解题方法还有更方便的呢，让“小飞机”变“小火箭”吧！不过，只能有 1 艘“火箭”哦！方法是：大手拉小手。直接把最大数与最小数相加，2+6=8，而且 3+5=8，这样，马上知道中间填 4。

努力地试一试，飞机变火箭哦。哈哈，小朋友们，你们也来试一试吧！

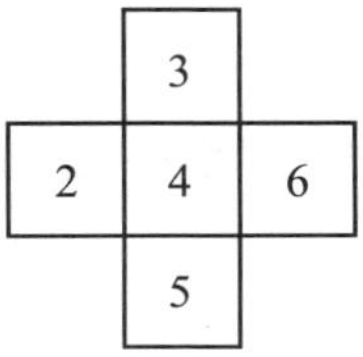

（萧山区回澜小学　俞铭朗）

（二）神奇的π

数学王国里的π与人类世界的龙差不多，都有着神秘的面纱，直到今天也叫人琢磨不透。这也够让π郁闷。别的同伴都知道自己值多少，换句话说就是姓啥名啥，π只知道自己是个无限不循环小数，又与整数、负数、小数、分数等一点也不搭嘎，叫作无理数，直到2002年年底，科学家用超级计算机也只能算到小数点后12411亿位。

"唉！"π常常仰天长叹，妄自菲薄，"我怎么那么没用呢？小数点后无穷无限的数有什么用，明明是累赘嘛！长长的尾巴拖得我够累的，简直寸步难移。我觉得自己也没什么嘛，只不过在最简单的圆面积计算中取个近似值3.14用用，另外复杂的题目中常常只用符号代替，不一会儿就抵消掉了。干脆把那尾巴去掉吧！"

π正要截尾巴，圆、圆柱、圆锥、球体等连忙把他拦住，说："π爷爷，您可别看轻自己，您的作用可大了！要是没有您，我们的面积、周长、体积永远是个谜，即使知道了，也不精确。你的值涉及许多运算呢，您是圆周长和直径的倍数，如果没有您，圆柱体的桥墩、圆柱体的高楼，还怎样知道需要多少材料；要是没有您，人类很多关于圆的知识都要消失了！"

围观的人越来越多，"π爷爷，古往今来的科学家，对你的值都十分青睐啊！"

81/256说："公元前1700年，埃及人使用π=81/256≈3.16049的圆周率，并由此认为面积公式为$S=(\frac{8d}{9})^2$，后来阿基米德证明了$\frac{223}{7}<\pi<\frac{22}{7}$。还有中国古代的张衡、德国数学家卢道夫、英国数学家詹克斯……他们都对π进行了研究。"

"为什么我有如此魅力，吸引了众多数学家如此执着地追求？"

"因为您除了本身的意义外，还与概率等其他数学领域的研究有着密切的联系，所以检验超级计算机的硬件、软件的性能，计算π的方法和思路都可以引发新的数学概念和思想。"

"所以，π是伟大的。每一样事物存在都有自己的理由，好好发挥自己的作用，让数学王国更加丰富多彩。"

（萧山区第一实验小学　何梦岚）

（三）比和他的邻居们

比和比例是一个庞大的家族，这个家族各个成员长得十分相似，应用题制造商用错人才，公安局也常有冤案错判发生。为了弄清比家族里谁是谁，数学王国电视台推出了一档节目——认识“比”家族。

比首先上场：“其实用我的名字来统称整个家族真是太器重我了。我们家族的成员名字繁多，各有自己量身定制的身材，但都带有‘比’字，而且他们的存在和意义都是由我延伸出来的，我便成了这个家族的始祖。我与分数、百分数在司一个单位工作，都从事表示两个数量之间的关系的工作。打个比方吧：一辆汽车 3 小时行驶 180 千米。路程和时间的关系可以用速度来表示。180 ÷ 3=60，汽车每小时行驶 60 千米。如果用我来表示路程和时间的关系“汽车行驶的路程和时间的比是 180 : 3”。

“哦，我懂了，两个数相除又叫作两个数的比。‘冒号’前面的那个数相当于被除数，‘冒号’后面的数相当于除数，看来我们还是本家呢！”除法说。

“除法兄，果然是远房亲戚呀！现在我来介绍我的妻子比号，两个点，儿子前项，比号前的数；儿媳后项，比号后的数；孙子比值，前项除以后项的商。”

“哈，不愧是祖孙嘛，比与比值长得真像！”

“这可不一样，虽然我和我孙子都可以写成分数形式，但读法不同，称我为几比几，而称我孙子为几分之几。”比像位博学的教授般讲解。

“我的儿子儿媳可谓天生一对，地设一双！”“从我们结合的那天起，就彼此相依为命，难以分割，我们同时乘或除以相同的数（0 除外）比值不变。”

比将一位头戴博士帽，身穿燕尾服的绅士请到大家面前，“这就是我们家族培养出的社会英才，他为制图作出了极大的贡献。”

“大家好，我叫比例尺，我用来表示图上距离和实际距离的比。这样，通过我，大家只要量得图上两地之间的距离，就可算出实际距离。知道两地实际距离，通过我缩小，可以准确地反映到图上。”

大家啧啧称赞比例尺的伟大。比发话了：“我们比家族之所以能够显赫，是因为我们在实际应用中有着很高的利用价值。比如学校有 70 本本子发给两个班的同学，两班人数比为 3 : 4，最公平的办法就是把 70 本本子平均分成（3+4）=7 份，每份 70 ÷ 7=10 本，一班 3 × 10=30 本，二班 4 × 10=40 本。把一个数量按照一定比来分配，这就叫作按比例分配。”

“那什么是比例呢？”

“比例就是两个比相等的式子。这家伙很容易和人家搞混，为了最快地把它揪出来，我想出了 3 个办法。组成比例的四个数，叫作比例的项。两端的两项叫外项，中间的两项叫内项。不信你观察观察，两个内项的积一定等于两个外项的积。大伙要是再在哪个棋牌室看到它，赶紧向我汇报哦！”

会场紧张的气氛一下子活跃起来。这时，走来一对金童玉女，这就是比家族的正比例和反比例。

兄妹俩是企业家，资产过百亿，据说是一种特殊的人才挑选方法成就了公司的业绩。正比例说：“我们公司所需求的人才是两种相关联的量，一种量变化另一种量也随着变化，并且这两种量中相对应的两个数比值一定，它们成正比例的量，关系叫正比例关系，便是我所需要的人啦！”

只听远处路程在大喊：“我和时间要加入你的公司，我随着时间的变化而变化，我们的比的比值速度一定！”

反比例说：“我们所需人才与哥哥不同。两种相关联的量，一种量变化另一种量也随着变化，如果这两种量中相对应的两个数的积一定，两种量叫作成反比例的量，它们的关系叫作反比例关系的话，便是我们所需要的人啦！”

这时单价喊了起来：“我和数量要加入你们公司，我随着数量的变化而变化，我和单价的积总价一定！”

大家笑了：“好不容易认清了比家族，又要搞不清两对疯狂事业者了！”

（萧山区第一实验小学　何梦岚）

教学是复杂的人际关系，数学教学是不能刻板进行的，要让学生过上有品质的数学学习生活。

第二章

一系列故事中播下了留白的种子

如果你要教数学，不要让学生大量做题，不要讲太多难题，而是要让学生渴望发现数学美。

第一节　教师要有远大的理想

一、你我，拉开距离才能发现美

很多时候教育的失败，不是因为我们不作为，恰恰是因为我们过于作为。就是常常把我们知道的或者拥有的或者是成功经验，都想一股脑儿地快速教给孩子们，于是教育者与被教育者之间没有了任何想象的空间，更没有了发呆的时间。有的只是教师讲，学生默默地接受。这样势必失去了在路上欣赏美景的过程。所以，要想发现美，首先要拉开教育者与被教育者之间的距离。

要说数学是美的，可能很多人都觉得不可思议，能想到的估计就是几何图形、一些函数式能表达的图形等这些相对形象一些的内容。我想说的是，其实数学的美遍布在数学的每一个细胞，只是我们没有用数学美的眼光去欣赏而已，或者说缺少一个抓手去打开一扇窗。比如，107+106=108+（　　），对于括号里填上什么数，孩子们基本上都是先计算 107+106=213，然后 213−108=105。这样做当然是对的，但是我觉得这样做，好比只是认识到这是一幅山水画，并不清楚这幅画的内涵美在哪里。所以我们要让学生有欣赏数学的能力，这就是要给孩子留白的空间，要让学生拥有欣赏美的能力。学生看到 107+106=108+（　　）时要能想到 7+6=8+（　　），能这样去想的立马想到了，不会这样去想的怎么也不会这样去想，这就是数学的艺术之美，是需要有能力去欣赏的，是需要给孩子留白的机会去养成的。

培养这样的能力，非常重要的一点就是不要说教。因为任何人都是不喜欢被说教的，所以说教的教学孩子不仅不愿意听，更不用说有更深层次的思考了。就拿孩子玩电子游戏的事来讲吧，我们不应该去责骂孩子，而是要去引导孩子学会自我管理。我的儿子第一次悄悄地玩电子游戏，是在他读五年级的时候。那次我们全家人在家里，他在自己房间里悄悄地玩电子游戏，当被我发现时，他满脸通红觉得很不好意思，这说明他内心觉得这样是不对的。于是，当时我并没有说他不好。我只说："其实爱玩电子游戏是很正常的，你想玩没关系的，不要觉得很难过。爸爸只有一个建议就是你想玩的时候告诉爸爸一下，如果你玩得时间太长爸爸可以提醒你停下来。"然后我儿子觉得爸爸真好，不仅理解他想玩电子游戏的心情，还能帮助他管理自己。从此以后只要我在家，如果想玩电子游戏他都会主动向我申请，哪怕我不在家他也会打电话向我申请。这样一来，孩子不仅和我很亲近，而且能很好地管理好他玩游戏这件事，至少我对这件事是能全盘了解的。我想这就是留白教育的一种，要给双方留出空间来，然后才能朝着我们理想的方向前进。

还有一种给双方留出空间的方法是讲故事，我儿子的很多家教，我和夫人都是用讲故事的方式实现的。我们两个人会当着孩子的面，聊与别人吃饭时，有的人夹菜的方式不好，于是他自然地学会了如何夹菜是合适的。我们会聊今天一个孩子在路上看到我，马上就问您是我们学校的老师吧，然后马上和我打招呼，我觉得这样的孩子一定是善于与别人沟通的，我非常欣赏。于是儿子在平时也能这样去努力。我们也会聊，今天在课堂上发现一个孩子很会听课，我讲到哪里他就能思考到哪里，更厉害的是，当我在给后进生重复讲一遍题目时，那个学生居然想出了这些题目的另一种解答方法，而且还会利用这些时间将刚刚讲的内容自己梳理了一遍。我们还会聊我高中的同学，学习特别好，因为他能合理管理自己，当自己看书累了，就会找我们一起去活动，当他觉得休息好了，就会悄悄地回去学习了……这些家教、这些学习方法、这些处事能力，等等，都是通过我们夫妻聊天的方式，让儿子慢慢地去听、去体会、去实践。这样的方式让家长与孩子之间的空间拉大了很多，孩子反而愿意去尝试，愿意去实践。

拉开距离的方法，还可以让孩子假设成某个事件中的各个角色，然后站在不同的角度去分析、去思考。这样的教育，孩子显然是喜欢的，而且绝对不会站在教育者的对立面，因为此时教育者与被教育者之间完全没有直接的接触，只是各自对事件中的人物进行解读和设身处地地思考。比如，我会和我儿子聊《白雪公主》，假如你是白雪公主你会如何想？假如你是她的后妈呢？假如你是王子呢？假如你是读者呢？等等。我们也会聊《西游记》，假如你是孙悟空你将如何保护唐僧？假如你是其余的人物你将如何？假如你是作者你会如何写？你分析过为什么这本书中写到的食物都是江南的特色吗？等等。这样的交流，并非直接的教育，事实上我们是为各自留出了非常大的空间在进行育人的工作，效果自然好很多。

还有一种拉开距离的方式，就是给各自一个台阶下。每当遇到脾气不太好或者个性比较强的学生时，我都会采用这种方法。有一天，一个学生在我的数学课堂上开小差了，到了下课的时候，我想叫这位同学到我身边来交流一下。意想不到的是，当我叫到他名字还没有说出让他过来时，他就冒出一句："老师，我又怎么了？"当时，我是生气的。但是我知道作为教师应该采取合适的方法，于是我就说："你好，假如你希望俞老师来管你的话，今天回家后你让你的家长给我一个电话。假如你不希望俞老师这样来烦你的话，你也可以告诉我，但是你要把理由说给你的家长听，明天告诉我就可以了，以后俞老师一定遵守诺言。"这些话是当着全班同学讲的，我们俩各自都有了台阶下，也给了各自的空间。让我高兴的是，这个学生放学后大概过了 5 分钟，又返回到校门口，问我要我的电话号码，说刚才是他不对，希望我与家长沟通时给他一点面子，别让家长打他。当时，我就表扬了他，并且答应与家长恰当地沟通，让家长帮助他进步。最后他非常高兴地回家了，当天我也接到了他妈妈的电话……

二、我们不能只培养"打工者"

作为一名教育者，很多时候都会碰到这样的情况：学生等着老师给他们布置学习活动，如果老师不说，他们就不知道学什么。

我就碰到过一次，课间我在黑板上写板书，上课铃响时还有一句话没有写完，当写完最后一句转过去的时候，很多学生都互相看来看去不知道干什么。

针对这样的现实情况，我想做以下分析：

①从学生的心理发展阶段来看，小学生都是希望受到老师和家长地适当管理的，愿意得到别人的恰当指点，然后按照所指导的方向去思考、去实践。

②从教师的教育角度来看，学生的学习心理是需要尊重的。我觉得更有必要引导学生，不能太依赖老师，不能根深蒂固地认为没有老师的指示，自己就没事可干了。

如果不改变学生的这种学习状态，我们培养的学生以后充其量就是一个"打工者"，做领导的话最高也就是个"副职"。因为他们只能认真地按照别人的指令去执行任务，并不能主动安排自己的工作。

所以作为教育工作者，我觉得在平时必须积极有效地培养学生，主动、高效、正面地去安排自己的学习。这样培养出来的学生，才是当今快速发展的社会所需要的；才能成为创业者、引路者；才不会沦为"打工者"，才不会被社会无情地淘汰。

本文并没有贬低“打工者”的意思，其实每一个劳动者都可以归为“打工者”的行列。这里只想说明一点，我们要让孩子向更高、更好的方向发展。如果一个学生能在平时注重学习的过程，这个学生就能在未来获得更大的发展。所以，为了能让他们有动力去主动学习，我在班级里实行了各种奖励制度，激励学生自觉主动地去学习、去做作业。

让学生自己有选择地去做一些练习，是为了让学生针对自己的不足来提高自己，经历一个简单的自学过程，这也正是为了拓展学生学习数学的过程。有了这个自觉主动的学习过程，才能让孩子爱上数学，学会数学的学习方法，提高学习能力，为以后的中学学习打下良好的基础。

当然，对于学生自主完成的作业，我们也要有恰当的引导与关爱。我曾任教的 401 班有两位学生做作业很慢，题目错得很多，长期这样的现象导致同学们认为他们是比较差的。于是他们向优等生转化的过程是一个非常复杂而漫长的过程，是需要家长、老师和学生共同去坚持的。然而要让孩子能坚持去努力的关键是创设一种氛围，让大家觉得只要自己去努力，就可能成为优秀的孩子，不然就会成为落后的一分子。

如何创设这样的氛围呢？我先说一件事情：大家都知道英国的牛津大学和美国的哈佛大学都是顶尖的学校，哪怕是在那里的草坪上打个滚出来都能感觉到一种文化的气息。我曾听过这两所大学毕业的双学位博士说过这样一段话：他毕业时全班拍毕业照，大家都不知道别人毕业分数是多少，都感觉自己是优秀的，因为大家的成绩都是合格，而不像有些学校拍毕业照时优等生不愿意与后进生站在一起。

为此，为了避免对后进生形成不好的印象。我经常在批作业或讲作业前，事先对他进行个别辅导，然后在讲解时让他展现出自己理解的水平。还有一种方法是让家长在家里给孩子一些正确的评价，逐步提升这些孩子的自信心，同时也提升了他们在其他同学心中的印象。

这样一来有两个好处，一是后进者本身有了积极进取的信心（至少他不会感觉到自己是全班最差的），这样他就不会掉队，能够与一般孩子一样正常地学习。二是那些认为自己是优等生的孩子，再也找不到垫背的了，可能自己一不小心就会成为落后的，所以不能像以前那样不管自己如何不努力反正还有个他。所以帮助后进生的这种氛围的效果不是单一地转化后进者，更能提升优等生。

这样培养出来的学生必定是有自己的生活目标的，是具有影响力的人才。如同马云所说："任何团队的核心骨干，都必须学会在没有鼓励，没有认可，没有帮助，没有理解，没有宽容，没有退路，只有压力的情况下，一起和团队获得胜利。成功，只有一个定义，就是对结果负责。如果你靠别人的鼓励才能发光，你最多算个灯泡。我们必须成为发动机，去影响其他人发光，你自然就是核心！"

三、教育要注重"环保"

我非常理解家长们望子成龙的心情，更理解老师们的苦口婆心，他们都是好家长、好老师。然而，当我们的家长在努力成为好家长，老师在努力成为好老师的同时，是否考虑到了孩子们的成长需求？我们在追求最高成绩的目标下浇灌这些可爱的幼苗时，是否注意到了幼苗成长的环境？在目前的环境中，孩子的优秀成长会是昙花一现，还是为以后的大展宏图埋下了伏笔，能够持久稳定地发展呢？这些问题都是现代教育目标下所需要考虑的。

我经常有这样的想法，如果一个小学生在六年之后离开一个学校时说：学习真没意思。那么哪怕这个人考试分数再高，我都觉得这样的教育还是失败的，因为它让学生失去了对学习的憧憬，没有了后续力。所以我的教学理念是：宁可没有满分，只有 80 多分，但班上的学生却能在毕业时感受到自己的小学生活是愉快的，学习给他们带来了无穷的乐趣。这样的教育也许能够让学生受益更久远一些。

在这样的教学理念指导下，并不是说我们就不重视学生的成绩，我想表达的意思是我们在提高学生成绩的同时，也要注意"环保"，不能以牺牲学生对学习的乐趣和潜力为代价得到短暂的优异成绩，应在保持学生学习兴趣的基础上实现学生的可持续发展。

曾经听我妈妈讲过一件有趣的事。我有个 6 岁的侄儿，我妈妈看他很可爱，就像很多的长辈一样，对我侄儿说道："你以后要好好读书，长大后就可以像你伯伯一样走出农村，到外面去工作了。"出乎所有人意料的是，我侄儿来了一句大人绝想不到的回答："我以后要到地球外面去呢！"看，这就是孩子的想象力！我们在设计教案时总是担心孩子想不到某些知识，其实这样的担心往往是多余的。作为教师不应该担心孩子不行，而是要想办法激发孩子的潜能。我想这就是一名教育工作者应该努力的方向。在教育教学中只有家长、学校、社会共同建秀者，为我们的幼苗创造一种和谐发展的环境，才能更好地激发孩子潜在的才能，孩子成才后才能为人类社会提供更多、更优秀的服务。周而复始，美好教育就能很好地实现。

要实现以上目标，我觉得教学的主方向应该是：将学生变被动为主动，将强加给学生学习变为自觉而快乐地去学习。换句话说：是要你学变为我要学；要你做变为我要做，甚至可以要你考变为我要考。这样一来，学生主动去做的课外作业要比教师布置的多得多，所以我认为这样的理念并不会使学生成绩下降反而会更好地提升。

特别是六年级毕业班，因学生面临小学升初中的转折点，教师更有必要保护学生对学习的兴趣和自信。因为小学毕业并不是学习的终点，而是孩子上初中的一个新起点。就如同动植物生长的第二次发育期，这个时期既关键又独特。

由于小学生考试不排名次，所以部分优等生还没有觉得自己是优秀的，总觉得还不如别人；还有部分后进生不明白自己已经是班上落后的一员了。我想改变这种状态的一种有效的方式，就是六年级的复习测试和毕业考试（因为现在状况下升学考试是不可避免的，所以我们还是得很好地应对）。如果在最后一年通过努力，在复习测试中及时发现自己的不足并合理改进，最后取得一个能让初中老师引起注意的优秀成绩的话，孩子就会发现自己的才能，学习自信心也就油然而生，那么学生学习的第二次成长发育环境就相当好了。

概括地说，小学教育的环保，就是要让孩子鼓足力量为自己的新起点能站得更高而努力；要恰当地引导孩子在学习上的竞争意识，引导孩子安心、快乐、快速地学习并完成作业，让孩子能静下心来努力学习；要每天关注孩子的学习状况，经常询问作业或考试情况，如果有进步要及时鼓励。千万不要让孩子的烦躁情绪扩大，这样必然会影响孩子的学习效果，造成幼苗成长环境受到污染，影响后续的发展。

这种环境保护的措施是多种多样的，这里举两个例子来谈谈。

案例描述一，假如有一天你的孩子背着书包回家，当你接过孩子的书包叫他吃饭时，孩子不耐烦地说："没时间，今天作业都做不完呢。"一般家长会说："那快吃，待会儿抓紧做。"这样一来孩子的心情就变得更加沉重了。其实我觉得家长也不妨幽默一点："哪个老师布置这么多作业？做不完不要紧，明天我找你们老师谈谈。"绝大部分孩子对于这样的情况都会有以下反应：开心一笑，顿时觉得父母对自己非常理解，然后会开心、放松地吃饭，接着还是会规规矩矩地完成作业。当然，此时完成作业的心情是完全不同的，这样的学习空气是清新的、是没有任何污染的，因此孩子对学习的兴趣也是常持久的。

案例描述二，我们教师对学生的学习和作业也应该少一些规定、少一些责备，多用一些“环保”的方式，也许收获会更大。上学期我就用了这一招。我特地挑了一个特殊的时间段说了一段特殊的话，让学生感到既有开心娱乐，放心飞翔的盼头，又有抓好学习的责任。一次，当六年级其他三个班在单元测试时，我却给我们班的学生搞了一个丰富多彩的班队活动，而且故意在其他班考试结束后活动还在继续。当别班同学发出羡慕的目光，我们班上的学生露出扬扬得意的神态时，我便抓住时机说：“同学们，我们班好吗？”“好。”一个齐声响亮的回答。我再问道：“好在哪里？”“这还用说吗，人家要考试，我们在干什么，哈哈哈……”同学们得意地回答着。待安静之后，我追问道：“我们班的活动比别的班丰富，那么学习呢？”同学们豪气十足地回答道：“要比他们好。”哈哈，他们终于被我诱上钩了，此时我脸上虽然没有显露出来，但在心里真想找个没人看见的地方笑个够。于是我继续我的“环保计划”：“老师将根据大家的表现，来决定今天这样的活动是否要经常展开。”在这个特殊的时间段我说了这段特殊的话，学生当然是不设防的。马上就有人问：“俞老师，如果我们期末考试考得好的话，下学期就经常开展这样的活动，好不好？”此时，学生已经自己给自己下套了。于是上个学期，我不需要布置太多的作业，但在课余时间我却能看到学生在拼命地做课外练习，原因大家肯定也已经明白了。一学期下来我们班确实取得了非常大的进步。

看来，孩子的成长是需要这样的环保策略的，因为通过这种独特的教育方式取得的成绩，完全是根据他们自身的生长规律自然成长的，没有“生长激素”的负面影响，更没有外界急功近利的干扰。所以我呼吁所有的老师都能够成为教育的环保使者，为孩子的成长提供良好的环境，让我们的学生都能成为地球村快乐的一员。

四、为了孩子的“未来发展”而教学

寓言故事：财主和猴子——强扭的瓜不甜

有个财主养了一只小猴子。猴子很机灵，常常在财主心情不好的时候逗乐他。因此，财主非常喜欢它。

有一天，财主对猴子说：“我不能把你当作愚蠢的动物看待，我觉得你有一般人都不具备的聪明头脑，所以，我要把你像家人一样地对待。”财主命仆人为猴子准备了很漂亮的住房，华丽的衣服，还有精致的鞋子。他甚至请了一位先生来教导猴子各种人类的礼仪。

猴子被要求不能在树上爬来爬去，不能光着脚到处跑，必须穿戴整齐的衣冠，像人一样彬彬有礼。如果违反了规矩，就要受到惩罚。终于，有一天，财主家里的猴子不见了，只留下一堆被撕破的衣服碎片。财主生气地说："不识抬举，真是天生的下贱！"

根据这个故事，我们可以提出两个问题：一是，小学教师是否需要让学生知道为什么要读书？二是，是否用直接告知的方式告诉学生，为了自己、家长、学校，乃至社会而读书？

思考以上两个问题，我是想表达一个观点，就是我们当然需要让学生知道自己为什么要读书，但是我觉得用苦口婆心的方式告诉学生"为了自己、家长、学校，乃至社会在读书"不是最理想的。就像强迫猴子成为人一样，强扭的瓜不甜。因为这个"为什么"不是那么容易回答的，是需要每一个学生自己在长期的学习过程中去感悟出来。

为此，教师要避免在数学教育中讲大道理。"你应该做什么，不应该做什么；你应该这样做，不应该那样做……"这样的大道理教育，在家庭教育、学校教育、社会教育中是比较普遍存在的，但效果普遍较差，原因是这样的教学方式本身就是受教育者所反感的，所有的教学内容都是教育者强加给自己的，没有接受的过程，没有提问的过程、更没有理解的过程。

因此讲大道理是事倍功半的教学方式，然而在生活这个大家庭中，教育者、教育对象、教育内容是丰富多彩的，或许还有一些地方讲大道理是比较可取的。但是在学校的数学教学中是绝对不能讲大道理的，因为我们的教育对象是具备一定数学思维的学生；我们的教学内容是具有生命的数学知识；我们的教育者是积累丰富教学经验的教师。还有数学学科的特殊性：很多技能技巧是可以直接传授的，但是这样教出来的都是机器，我们只要运用计算器就可以了，缺少了数学本身所特有的思维水平，我们评价一个人数学水平不仅仅局限于能否解答某个题目，更注重学生在解决一些问题中所表现出来的智慧和能力。所以在数学课堂上绝对不能这样直接地告诉学生：你应该做什么，不应该做什么；你应该这样做，不应该那样做。

在现代的数学课堂中，我们应当引导学生自主发现：应该做什么；应该怎么做，并在这个过程中创设平台。学生能在合作探究中明白：为什么要做这些；为什么要这样去做。这样一来，第一，学生的学习是主动的；第二，学生的知识是内化的；第三，学生的技能技巧是生成的；第四，教师的教学是有效的（事半功倍）。所有这些都是讲大道理所不能实现的。

所以我认为在小学阶段我们注重孩子活泼的天性，让他们感到学习是快乐的，这样直观、感性的认识就可以了。（比如："今天你表现真不错，给你加上一个笑脸"这样直接的方式，也许能让一个学生快乐好几天，远远比教师告诉学生要好好学习好得多）没必要说得那么深刻、那么抽象，反而让学生搞不懂。

就拿数学教学中，数感的培养来说，比如：教学"一亿"的认识，有的老师也许会让学生知道一亿元钱是很多很多的，能堆起几米高，或者能装几麻袋……我认为这都是站在大人的角度上看，小孩并不一定对这个感兴趣。而且这太抽象了，大家知道钱是用来干什么的（花的），而且是每个人都喜欢花的，所以前面说那么多话，还不如说一句：一亿元钱就是一个人一天花一万，可以花上 30 多年。你看这样数感多么形象。

我觉得现在衡量一个孩子的好差，不应该仅仅是他们的学科成绩，更重要的是他们在学习中所经历的过程，以及在这个过程中所体现出来的智慧和情感态度。而且这种良好情感态度的形成直接影响着孩子能否取得好成绩。

现在的一部分家长为了让孩子取得好成绩，在家里任何事情都不用孩子做，甚至有的只要孩子好好学习，什么要求都可以答应。"望子成龙"的愿望是可以理解的，但是这样一来就导致孩子形成一种"以我为尊"的个性，后果就是不仅没有让孩子成绩好起来，反而对孩子的教育越来越感到无计可施。

所以我觉得要让孩子多为父母做点事情，让他们真正体会到父母是辛苦的、父母给予他们是最多的。一个对父母都不知道感恩的人，成绩再好也是没有用的，只有懂得感恩的人才能听父母的话，才能自觉主动地去学习，在这个前提之下才能取得好成绩。

数学教学是这样，育人也是这样，平庸一点、实在一点，根据孩子的天性来教学，将深刻的道理蕴含在平实的事件中。也许这样收到的效果会更好。

五、给人留一块"自留地"

要做幸福的教师，首先要明确什么叫"幸福"，个人认为幸福并不是一种物质性的财富，更多的是一种精神慰藉。我们知道，纵有良田千顷，一日也只能三餐；纵有大厦万千，一夜也最多睡四个平方。所以财富再多，幸福感并不会与此成绝对的正比。然而精神慰藉则不然，它给人的幸福感是超越时间和空间的。有了良好的心态，幸福感就无处不在，小到一声招呼、一个微笑，甚至是一个不经意间的动作，都能让你抿笑一天，这才是真正的幸福！一天，有位毕业的学生，打电话告诉我一个好消息，他最近在初中里学习有进步了，特别是数学考得很好！接了电话之后，我高兴了一整天，我想这就是教师最幸福的时刻吧！

具备良好的精神调节能力，是获得幸福的首要前提。然而要冠以教师的文明幸福，则需要具备强烈的教师特色，比如，给人留一块“自留地”。

拥有一块“自留地”，对于一位农夫来讲是一件多么惬意的事。他也许离家非常近，甚至打开门就能看得见，那地里随风飘荡着自己希望收获而时常去劳作的农作物。看着那一缕缕的绿色，就能感到一种无比的宽慰；看到一片片的黄色，就能感到一种收获的激动。平时劳作时的辛劳早被抛之九霄云外了。而这一切都来自这块小小的“自留地”。他不受外界的任何干扰，农夫可以按照自己预想的收获去安排种什么，可以根据自己的空余时间去安排劳作时间，因此最后呈现的所有绿色、黄色……各种色彩都是农夫自己的设想、劳作而实现的独特创造，给他和家人带去的不仅仅是一种健康绿色的环保食物，更是一种心灵上的慰藉。这就是一种淡淡的没有任何渲染的“幸福”。

那么教师如何给学生留一块“自留地”呢？我觉得教师真正的价值不在于培养出了多少高分学生，而是给学生一种感动一生的帮助。首先是让他们带着无限的学习欲望，离开你时却还有强烈的渴望去学习。其次是要培养他们随时去猎取新知识的能力。最后，我们现在的数理化对一些孩子来说也许一辈子都不会用到，所以要给孩子一些人文教育，要有基本的善、恶、美、丑之分。

要实现这三点，说起来容易做起来很难。其成功的关键是教师要给孩子留出自我发展的时间与空间，要把教育的环节一一串联起来，避免不必要的拖沓环节。各科教师都要有一种责任，用最少的时间去让我的学科实现最佳的效果，而不是一味地去抢时间。

比如，课堂上的高效，不仅是课堂作业能在课内完成，而且面批、订正也一并解决。为此，原来用来订正作业的时间，就可以用来完成原本应该做的必要的家庭作业或者说是巩固练习，同时课堂作业正确率高的话，巩固练习并不需要很多。这样一来，回家之前对于学习过的知识已经基本上都掌握，甚至有时间去“超车”了，因为别人还在做今天的，我们却可以去做明天的了。

这自然地产生了属于学生的“自留地”，也就是放学后到睡觉前的这段时间。

这块地是多少家庭所向往却又很少得到的。老师、家长若能有效合作，将这块地用好，那地里长出来的将不再是一年一季或几季的农作物，而是撼动人类文明进步的一颗颗健康向上的、具有强大潜力的“幸福的心”。而这些“心”的成长虽然落点在家里，但起点在课堂、在教师。

自留地上的成长更能为明天的课堂准备好一切的一切，比如，身体的锻炼、身心的放松、回顾今天的得失、思考明天的方法……这是一个循环上升的良性发展过程。这是一块多么令人向往的美好“田园”，作为教师的我要想拥有教学的文明幸福，这一定是必须追求的一个方面，这也正是我现在在享受着的幸福之一。

当然，教师的幸福感并不局限于学生，因为教师在学校能让孩子学会做人，有良心就很好了。孩子能不能成功和他自身的天赋、家庭环境有很大的关系，成功基本上是他们自身的，我们教师、学校只是推了孩子们一把，不能贪人家孩子和家庭的功劳。所以教师还得给自己留一块“自留地”。我们要解放孩子们一天到晚沉浸于忙碌的学习中，要让他们自己去思考“我该怎么去学”。教师不能一天到晚地想着教学生这样、那样，更应该给自己留一点时间去思考“我应该怎么去教”。会这样思考的人也一定会不断地学习。

要得到这块“自留地”不仅要有个人意识，更要有一种超脱的能力，要能在别人忙碌的时候敢于静下心来思考，然后用创新的手法去实践自己的理想，虽然遇到的困难也会接踵而来，但我们知道，哪一块地没有种植的风险。如果每年都一成不变地去种植，那么收成会一年比一年好吗？那是不可能的。

教师这块“自留地”的预想与操作是有着丰富的创造空间的，除了思考我该怎么去教以外，更少不了思考我能怎样去改变自己、提高自己，让孩子们更轻松、更快乐地学习。这是从另一个角度去改变教学方式，有时教师改变自己能为孩子的学习创造更理想的捷径。

教师最大的烦恼莫过于自己教的学生不理想，要是能让孩子大有改观，那我们的幸福感何愁不来呢！也许那时孩子的一点点进步、老师的一点点变化都将是带给我们大家幸福的一股股清凉的泉水！

这两块地如果能用一根纽带连接起来，那绝对能让教师和学生都更加得文明与幸福。我的方法是，一个简单的本子——“心语本”。它是我与我的学生沟通的桥梁，他们的烦恼传过来，我的建议传过去，一来一去，无形当中互相建立了一种不可分割的感情。这个本子能把我原本不知道的，或者要花费非常大的精力去调查才能知道的事情，轻松自然地告诉我。一次，一位学生的眼镜被别人踩破了，但是我没有办法查到是谁踩的，于是我说：“如果是你就在心语本上告诉我。”结果第二天我知道了是谁，我没有告诉任何人，只是在本子上表扬了他的勇敢。还有的学生与我交流爸爸的喝酒问题、与同学交往的方法、学习上的诀窍，等等，这样的例子举不胜举。

我在与孩子沟通的同时，不仅使孩子们得到了正确的引导，我的心灵也在不断得到洗涤。因为要给他们一股清水，自己肯定也得是干净的泉流。既然有了这股清澈的泉水作为我们两块“自留地”的桥梁，作为教师的我和我的学生们在“自留地”上感受到的文明幸福，将不会是简单的加法，而是成倍上涨的乘法，甚至是 2 的 n 次方那么多！

六、给孩子安全与自由

美国前总统奥巴马曾经对家长这样说：“你要给孩子的就是两样东西，第一是安全，第二就是自由。”其中表达的大概意思是，要让孩子能够在安心的环境中选择自己的成长道路。这蕴含着非常丰富而深刻的教育意义。不要一听到小区有钢琴声就在想自己孩子也要学，一看到双休日小区有孩子背着书包去上兴趣班就让自己孩子也去。其实应该想想，自己的孩子有什么特点再去发挥他的特长。

一天，我们家来了几位朋友，他们的孩子都即将走进学校，开启学习生涯。于是他们的共同话题就是，孩子上学的问题，讨论最热烈的是“怎样的老师才算好老师”这样一个内容。开始他们还聊得很投机，但没过多久就形成了两种不同的意见：其一，非常强调“满腹经纶的老师”对孩子来讲是最重要的，即“知识型”的教师是首选；其二，认为只要“老师爱学生”就行，老师的学问高不高并不重要，即“爱心型”的教师是首选。

双方各持己见，谁都有自己的道理。我想尽量寻找能将以上两点都结合在一身的教师，对孩子来讲肯定是最幸福的。但是现实中，很多教师并不能将这两点做好。所以在这里我想给大家留一个值得思考的问题：如果让你选，你会更侧重哪一点？即是“知识型”的，还是“爱心型”的？最好能说说理由。

而我作为一名非常普通的人民教师，时常在思考我应该如何给孩子意义深远的教育。

第一，应当学会担当，要对教师这个工作有个正确的定位。虽然教育由家庭教育—学校教育—社会教育三部分构成，但教师并不仅仅属于学校教育这一个环节。我认为教师不但属于每一个环节，而且还应当承担起一个重要的责任，就是将这三部分在孩子的某个阶段里紧密有效地结合在一起，实现最佳的教育效果。如同奥巴马一样有责任地告诉家长，应该如何去实现最佳的教育，而不是去责怪家长和社会，怎么没有送进更好的生源。我想这也是所提到的给孩子安全的重要因素之一。

第二，应当学会教育，明白教育的关键是什么。我们说教科研能够让教学更加细腻，而德育却能走进孩子的心灵。心与心的交流是教育的重要润滑剂，绝对不容忽视。这座桥梁的建立就如同球场上的球员一样，必须要有优异的表现才能引起球迷的强烈共鸣。教师要像球员一样，让孩子知道自己的能力，不仅能引导孩子发现学习过程中隐藏着的“美”，更要让孩子发现走捷径的学习方法。我想这是站在孩子的立场上去教育的重要证明，也是赢得心心相印的最佳方式。教师的真正价值所在，就是让孩子成为我们教师的球迷，沉浸于学习的海洋中享受其中的乐趣，而不是一切任务、作业的布置者。

当然，一个出色的教育者，在孩子面前需要有天才的一面，更需要有弱小的一面，这样孩子才有机会变得强大。我想这也正是给孩子自由的一面。虽然有时孩子会因为年龄小，还没有达到能独立完成某个任务的层次，不能完全展示出自己的才能。但教育者一定要有这样的高度去追求，给孩子自己强大的机会。正所谓，有梦想才会有飞翔！

第三，应当学会思考，特别是要学会捕捉教育过程中的每一个细节。如作为教师的我，会思考这样非常细小的问题：我们所使用的教材封面，为什么用这幅图而不是用别的图？这些看似无关紧要的信息，其实也蕴含着很多育人文化。当然更关键的还是教师要教给孩子会观察、会思考、会判断的能力。我有非常深的体会，知识是教不完的，因此教会孩子自己去学习和思考就显得非常重要。哪怕带他闲逛时也应该让孩子有这个意识，让他对周围的事物有深入的观察。比如你走了一段路突然向孩子问道：刚才你看到酒店门口的喷泉了吗？它为什么这样设计？等等。这样才能培养孩子乐思、善思的潜质。学会思考是孩子获得安全与自由之后学会飞翔的重要翅膀！

环视世界，每个国家的教育都有不同。教育对于强国的作用是非常大的。而教师是教育的核心之一，小到说话写字、大到发明创造都离不开教师的影响。我想，作为人民教师的我要实现教育的最佳效果，必须为孩子创造好安全与自由这两个重要的条件。

七、“穿透时空”的教育

老师们可曾知道1000年前世界上最发达的城市在哪里？在中国的“开封”。而1000年后的今天世界上最发达的城市又在哪里呢？在美国的“纽约”。其间变迁所包含的最大因素又是什么？是“教育”。蔡元培先生的话正印证了这一点：要知明日之社会就要看今日之校园。当教育被提到如此之高的地位时，陶行知先生又为我们指明了道路：要把教育和知识变成空气一样，弥漫于宇宙，浩荡于乾坤，普及众生，人人有得呼吸。要想达到如此效果，教师必须具备特有的教育艺术。

我曾遇到过两位特殊学生，由于各种原因，他们不仅在学习上进展不大，还不时影响其他同学。最夸张的是他们无论上哪一节课都必须上一次厕所，如果你不答应，他们就会做出你肯定会让他去的动作，因此在教学中出现过很多不和谐音符。

一天，上课铃一响，我照常开始上课。不一会儿，其中一个特殊的学生像往常一样高高举起那渴望的小手，“老师我想上厕所”。我领会地点了点头同意了他。他面带微笑开心地走了，关门时还不忘和他的那些老朋友飞了个眼神。还好同学们不予理睬，大家学习得非常投入，课堂气氛马上达到了高潮。正当我们沉浸在知识的海洋中，感受学习的快乐时，不和谐的音符出现了：当我抛出一个问题后，有一只手特别的注目，举得非常有劲，似乎你不叫他他就不放下手。为了满足他的需求我请他回答。出乎我意料的是，他并没有回答我的问题，而是说了一句谁都想不到的话：“老师上厕所的某某还没有回来，已经过了×分×秒了。”顿时教师里所有的人都怔住了，随之而来是一阵哄堂大笑。

对于他在课堂上的这种“横刀杀人”，我沉着应对：“你真关心同学，那就请你出去瞧瞧他吧。”他惬意地笑了笑低下了头，似乎明白了自己的这种关心是多余的。正当我得意自己的应变能力时，另一个特殊的学生发话了：“老师那就让我去看看他好了。”下面又是一片哗然，此时精彩的课堂氛围彻底被破坏了，但我还是放弃，因为我还想继续我们的精彩。考虑到两个特殊同学是不能同时出去的，那样他们就不仅是去上厕所，还可能会打开水龙头打水仗呢。但如果不让他去的话，又似乎显得我不关心外面的学生。于是我反问道：“你上厕所需要有人看着吗？”他连忙说：“不用，不用，那我等他回来再去好了。”到此不和谐的音符终于消失了，课堂上学习气氛虽然有所影响，但还是被我维持在应有的状态。

虽然我们的教育对象是具有各自特点的学生，在教学过程中也会遇到各种问题，但我们可以用艺术的手法去调控课堂。虽然我们不能挑选学生，但我们可以修炼自己，激活自己每一个教育的艺术细胞，从而增强自己的教学魅力。只有如此才能在临场时轻车熟路、一马平川，在不需要1000年的时间里再次让中国的“开封”代替美国的“纽约”。

祖国的强大，乃至人类的进步，我们都不需要想得太高大了，其实任何一种发展都来自于最简单、最基本的内容。记得多年前我上过一节常识课，不仅让孩子们享受了快乐，更让我自己受到了启发。所用到的方法就是用简单创造不简单。

记得那次教学内容是“生物的进化”，课前我查了很多相关资料，而且是越查越多，以至于到我走进教室后，不知该从何说起才能更好地拓展相关知识。我突然想到是否可以让学生自己来谈谈相关知识，于是活泼生动的课堂便开始了。

①请学生合上书本谈谈，看了课文之后你学到了什么知识？举手的虽然不多，但回答得都比较完整，书本中的知识基本能够复述出来。这种教学方式让学生自然而然地学到了知识，而且是在独立的阅读中学会的，其效果绝对超过老师讲授所学会的。

②请学生根据书本上的知识，结合自己掌握的课外知识来谈谈有关“生物的进化”。这个问题一出来，课堂炸开锅了，几乎所有人都高高举手，都想展示自己的一技之长。接下来就是一个个学生让大家享受大自然的“生物”给我们带来的神秘故事。我的思路，一会儿被带入了远古的恐龙时代；一会儿被引到了神秘的非洲大陆；一会儿又被牵到了具有科学性的人类起源……让我听到了我自己查资料都没有查到的科学信息。

那天的课如果是我讲、学生听，也许学生也会听得非常有意思，这不是因为我讲得生动，而是由学科内容决定的，因为生物本身就是学生非常感兴趣的。但是这样所达到的教学效果，绝对不如上面的教学方法。课上我只问了两个简单的问题，所占时间绝对不超过半分钟，而留下的时间却能让学生畅所欲言，而且在畅所欲言之后又有补充与交流，可想而知学生学习激情有多高，学生学到的知识有多厚。

能有这样的教学效果，我想归功于那简单的问题，甚至是有点过于简单的教学方法。恰恰是这“简单”，为学生创造了互相学习的平台、争相展示自己的机会；更为产生精彩的课堂埋下了伏笔，同时也为我的教学技能提供了发展的机会，那就是要时刻创造以学生为“主”的课堂。

所以我们在教学中要有穿越时空的远大理想，更要有脚踏实地的平凡，去践行每一点育人思想。

八、教育者的不懈追求：思考、狂热 + 爱

时下教育要出成果，我认为最重要的一点就是要让学生“爱读书，会读书”。那么面对这没有七情六欲的“书”，学生又如何去“爱”？面对读书经验无法复制的实际情况，学生又如何才能“会”呢？

要实现这样的效果，确实需要付出相当的努力。不过，在教师们的不懈追求中也发现了很多行之有效的手段。我在平时教学的摸索中、在不断的学习过程中也领悟到了三点来实现教育的追求，那就是：保持思考的学习状态、拥有狂热的学习热情及能够像爱亲人一样爱上书。

著名的华人诺贝尔奖获得者杨振宁先生曾经在台湾招收博士生时问过这样一个问题：晚上当你躺在椅子上看到天上的星星，有没有考虑过这颗星是不是你昨天看到的那一颗？从这个问题中我们可以清楚地发现，杨先生不管在什么时候都在思考与他研究有关的物理知识。同时他也在测试那些即将成为博士的学生是否会思考。

看来，生活中时时处处都存在着供大家思考的元素，所有人都不会缺乏思考的内容，谁都有可能成为博士，成为像杨振宁先生那样伟大的科学家。之所以有那么多人没有实现这样的目标，就是缺乏对“思考”的保持。能考上博士的人一定是一直能思考的人，但杨先生还是要求他们能继续时刻保持这种状态，因为不断思考才是一个人成长的关键因素。

所以从事小学教育的我，更应该让学生学会对周围事物的积极思考。只有不断深入的思考才能对知识产生一种“狂热”。

著名企业家余世维举过这样一个例子，他女儿在小学时发现有个同学数学非常优秀，每次都能得满分。余先生问女儿：“那你知道他优秀的原因吗？”女儿说：“肯定是他的学习奖金多，要么是他有个漂亮的书房。”余先生说：“那我也给你奖金，而且你也有个不错的书房，为什么你没有这么好的成绩啊。要我说肯定是他有对数学的一种‘狂热’。”于是他女儿又去观察，结果发现：那个同学在吃饭时思考问题，坐公交车时也在做数学题……后来那个同学考上了清华大学。

对知识思考，对学习狂热，最终能使一个普通人成长为一个不平凡的人。那

么，在小学课堂中如何让孩子产生对知识的这种“爱”呢？我也进行了有效的尝试。

一次三年级的作业讲评中遇到了比较重要的知识点，于是我就要求大家画个五角星。马上有人问：“为什么？”我说：“你喜爱的亲人像爷爷、奶奶、外公、外婆等，一段时间不见了是不是要去看看他们，与他们聊聊天呀。”“对呀！”他们认同地说。“那学习知识也一样啊，几天不见了，你也要来看看这些画有五角星的内容，跟它们说说话，抹去它们身上的灰尘。这样它们也会像你的亲人一样给你温暖给你爱护的。”我继续说。“老师，知识也会爱护我？”他们用不解而又惊奇的目光看着我问道。“对呀，因为你经常像看望亲人一样看望它们，它们就会在你需要用它们时及时从你脑子里跳出来，那你考试就肯定没有问题了。这不就是在帮你、爱护你吗！相反你不去搭理它们，它们就会惩罚你，在你需要它们时就是让你想不起来。”我神秘地说。

同学们听了以后都开心地笑了。从他们的脸上我看到了他们对知识的“爱”，看到了对学习的“狂热”，看到了对知识的“思考”，因为他们开始把知识当作自己的亲人、自己伙伴，互相信任互相帮助。相信他们一定能“爱读书，会读书”，这也是我作为一名教育者的不懈追求！

九、要让孩子明白“同门情谊”

电视剧《花旗小和尚》中，主人公花旗小和尚为了报复师傅的严厉教育，伙同其他和尚想出了很多作弄师傅的恶作剧。师傅发现之后狠狠批评了他们，并惩罚他们清理厕所。其中一名和尚马上向师傅告发，这是花旗小和尚等几个师兄弟想出来的，所以应该受到重罚的是他们。正当他等着师傅表扬时，师傅却说出了出乎意料的话：“你应该受到加倍的惩罚，因为你出卖了同门。”

这一情节，在电视剧中也许仅仅是一个简单的笑料而已，但从教育学生的角度来说是一个值得深思的问题。它让我联想到了学生打小报告的现象。老师在一天的教学过程中会接到很多比如“某某干了什么坏事”“某某把我怎样了”等的报告。打报告的学生其实并没有受到什么伤害，他们的目的是：最好老师能严厉地批评别人，好好地表扬自己。换句话说很多学生是为了在老师面前表现自己。而且这种现象会随着老师的具体反应而改变，如果老师真的让打报告者如愿以偿的话，这样的人会越来越多，班级风气也将如此形成。

然而我觉得这种现象不利于“人”的发展，更不利于社会文明的进步，因为这种现象的实质是说别人不好来体现出自己的优秀，而不是努力提高自己来赶超引人。所以这种现象无论是对个人、对班级还是对国家乃至一个民族，都是越少越好。

反之老师如果能适时合理地引导，也许班级氛围就不会是发现问题来报告、来邀功，而是发现问题能及时地去制止，这样培养出来的人才也许更有能力、更有魄力、更有活力。

我觉得对于这种打小报告现象的处理，不妨借鉴一下这个和尚师傅的做法，也许会有意想不到的收获。

这样的教育现象，其实在家庭教育中也是非常常见的。特别是有多个孩子的家庭中，一定会遇到类似的事。与大家分享一个故事。有一次，一户家庭中的两兄弟打架了，父亲把两个儿子叫了过来，让他们面壁思过。父亲说："肯定又是哥哥欺负弟弟，弟弟先出去好了。"奇怪的是，弟弟并不愿意先出去。事后父亲问他为什么。弟弟说："我要是先出去的话，哥哥必定认为是我告的状，他出来之后会比你更厉害地惩罚我。"父亲事后也会问哥哥："你为什么没有告诉我，你弟弟不对的地方。"哥哥说："本来我就是哥哥，肯定有不对的地方。"

这个故事告诉我们对于兄弟之间的教育，除了"对"和"错"，还有更重要的东西，那就是"情谊"。只论"对"和"错"去评判两兄弟的相处，并不一定适合中国孩子的教育，更多的是一种西方人的思维，那样的教育在中国来说是缺少一点温暖的内容的。这背后的温暖是否能抓好，直接关系到一户家庭日后的团结与幸福。这也是为什么很多家庭父子兄弟团结有爱，而有的家庭却是父子仇深，兄弟反目。

作为教师，我们是不是也应该从这个角度去思考。我们在对同班同学管理与教育的同时，是不是能够让学生在几十年之后的同学之情成为兄弟之情，这是多么美好的事情。作为老师千万要多想想，我们现在做的事会带给孩子们什么，特别是多年以后的效果，而不是仅仅完成现在的教学任务，只是让班上的孩子们没有打架就可以了。

虽然"不出卖同门""为了兄弟两肋插刀"属于侠道之举，用在育人上有点激进，但是我们细细想想，这样的一种兄弟情谊在平时的教学中是不是需要渗透的。这是教学之外却又是教育之内的用心之举。

数学学习能力，并不高深莫测，如果能抓住教育契机，它是看得见摸得着的。要在培养孩子兴趣和信心的基础上学习数学，并注重知识背后的观察、分析与思考，从而培养好习惯、提升能力。

第二节　教师要有放手的策略

一、孩子，学习中你能想到什么

如果让大家做以下这个游戏，你会想到什么？

假如我们现在每个人都是一个鸡蛋，然后你跟你的同桌石头剪刀布，胜出者就能变成一条鱼，鱼跟鱼石头剪刀布就能变成一只猴子，猴子与猴子石头剪刀布最后变成了人。最后我们来比比谁第一个变成人，看看有哪些鸡蛋能变成人。

……

可能有人会想：这只是个游戏而已，没什么特别的；还有人会想：为什么一定要变成人呢，做鸡蛋本来就很快乐呀……我想到的是：为什么要我们做这个游戏？最后变成人的会有什么惊喜呢？

假如我们把学习数学比作玩这样的游戏的话，孩子们在完成一些数学任务之后，会想到什么呢？这是值得我们数学教师思考的一个问题。孩子在学习数学的过程中他的感受与收获决定着我们教学的策略与成效。这就是我想跟大家交流的一个问题：小学数学到底要教什么？学什么？

学习数学就是常见的加减乘除这样的计算，还是所谓的数学思想？我觉得这些都是对的，但又是片面的，并没有把数学的真谛说出来，我是这样概括的，大家看看是否有道理。

在数学学习过程中，我们要为学生营造宽松的教育环境，采用循环提高的策略，实现育人目的。营造宽松的教育环境：给学生轻松的心理环境，让孩子敢于把自己的不足与大家交流，善于把自己的个性特长展示出来，然后在活动中实现扬长补短。采用循环提高的策略：首先让学生有兴趣、有信心，再来学习数学知识，但学知识并不是唯一目的，要在学的过程中培养好习惯，提升各种能力。即：激发好兴趣+树立好信心，然后借助学习活动，最终培养好习惯+提升能力。

这是我自己摸索的，最近听了一个报告，内容与我的想法不谋而合。这让我信心倍增，觉得自己是对的。

4月16日，我们街道的所有学校行政班子成员参加了一个报告会，主讲人是杭州学军小学校长楼朝晖。他讲到这么一件事情：他去年去美国时，遇到一位美国的计算机行业的专家。那个专家告诉他，你的儿子以后别学计算机了。他听了很奇怪：我们国内这些发明程序的人很赚钱的呀。你们知道专家说什么吗？他说，美国已经能发明这样的计算机，只要输入你的要求与需要，计算机就能自动编写好你需要的程序交给你，所以以后根本不需要那么多人去编写程序了，只需要几个最顶尖级的人物去开发这样高级的计算机就可以了。

这样一来，老师们觉得会产生一种什么现象？上述事件说明，对于我们这样的普通人来讲，一般的知识是没有用了，连编程序这样的工作都可以由电脑完成了。在这个飞速发展的时代，我们如果还是按照以前那样，中规中矩地把一个个知识点稳稳地传输给学生的话，那一定是失败的。我们需要让孩子在学习知识的过程中去培养好的习惯，好的人格品质，提升各种能力，才有可能在世界上立于不败之地。

打个比方，为什么美国人对于历史学非常热衷，难道一天到晚去弄明白古人的事情就很有用吗？我觉得不是的，学习历史本身是一点用处都没有的，我们以前死记硬背出来的都是没用的，这些东西只要一查就都知道了。那么我们学历史到底是要学什么呢？我觉得是学会收集资料、学会正确分析、能够准确判断，这样三种能力，才应是学习历史背后的重要内容。

作为一名教育工作者，我觉得在教学任何一种知识时，都应当去思考，在教学这些知识的背后我们实现了什么目标？从数学学科角度讲，我们需要用学习数学知识为载体去实现这样的目标，同时用数学的方式去发现问题、解决一些实际问题。如果用几个词语来概括这个过程的话，我觉得是：观察、分析、判断。

下面我们就结合几个例子从细节的地方来说一说。

按要求填表

	保留整数	精确到十分位	保留两位小数
99.9809			
5.6317			
0.9016			

对于这样的题目，大家认为背后的内容是什么？

学会归纳：0添在小数的末尾，数的大小不变；放在中间，数的大小会有变化；添在整数的末尾，数的大小10倍10倍地变大。

按要求在数中添“0”

① 41.5——添两个“0”，大小不变。(　　　　)

② 41.5——添一个“0”，大小变化。(　　　　)

③ 550——添两个“0”，大小变化。(　　　　)

④ 550——添两个“0”，扩大到它的100倍。(　　　　)

⑤ 550——添两个“0”，扩大到它的10倍。(　　　　)

这些题目也一样，并非解决几个题目而已，绝对不是简单地举出一个个例子，更重要的是要学会分析，精确到哪一位就要看这一位的后面一位。这个背后的东西，如果放到生活中也是很有意思的，比如：跟孩子去爬山，在山南边，右边是悬崖，你会让孩子靠左边走；在山北边，左边是悬崖，你会让孩子靠右边走。鉴于这种情况，我们怎么跟孩子说是最好的呢？不管走哪里，为了安全，孩子你选择走在离悬崖远一点的那一边比较好。这就是一种能力的提升，我认为这也是我们学习数学的真谛。

用0、0、4、6这四个数字组成符合要求的数。

①两个0都不能去掉。

②只能去掉一个0。

③两个0都能去掉。

这个题目也一样，为什么我们平时都做对了，到了考试却错了呢？有一个重要原因是我们做题目不能只做一个答案，要分析两个0都能去掉的应该放在哪里，把这一类答案都分析出来。

用数字7、8、9和小数点，你能组成（　　）个不同的数。

A. 3　　　　B. 6　　　　C. 12　　　　D. 14

这个题目，也说明了做一题要学会一类。比如这里的三个数可以换成别的数，还可以换成0。还有我们要让孩子们知道，检查题目不是去重复地做一遍，至少是要换一种方法去做，或者是像这样能改变题目的方式去思考，对于自己的学习提高必定帮助很大。

在下面图中画出面积相等的两个长方形，然后用小数表示出来。

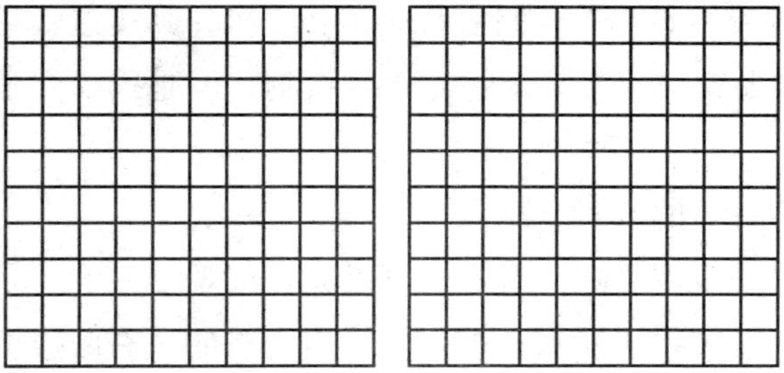

反思

除了看面积大小，你还有什么方法证明这两个长方形面积相等吗？

这是锻炼孩子做题时做到不粗心的一道好习题，我的办法是让孩子学会读题目。其实数学也是需要朗读的，而且读的过程完全可以转化为思考的过程，让学生在读当中，能够自然而然地将所要思考的内容呈现在脑海里。不仅仅是读，而且要读出重点、读出题目中隐含的意思。简单地说，就是你可以根据孩子读题时对于每个词语的不同音量，来判断出孩子对于题目的理解程度。这就是我提出来的：用读题的方式做对会做的题目。这样的读题能力是需要培养的，并且是能够培养出来的。

除了用读题的方式做对会做的题目之外，我还在教学中践行用画图的方法做出不会做的题目。对于孩子不会做的题目，主要是孩子对题目不熟悉。对于不熟悉的题目，他就要去摸索。那么如何进行摸索，我觉得把文字转化成自己能够明白的数学草图就是非常好的办法，这个转化的过程本身就是对题目进行深入理解，同时在画图过程中会将文字背后的信息挖掘出来，还会把前后信息进行整合。这样一来，学生遇到难题就不怕了，不但有了前进的方向，更有了具体实践的方法，那解决难题也只是时间问题了。同时这样解决问题，不仅仅是问题的解决，更多的是数学学习方法的积累。

所以，我觉得数学教学是需要有好的方法的，我们可以从非常小的细节入手，去提升自己，帮助孩子们更好地学习数学。

二、关注师生沟通的细节来培养观察与思考能力

（一）如何培养孩子学会观察

①有意观察：从小看汽车、火车、飞机；赏花、赏月等。

②无意观察：家长带孩子外出时随时向孩子提问。

③科学家也重视学生的观察。

④孩子也能为家庭创造幸福。

我曾经跟我的学生这样讲：

从小，爸爸妈妈或者是爷爷奶奶就带我们去看火车和飞机，其实这就是在观察；小学里老师有时也会要求大家去观察某个物体或者植物，但是很少同学会真正观察。

我们国家的汽车是靠哪边行驶的？对，靠右行驶。

那火车是靠哪边行驶的？确定不了吧，有机会可以去仔细观察一下。

每逢遇到飞机飞过，我们总要抬头看看，那你们知道飞机的左右两边机翼各有一盏灯吗？谁能告诉我它们是什么颜色的？没注意是吧。

带着这些问题去观察，这种观察叫作有意观察，就是你带着问题去观察的。

有意观察有个很大的作用，就是能提高你的注意力。

比如在家里养一盆花，然后跟你的家长比一比，看谁先发现它开花了。这样就能用有意观察来提高你对某个事物的注意力。

还有一种无意观察也可以提高你的注意力，当你与家长一起外出时，可以请家长考考你，在路过的地方看到了什么？这同样能提高观察能力。

再说到我们的学习，我们每天都在看书、做作业，如果学生能注意观察，注意思考，就一定能发现书中、作业中很多奇妙的东西，就能享受到学习中更多的乐趣，同意吗？如果真的这样去试了，将来一定会有更大的收获。

期末考试前我经常对我的学生们说："同学们，学期将要结束，我们大多数学科进入了复习阶段。希望我们能带着这种思考的观察去学习、去复习。我们的家长都期盼着你们在学习上能有大的收获，所以家长都在努力地工作着，为你们创造良好的学习环境，为家庭创造更多的幸福。同学们，其实我们也能为家庭创造幸福的，怎么创造你思考过吗？其实有个非常简单的方法，因为幸福不仅仅是物质财富，只要我们每天在学校这样用心地观察与思考，就一定能带一个好消息回家，就能带给家庭更多的快乐，那就是为我们的家庭创造幸福，它能消除你父母一天下来所有的工作疲劳，那是多么美好的场景呀！"

（二）如何跟孩子首次谈话

1. 与学生见面，老师自爆绰号。

非常高兴认识大家，我就是大家本学期的数学老师。

我姓俞，猜猜我是姓哪个"俞"呢？是这个"俞"。不过以前我的学生都叫我一条鱼老师，你也可以这么叫。可别在上课叫，不然大家在数学课上都把我看成一条鱼，那就会忘记学数学的。其实我还有很多有趣的名字，比如手电、电灯等，如果你想知道为什么，上了我的数学课就知道了。

2. 问孩子：你为什么来学数学？学数学有什么用？

介绍完自己，我想了解你们的情况了。你想让我先了解你什么呢？

对姓名、喜好等老师都想知道，不过这些我们有的是时间了解。俞老师比较特别，今天想问大家几个问题，请你们帮我解答一下，好吗？你怎么会到这里来学数学？你觉得学数学有什么用呢？你觉得你家里人知道吗？你今天晚饭时可以去考考你的家人，我可以先告诉你我的答案。

学好数学有很多作用，其中最简单的可以告诉我们怎么吃饭、怎么走路。比如：别人帮你咬碎的一口饭你要吃吗？对，一个会学数学的人肯定知道。老师能不能把每道数学题的答案写出来给大家抄啊？对，数学题目要自己动脑筋去"吃"那才有味道。

遇到数学问题有人会用最简单的方法来解答，说明这人善于挑选捷径回家。有的不会用这个简单方法就找别的方法代替，说明此人找不到捷径回家时，就会绕远路回家。还有的当遇到捷径被封住或正在修路时，他就坐在那里，不知道怎么回家了，这就是找不到好方法，还不愿意找别的方法代替的傻做法。

3. 你觉得学数学时，老师该怎么帮助你呢？

故事：如果在一间漆黑的屋子里，让你去找一把电风扇，你肯定会在头脑中反复呈现这把风扇的外形特征，然后一点点地去摸屋子里的物品，看看能否摸到符合要求的，最终根据分析找出电扇。通过这个过程，你肯定对电扇的特征了如指掌，下次再说电扇有什么特征你都能脱口而出。

要是老师把电灯打开了，你还用找吗，但电扇到底是怎么样的你就不知道了。所以我就是一个手电筒，当你在黑房子里摸不到要找的东西时，我就会帮你照一下。所以对于聪明人，我肯定会让他先自己思考，然后再告诉他怎么做。你想成为聪明人吗？

今天，你回家去考考家人：学数学有什么用？

（三）如何与孩子的天性沟通

用"玩"来刺激他们，体现一种人文关怀的管理方式。一天，午饭过后，孩子们有的在看书，有的在聊天，还有的在追逐……总之比较混乱。为了能让孩子静静地看会儿书，我突然想到何不用"玩"来刺激他们一下。于是在孩子们的嘈杂声中，我说了一句显得比较轻的话："如果大家能安静地看半小时书，我们就到操场上去活动半小时。”出乎我意料的是，学生齐声喊道：“俞老师万岁。”接着教室里一片安静，而且静得出奇，似乎他们都已沉浸在学习的海洋中了。此事孩子彻底暴露了他们的“天性”，那就是“玩”。作为老师可得清楚地了解这一点，更可以合理地利用这一点，来激发学生的学习热情，也许这也是“人文”性的一种良好体现。

（四）如何与学生进行持续有效的交流

1. 让每个人都获得最大的发展

对孩子的教育也应该注重环保意识，让每个孩子都能通过教师的恰当引导，对学习产生最大的兴趣，实现自己智力、情商所能达到的最高水平。不要追求每人都得高分，要追求学生每个人应有的水平。

形成这样的教学思想，我也经过了一定的实践过程。比如：为了让学生自觉地爱上学习，我首先让他们喜欢上我。每次我都从各种角度告诉学生，让他们做任何事情，是为了他们能不做作业，能更多地玩，能不让家长给他们布置课外作业。所以我比较“懒惰”，不愿意占用学生课外或课间的太多时间去补习，我更喜欢跟他们聊聊如何让他们“偷懒”，告诉学生哪怕是主动问一声老师好，也能让他们学习变得更轻松，原因是老师听了他们的真心问候，就会像明星听到台下的掌声一样，会在讲台上更加起劲地上课，更好地发挥老师的教学才能，那么课堂效果就会更好。由于我让学生做任何事的理由都是为了他们自己，特别是为了他们能“偷懒”，所以学生会慢慢地乐意去做我要他们做的事。

2. 老师不该是“警察”，应该是“骗子”

除了经常这样“心灵”接近式的聊天外，还要有“强心针”。老师不该是“警察”，应该是“骗子”：老师做“骗子”虽然会有点负罪感，但当你的骗术成功时，相信你肯定会有非常强烈的成就感。下面就来说一说我是怎么成为一个“惯骗”的。

我校的学生已经养成了一个非常好的习惯——离开座位就把凳子放进桌子底下。还有很多学生为了把楼梯打扫得干干净净，已经不用拖把改用抹布了。我们班上的学生在这两方面是有过之而无不及。他们不仅是课间、中午离开座位要将凳子放进桌子底下，在课堂上离开座位时也要将凳子放进桌子底下；打扫楼梯就更不用说了，他们在用抹布擦洗前先用香皂擦一遍，夸张点说就像是在洗脸前还要擦点洗面奶。

看到这些现象，我曾问我的学生：需要这样吗？一开始我也想不通，不瞒大家说，我在前些日子还曾做过反面工作。当学生到讲台边订正作业时，我就抢在他们放凳子前告诉学生："你们别像机器人一样，一离开位子就一定要把凳子放进桌子底下，这样太吵了。"想不到学生却说："不行，一定要放进的，要是被扣分的话我们就拿不到'达标班'了。"面对学生的回答，我无言以对。当学生用香皂擦洗楼梯时我又说："这又不是你们的脸，洗那么干净干什么呀！"学生的回答更坚定了："俞老师，我们要是卫生搞得好，就会受到值周老师的表扬，这样就能拿到三项红旗竞赛中的'达标班'，到时你肯定会在我们的光荣榜上给值日生加分，最要紧的是你说过：如果我们本周表现好，就让我们在活动课上放风筝。"对此我又只能以笑容来暗示他们是好样的。

其实学生的话已经让我恍然大悟，原来他们自觉主动地、近乎苛刻地要求自己去做的那些事，都是我一手造成的，想不到我是"罪魁祸首"。当时还真有点负罪感，但更多的还是开心。毕竟学生及时放好凳子、认真搞好卫生，是良好的表现，而他们的表现也不能简单地被认为，是为了有活动的机会才那么认真去做的，虽然最后结果他们可能会获得娱乐的机会，但他们在努力做的这个过程更是具有超强上进心的体现。因为他们即使不认真做好那些事情，我们也会给他们活动的，那么为什么不拿学生本应该拥有的娱乐来激励他们更好地发展呢。这样一想，我成为"骗子"也是值得的。

看来，透彻点说，学生也是很好"骗"的，从某种程度上说他们也很期盼着被"骗"。所以我在这里呼吁我们所有的老师都能够成为"骗子"，让我们的学生都能成为快乐的"受骗者"。

（五）老师如何学会观察

（思考：为何上课要起立问好……）

其实会不会观察，重要的是看你会不会思考。如果你会思考，那你就一定会观察。比如：每当我们上课时都要起立问好，知道是为什么吗？除了礼貌，更重要的是看自己的座位在起立回答问题时够不够大，会不会在起立时弄倒了凳子。还有我们为什么见到师长要问好？对，是礼貌。其实这更是一种锻炼自己与人交流的能力，因为我们人与人之间的交流，就是从问好开始的。所以向师长问好，收获最大的是你自己。

（六）老师如何进行反思

作业本上的题目错了很多的原因是什么：学生？老师？

作为数学老师，特别是高段的数学老师，肯定经常遇到这样的问题，明明在课堂上已经重点强调过的问题，学生似乎也明白了需要注意的解题细节，但是在作业反馈中出现的错误还是很多，而且最普遍的恰恰是课堂上强调过的问题。我一直在反思产生这样的现象到底是什么原因呢？分析了其中一次平常的教学过程后，我终于明白了问题的缘由。原来影响教学效果的最根本因素并不是我们教师通常所埋怨的那些“不争气的学生”，而是我们不经意中所实行的，自认为是既节约时间又能帮助学生快速掌握的教学方式。

【实践描述】一天，我在批改课堂作业本时，心里经历了非常复杂的变化：自信→生气→反思→开心 。

（自信）在批改作业之前，我非常自信地认为今天的作业错误肯定不太多，因为在上课之前我已经意识到了，上一届学生对于“比例尺”的相关知识最容易出错的地方，所以在课堂结束之前的最后 5 分钟，我非常神秘地告诉学生：“你们想知道今天作业中，你最容易出错的地方吗？”“想。”同学们异口同声地大声回答道。于是我自豪地告诉学生：“在解答如‘在一幅比例尺是 1：50000 的地图上，量得两地的距离是 18 厘米，求两地的实际距离’这样的题目时，18 ÷ 1/50000=18 × 50000=900000=9000（米），这样解答是不对的，错误原因是 900000=9000（米），这个等号是不相等的。”“哦。”此时学生都非常兴奋地发出感叹声，似乎这只是小问题，肯定不会出错的。下课铃声响起时，我也感到这堂课上得非常完美，不仅让学生学到了比例尺的相关知识，还利用简短的时间强调了易错的问题。因此作业批改前我是非常自信的，绝对不会有很多错误。

（生气）有句话叫：希望越大，失望越大。当我批改了一半学生的作业本时，我的心情已经变得非常差了，正确人数与错误人数之比几乎是 1：1，再批下去，甚至发展到错误的人数超过正确的人数。所以与我之前的期望和心情相比较，生气肯定是难免的，而且是越批越气，因为错误最多的问题恰恰是课前强调的问题，即 900000=9000（米），很多学生就是这样解答的。

（反思）一句歌词唱得好：不经历风雨，怎能见彩虹。我要求自己调整心态，慢慢地平静下来，与此同时，脑海中浮现最多的是两个字“反思”。我告诉自己，难道我只有这样生气，只有这样不断地埋怨我的学生：“你们为什么不听进去，我都告诉你们怎么解答了，作业中还是出现同样的错误？”我现在才 20 多岁，在教育的这条道路上还要走很久很久，难道这样的问题没有办法解决吗？难道我们的学生会这么笨吗？难道我会经常遇到同样的问题吗？难道我得这样“昨天、今天，明天，……”不断地生气下去，埋怨下去吗？

之后，我开始分析，以前出现同类问题时，我们都是从“学生有没有好好学”的角度来考虑问题，当然学生出了错也就理所当然地归咎于那些天真的孩子：所有的不理想都是因为你们自己不要好，课堂上根本就没有好好地听老师讲课。但是今天我觉得我们应该换一个角度去分析，就是从教师如何教这个角度去分析，今天学生的作业本中为什么错误那么多，是不是我的教学方法出了问题。

想到这里，我终于恍然大悟，原来我们并不能完全责怪我们的学生，“我”照样有不可推卸的责任。为什么这样说呢？原因有两个：

一是我们的学生不是成人，更不是接受知识的机器，我们不能用机械的或者是成人化的方式让学生注意相关的数学问题，即不可以干脆、直接地告诉学生说：你们这里应该怎样，不应该怎样。其实对于这样的教学理念，我们在新课程的洗礼中已经是非常熟悉的了，但在实践教学中还是会出现这样那样的偏差。今天的常规教学中，我明白了先进的理念必须贯穿于我们教学的每一个角落。

二是我们不能只考虑老师要学生听明白什么，而不考虑如何让学生自己明白哪些地方是需要注意的，即要从学生学习的心理层面去分析学生是否能学好。我觉得之所以学生在教师强调之后，还是犯同样的错误，是因为学生没有经历学习最重要的部分，那就是“学习的过程”。教师认为这些错误只是小问题，只要最后抽点时间强调一下就行了，根本不需要再让学生花很多时间去认识相关的问题。恰恰是这样的轻视，导致了这节课的失败。

根据以上分析，我调整了我的教学方法，不像原先那样直接告诉学生“900000=9000（米），这个等号是不相等的”，而是在出示例题之后，首先让学生独立解答，然后出示相关错例，让学生来判断，哪些是正确的，哪些是错误的。这样的效果肯定不错，因为这样的学习是具有主动创造性的，是发现、探究式的，是属于建构主义教学范畴的。

（开心）“付出总有回报”，这句话确切地概括了我下一堂课的心情。在3月23日的课堂上，我按照自己的反思进行了实践，果然收获了理想的效果。在没有任何铺垫的情况下，对于同样的问题，在课后反馈中正确率几乎达到98%，而且对于昨天作业中出现的问题，很多学生在今天发现式的学习过程中已经意识到了，并且做出了正确的修改。于是我笑了，是及时反思帮助了我，我开始对自己的教学充满了憧憬……

【收获启示】面对同样的问题，教师用不同的教学方式进行教学就会出现不同的效果。教师以诱惑的方式让学生注意解答问题的细节，学生虽然听得认真，但在实践中还是犯同样的错误。面对同样的问题，教师将问题直接抛给学生，让学生自己遭遇问题，解决问题，让学生从心理层面去体验需要注意的细节，效果却是出奇的好。教师要将学习的主动权还给学生，千万不能以节约时间为借口包办代替，这样的话就会得不偿失。特别是在平凡的教学常规中，教师时时刻刻都应该注意这一点。

相信明天的作业本的正确率会越来越高！

三、关注知识深化的细节来培养迁移的能力

（一）与生活联系起来巩固知识点

在课堂结束后，我会结合一些生活细节，让孩子们对知识点有深入的认识与理解，而且充满兴趣，让他们乐意将课堂中的内容与家人分享。

例如：早上 8:00 出发，到第二天 14:50 到达，用时多少？

对应的时间计算有三种方法选择，它可以与甘蔗吃法相结合。

第一种：今天的时间加上明天的时间。

第二种：今天早上 8:00 到明天早上 8:00 是 24 小时，再加上后面的时间。

第三种：今天的全部 24 时加上明天的 14 时 50 分，再减去今天的 8 时。

以上是不同长短的甘蔗切法。

下面介绍三种切甘蔗的不同刀具：

第一种：扳手指头计算；

第二种：画线段分段计算；

第三种：用竖式计算。

放学前给家长发个短信：把上面的内容告知家长，让家长乐意去听学生复述，学生可能不能全部说出，他要是能说一种，家长可以做些引导，毕竟对三年级没这么高的要求，但我们要有这么高的追求！

（二）“等一等”可以展示孩子的真学情

《数学课程标准》指出：“学生学习应当是一个生动活泼的、主动的和富有个性的过程。学生应当有足够的时间和空间经历观察、实验、猜测、计算、推理、验证等过程。”为此面对学生所处的文化环境、家庭背景和自身思维方式的不同，教师要改变想当然的教学观念，善于实施“等一等”的教学方式，让孩子有充分的机会去表达与展示，从而尊重每位学生独特的学习方式，维护数学学习的激

情，树立孩子的自尊与自信，最终实现教学效益的最大化。

【镜头一】学生涂鸦不一定是开小差：一次数学课堂练习中，我发现，有一位学生拿着铅笔在草稿纸上画椭圆，看上去如同在美术课上画的几片花瓣，画得还非常美。根据以往的经验，我马上认定他在开小差，本想立刻批评他，但转念一想，他平时成绩一向比较好，只不过并不“安分守己”，所以好奇心驱使着我，想看看他到底要做什么。于是我站在他后面静静地观察着。只见他在椭圆中写上了各种数量，原来他是利用画图在理解相关的应用题。顿时，我意识到自己一开始的判断是错误的，脑海中也浮现了很多很多……

反思：我庆幸一开始没有批评他，如果马上对他进行批评，岂不冤枉了一个好学生？要是他不为自己争辩，那酸楚也许会给他留下很深的阴影；如果他极力为自己争辩，当真相当大白时，老师又该如何下台呢？

【镜头二】学生争辩不一定是搞破坏：有一次，课堂上一位学生坚持自己的解题思路跟我理论，他那样做是正确的。我的第一反应就认为这类题目的列式错了就不可能做对，不过我想：告诉他这是错的他一定不服气，不如让他自己来说说思路，一定会说不通，那么他的观点就不攻自破了。于是我让他说一说他这样做的理由。一开始他还说不太清楚，但我觉得即使他是错的也应该鼓励他的积极性，便请他想一想再说。结果第二次说的时候，他非常完整地说出了解答理由。这对我又是一次非常大的触动，我的第一判断又错了……

反思：如果在这位学生提出不同见解时，我就武断地告诉他这是错的，若他接受了，不就抑制了他活跃的思维，降低了他对数学的兴趣吗？若他与我据理力争，也并不能得到教学的最佳效果。这种种情况，都是我们所不希望看到的。

【分析】

“等待”实现完整表达

这两则案例，虽然发生在不同时间、不同学生的身上，但有一个共同点，就是告诉我们教师对学生的教育和批评不能“过急”，不能太相信自己，一定要充分、完整地让学生展示自己的想法，然后再进行评价，也许这样的收效会出乎意料。

“信任”促使大胆等待

美国著名教育家杜威说过这样一句话：“被人尊重和信任的欲望是人类天性最深刻的冲动。”这种冲动来自重视和满足，它所唤起的意志力、创造力或许会远远超出我们的想象。

我们在教育教学过程中，遇到上面这样的案例是非常多的。关键是我们是否有心去提高自己的教学能力，能否有一颗信任学生、关爱学生的心，去保护学生的自信、自尊。有了信任，自然会去等待孩子们的精彩表现。

“转变”保障充分信任

要学会等待，就要对孩子充分信任；要体现出真正的信任，就要转变教学方式，不要以教师固有的想法去判断孩子，要让学生用实际表达来说话。

有一首歌唱得好：只要人人都献出一点爱，世界将变成美好的人间！只有相信学生的这份“爱”，才能在教育教学中保护学生的这份“心”。为人师表，很多时候，我们都是居高临下地对待学生，有时会固执己见，武断地否定了学生，这样不仅仅会错怪学生，扼杀学生的自信心和积极性，更会拉远学生与老师的距离，使两者的沟通陷入困境。这对教学是极大的障碍。

【实践】

通过这两则案例，我不再是原来的我。我的教学方式开始逐渐改变，我的教学中开始不断地“等待”：给孩子们充分的表达机会。我的学生开始不停地“跳跃”：他们能在各种时候，放心大胆地表达自己的想法，一个个创意不停地出现，一些不足之处在大家的帮助下得以自然地解决。

面对提问等一等

当学生向我提问时，我没有直接给予讲解，故意装作思考的样子。此时学生也会跟着你思考，于是很多学生在这个过程中自己解决了问题。我还故意不知道，让他给我讲一遍。即使不能有这样的效果，让孩子多思考那么一会儿又有什么不好呢？

面对练习等一等

当学生独立完成练习后，我有时不是让他们马上上交，我会问：“想全对吗？”等来的就是异口同声地说：“想”。于是让大家提问，然后大家来解决这些问题。这个时候练习讲解效果是出奇的好。

面对订正等一等

每当学生订正作业时，我都会注意留有等待的时间。特别是在面批订正错误时，我会故意停住笔，目的就是让学生有个再思考的过程。实践证明在很多时候，这样做能出奇效。

一次，两个孩子一起上来订正作业，而且错的是同一题目。我拿到第一个本子，故意不批，还让另一个同学看到这个孩子是怎么做的。于是那个孩子说：“我觉得我是对的，因为……”另一个孩子也争辩：“因为……”最终我一句话没有说，两个人都明白了。

试想，如果我当时一个勾或者一个叉打下去，还会有这个效果吗？也许另一个马上明白自己是对还是错，即刻会按照老师的结果去修改，就不一定与另一个孩子争论了。

【拓展】

数学教学中等一等的现象是很多的，而且这种等的形式也不局限于以上几种。只要我们能改变教学方式，与学生建立一种互信的情感基础，我们就可以实现。比如在数学教学中，我们不要局限于数学材料，可以以其他材料为载体，等待教学的最佳效果。

从这两则案例中，我还联想到了很多符合不同学生的学习方式的教学法，比如：数学题的分析思路可以用画画这样的艺术手段来实现；不同学生对于不同数学题可以有独到的表达方式或见解……结合这些想法，我觉得完全可以对学生进行学科整合化教学来实现数学教学的高效。

写作中植入数学思考

传统的教学法认为，数学与作文是不可能直接联系在一起的。但经过以上案例的分析与理解，我觉得老师自认为不太可能的事，也许是适合学生学习的最优学习方式，有必要试一试。

寒假期间我布置了这样的作业：同学们的作文水平相当不错，寒假期间也肯定要写作文，不如我们把数学作业融入里面去，请你在一篇作文中将我们这个学期中学到的部分数学知识整合起来，看谁能对这些知识理解透彻，运用自如。这样一来，大家既可以完成语文作业，又可以实现数学知识的回顾与应用，还不用单独做数学作业了，同学们都非常高兴。

别以为只有语文王国有脍炙人口的故事，数学王国的故事同样丰富多彩。学生的作业更是美妙绝伦。于是就有了本书开头时呈现的学生所写的数学故事。

阅读中植入数学应用

一般数学老师认为，学生看课外书对数学并没有太大作用。但我认为这个作用是相当大的，因为它可以激发孩子的学习热情，试想，有了热情还有什么事会做不好吗？实践证明，孩子的任何一种爱好，都能成为学好数学的帮手，只要我们老师能合理转变教学方式。

一天中午，我无意中发现班上九成以上的学生在看课外书。在以前我会说你们怎么不看数学呀，难道数学学得很好了吗？但现在我不会了，我会说：故事真有意思呀，可是我是数学老师，我在看完一个故事时总能把一些情节编到数学题里面去，你们会吗？结果很多孩子自己尝试着写呀写，第二天还真有孩子交给我了下面的题目。我给其他同学一做，又掀起了一个用故事编题目的高潮。于是看课外书的时候多了一个项目，编写数学题，做数学题。

【作业展示】用鲁滨孙的故事编几何练习

1. 鲁滨孙一个人到了这个荒无人烟的小岛，不过这已经不是他第一次历险了。因为他一点也不害怕。要生存，首先要有房子。他设计了一座木头搭的小房子。房子长 4 米、宽 3 米、高 2 米，有 3 扇窗户，长、宽分别为 40 厘米、30 厘米，门高 1.5 米、宽 50 厘米（门和窗用布帘子遮住），那么造这座房子，需要长 1 米、宽 20 厘米的木料多少块？

2. 鲁滨孙根据地形又搭了一个瞭望台，可以近似看作若干个边长 50 厘米的立方体组成的。为了让这个瞭望台不要太明显，鲁滨孙决定在上面覆盖草皮，那么覆盖上草皮的部分面积有多少大呢？（图：第一层 3×4 个立方体，第二层放 2×2 个，放在第一层直角处外面与第一层边对齐，第三层放 1 个）

3. 有一天，遇到一个凶猛的野兽袭击，鲁滨孙被迫躲到一个阴暗的洞中，洞中只有一个不到 100 平方厘米的口子可以看到外面的情况，视野范围实在太小。鲁滨孙希望看到不同方位的情况，他身边有一个边长 9 厘米的木块，斜着放刚好卡在洞口，他在木块的前后、左右、上下面的中心位置各挖出了一个边长 5 厘米的正方形的洞，整个木块便贯通了，这样，鲁滨孙可以通过 3 个孔观测外面各个方位的情况，这个器具的表面积又有多少呢？（图：一个立方体，六个面中间都被打通）

【结语】

这样的教学方式所产生的成效，远远超过快速地教学，超过语数学科的简单整合。在上面的这些数学故事中，学生不仅仅将数学知识用简单的语言文字描述一遍，而且运用了拟人化的手法将复杂而又零散的数学知识，在平凡而幽默的文学故事中实现数学知识的表述、理解、运用，可以说已经将“数学”变“活”了，让简单的理性思维赋予了生命的活力。

这样的学习效果不是传统的数学课堂所能实现的，它的成功得归功于教师教学观念与教学方式的改变，从而实现了学生学习方式的转变，使得学生能有足够的时间和空间经历观察、实验、猜测、计算、推理、验证等过程。

（三）教师与孩子信息交流要充分

从前，有个国王想买一匹千里马，可是怎么也没有买到。于是他的侍从帮他到全国各地去找，终于找到了一匹千里马。侍从原本拿 1000 两黄金去买的，可惜的是，当他找到马主人时，马已经死掉了。正当主人痛惜千里马死得太早，让他损失那么多黄金时，那个侍从却用 500 两黄金买了那匹马的尸骨。

回来后侍从遭到国王的责备，但侍从解释道："请您相信我，原先是因为别人不知道你会出重金买马，所以找不到千里马，现在我用 500 两黄金买了那匹马的尸骨，肯定震惊全国，不用几天肯定有很多千里马被送到皇宫来。"没过几天，国王真的买到了很多千里马。

从这则故事中我们可以看出，信息交流必须充分，只有这样才能取得预想的效果。那么在我们的课堂上，信息交流就更应当充分了，特别表现在对学生的激励评价上。曾有一件事让我感受很深。

一天，我们学习的是"两位数乘两位数的口算乘法"，为了熟练地掌握口算技巧，在练习环节我组织了一次游戏活动。其实活动也很平常，就是以小组为单位开小火车。

游戏开始，我照常说了鼓励的话：待会儿看看哪个小组表现最好，就给哪个组奖励！出乎我意料的是，孩子们并没有像我想象的那样，坐得端端正正，急切地等待游戏开始。当时，我还有点纳闷，难道是游戏方式没有吸引力？但我也没有多想，接着进行游戏。

当第一列小火车开出后，我豁然开朗，立刻明白了刚才的困惑。原来是我给这个小组的成员每人加上两分（班级奖励制度中的分数），顿时，全班所有学生摆正小手，伸直腰板，眼神中流露出急切的眼神，等待老师能让他们小组参加游戏。能有这样的效果，我想原因就是我把"奖励多少分"这个重要的激励信息传递给学生了。

因此，很多时候在埋怨孩子激发不出学习热情时，我们老师是否应该好好考虑一下，在课堂上老师有没有将这些机制中的奖励信息，完整、及时地传递给我们的学生。相信做到这一点，我们的课堂气氛一定会大有改观，当然我们的反思角度更会有大的飞跃。多反思教学行为，少埋怨天真的孩子，共同绘制快乐活泼的课堂！

（四）教师该出手时就出手

曾有这样一次经历，在探讨一道数学思考题时，学生已经能说出几种思考的方法了，但这些方法并不是最优秀的。于是，教师一次、两次……不断地让学生仔细思考、讨论，希望他们能自己发现最理想的解题策略，但最终还是没有结果，此时学生可谓是山穷水尽了。突然有一名学生冲着老师说："老师说说你的方法吧，也许说了你的方法，我们能想出更多的方法呢！"听了这话，教师被他深深地教育了！此时正是教师该出手的时候呀！

案例描述：老师请说说你的方法吧

这是三年级的一堂兴趣课上，我们在学习简单幻方，例题：将 1~9 九个数字填在九个方格里，每格填一个数，使每一横行、每一纵行和两条对角线上三个数之和相等。

一开始，学生大多是用凑的方法填空。当然也有像中间格子应该填 5，这样的中间数先填的策略。然而耗时较多，解题策略也无法总结。所以我不停地激励学生自己或与同学讨论得出最佳方法，直到那位同学要求老师说出方法，我才意识到，其实我早就应该说了。

当我将"罗伯法"展示并解释之后，确实出现了理想的效果。没一会儿，居然有好多同学完成了 1~25 的五阶幻方的填空。

罗伯法：1 居上行正中央，
依次斜填切莫忘，
上出框时往下填，
右出框时左边放，
排重便在下格填，
右上排重一个样。

确实，要解决这样的数学趣味题，连数学家都要经历那么长的时间，才能编出一套解题策略，何况是三年级的小学生，也的确是难为他们了。那么作为教师，是否应该从中领悟到一些教学经验呢？面对学生自己不能通过"跳一跳摘到桃子"的时候，教师就应该果断出手，亮出自己的方法，然后再由学生自己来内化和应用最佳的方法，也许这样更能体现课堂教学的有效性。

（五）借助语文学数学

案例描述：求一个数与它的几（百）分之几的“和”是多少的应用题

例题：水泥厂二月份生产水泥 8400 吨，三月份比二月份增产 1/4。三月份生产水泥多少吨？

解决此类问题可以借助语文知识来引导学生正确地分析题目意思。比如：在例题出示前，先请学生看一个句子：我开开心心地去美丽的学校认真上课。请学生找一找主、谓、宾，“我去学校上课”。再看一句：我桌上比你手上多 5 个苹果。找出关键词：我比你多 5 个苹果。我吃了哥哥的苹果，关键信息为：我吃苹果，而不是我吃哥哥。以此引导学生明白要想抓住一句话的意思关键是找到关键词。

有了以上的铺垫，出示例题之后学生就顺理成章地会去寻找解题所需要的关键词。找到关键词以后，也就能容易地找到看作单位“1”的对象，因为一般在比的后面所谈到的对象，就是被看作单位“1”的。分析到这一步时，老师可以适当地提出问题：如果要完整地理解题意，我们还需要看什么呢？学生便会自然地注意到应用题最后面问题的重要性。到此师生共同讨论出了：①找准单位“1”。②找到关键词。③找清最后问题。这样三步来快速正确地理解题意，再配上老师合理的板书，那就如虎添翼了。

到此一般学生都能解题了，如果还不能直接列式计算的，老师就可以引导学生借助别的数学思想，如利用假设法、借助线段图等，找到更直观的解题手段，来正确地解题。如果刚才学生已经能正确地列式计算，同样可以借助已经学过的其他数学思想，来验证刚才的想法是否正确。

这样上课的效果非常好，当天的作业只有个别人是错的。课后反思，我觉得同类的应用题如：已知一个数与它的几（百）分之几的“和”“差”是多少求这个数的应用题；一个数比另一个多多少、少多少，求这个数或求另一个数……也可以通过这种方法进行教学。

四、关注教学评价的细节来培养良好的习惯

（一）好习惯需要好方法来培养

创造机会让学生“当老师”

例题：一项工程，由甲队单独施工需 8 天完成，由乙工程队单独施工需 12 天完成，两队共同施工需要多少天完成？

此类题目的教学可以在准备题（如一项工程每天完成1/8，几天可以完成全工程？）口答的基础上，再让学生编一编相关的题目，以此来为解题打下基础。然后再来讲解例题，当出示例题之后，也不要请学生马上讲，可以让学生先准备一下：如果你是老师你将怎样把这个题目分析给别的同学听，怎样让他们听懂；请你将要说的以文字的形式在自己本子上全部写下来；之后在四人小组内试着讲一讲你的方法，同时你也听听别人的方法对你是否有帮助，是否可以将说理过程改得更好一些；最后再来全班汇报交流。

这样教学有以下几个好处：①口答题可以为学生理解例题作好充分的准备工作，既锻炼了对基础题的理解能力，又锻炼了简单的说理过程。②例题讲解过程下放给学生自己。由于这一类例题，老师讲学生听的教学效果并不理想，所以我尝试着将学生自己变成“老师”，以求更好的效果。事实证明这样是可行的，因为学生整个准备过程就是一个很好的内化过程，而且中间还有小组内的互相交流，相互促进，就不会单独一个人“死”理解。最后还有全班性的交流。这个教学过程有老师的“辅”更有学生的“学”，收效自然不会少。

计算教学与能力培养相结合

“有括号的分数、小数四则混合运算”这节课的重点是掌握含有括号的分数四则混合运算的运算顺序，但难点并不是运算顺序本身而是学生已经学过的知识，如带分数加减法、分数乘除法……原因是运算顺序都是学生时常能接触到的，只要是计算题就存在着运算顺序的问题，所以一般情况下不太会出错。像分数加减法、分数乘除法等计算方法是刚刚学过的，对学生来说应该也是比较熟悉的，但问题是学生并不是时常能接触到这类题目，因此相对而言，学生对这些计算方法的掌握就没运算顺序那么好了。所以本课难点并不是运算顺序本身而是学生已经学过的相关知识。

要想突破这个难点的关键，并不是要大量的强化练习来巩固计算方法，而是要花一定量的时间，采取各种教学方法让中下生充分暴露自己掌握不够牢固的知识点。如：上黑板板书；在自己的计算过程中找出错误的原因；批改别人的计算过程……然后具体问题具体分析，及时地加以纠正，这样的效果也许比作业批改完以后，再去讲解错误之处要好得多。因为在这样的教学过程中，学生不仅巩固了计算方法，而且学到了如何找出问题、如何解决问题、如何避免问题的方法。

可见教学并不是单一地教学某个知识，而应该是对学生全面能力的培养。只有这样的教育才能为我们的民族培养出一批又一批优秀的人才，而不是只会考试不会考虑问题的书呆子。

（二）好习惯要让学生来参与培养

老师我帮你把作业给批了

今天上午下课以后，大部分同学作业都已经完成而且已经交给我批改过了，剩下两三位还没有做好。于是我像往常一样，到下午再进教室来催交作业。出乎我意料的是，今天我一问：作业还有谁没有交啊？马上就有人回答道：“老师还有两个人，我已经帮你把作业批了。”

这一声回答可真是让我愣了一下，不过我的心中很快涌现了一股成功的喜悦。因为那个回答我的正是我前天确定的两个数学助理中的一个，但是我叫不出他的名字。原因不是我记性不好，而是我的两个数学助理是孪生兄弟，一个叫方泽栋，一个叫方泽楠，因此我一时还分不清楚。

说起这两兄弟，还真是有趣，开学初是他们家长在作业纸上的一句话让我确认了他们是孪生兄弟。他们家长在两个人的纸上写的话是一模一样的：“老师，感谢你对孩子的鼓励，让他们对数学产生了浓厚的兴趣。”其实在课堂上我早已经熟悉他们了，举手非常积极，课间总是会不经意地过来跟我打招呼。再加上我发了每人一张表扬信，所以平时表现非常积极主动，也非常爱学习。因此我让他们担任数学助理，具体负责与我的联络，看看有什么通知要传达、有什么作业要催交（这里主要是指不及时交的和需要订正的，因为大部分课代表已经收上来了）。

我回想了一下，前些天他们好像还没有这么“大胆”，今天怎么会帮我把作业批了呢？我仔细一想除了他们喜欢数学、喜欢与我一起完成有关班级的工作之外，还有两点原因，第一，昨天他们拿给我一本刚刚催上来的作业让我批改，我无意识地问道：你觉得他做得对吗？于是他们就一题一题仔细地检查起来，然后告诉我有一题是错的。我想这次经历使他们有了批改作业的经验与信心。第二，今天我给了他们一张班级名册，在催交作业时可以一个一个地校对人数。这就为他们找到未交者做好了准备。

正是由于这些教学中的点点滴滴，才造就了主动帮我把作业批改掉的好助手、好学生，更造就了他们的“大胆”。其实我们的学生都是冰雪聪明的，我们大可以放手让学生去做一些事情，也许这样培养出来的学生更有活力，更有创造性与主动性。换句话说，教师也不能什么都包办代替，这样会遏制学生的发展，要积极地引导，让我们的学生都有发挥自己才华的机会，都有敢于表达自己才能的胆量，我想这才是教育的真正目的。

（三）好习惯来源于教师充分的信任

我站在了“他”这一边

很多人认为老师都会站在成绩好的、平时表现突出的学生这一边，比如两个学生争吵，即使好学生错了，老师也不会批评他，而是批评成绩稍差的那个学生。然而我并不愿意这么做，因为我认为评价一名学生的好坏，不能只看他的成绩和以前的表现。

说到这里大家一定猜到了，今天我所说的“他”，在平时是怎么样的了。是的，“他”就是明明，在平时是同学们公认的坏学生：学习成绩差、学习态度差、行为习惯差、同学关系差、师生关系差……似乎所有的一切，“他”在别的同学眼里都是最差的。然而今天在课堂上，我却公然站在了“他”这一边，而且是坚定地站在了“他”这一边。

到底是什么让我如此铁了心地相信明明呢？看了下面这段课堂实录以后相信你也一定会支持我的！

一个星期四的早上，我们班上进行了“圆柱和圆锥”这个单元的测试，测试结束以后大家都觉得题目比较难，平时成绩比较好的学生也觉得很难有把握取得满分。因此他们认为得满分的肯定不会有。

然而，下午公布成绩的时候，出乎大家的意料，单单是明明得了100分，平时成绩最好的同学也只有98分。当时我并没有考虑很多，而是觉得非常高兴，还表扬了他。结果招来了一位叫兰兰的同学的强烈反对。

她认为：别人考98或100都是有可能的，只有明明今天考100是不可能的。

我问：“你的理由呢？”

她说：“我们都知道明明平时没有好的表现，上课也不认真，怎么可能是100分呢？”

我说：“那他今天确实考到了100分呀！”

她干脆地反驳道：“不可能的，他肯定是偷看的！”

对于兰兰的这种说法，我脑子里一闪而过，反问道：“你当场发现的吗？”

兰兰没话可说了，但从表情上看还是非常不服气的。我看了一下其他同学的表情，突然发现他们脸上似乎也有很多不解。但我没有改变我的观点，继续出言支持明明：“我觉得，我们班上每一位同学都有可能考100分的，谁说他就一定要比别人差一点，他是与大家平等的，我们为什么不可以为他的进步而高兴呢？”

这时，明明立马坐直了很多，好像脱胎换骨一样，从一位不受人家承认的学生变成了一位非常有上进心的好同学。课后，我又单独跟明明谈了谈：“俞老师可是非常相信你的，你能从今天开始好好保护自己在别人心中的形象吗？”明明重重地点了点头。当时我更加觉得自己做的是对的，因为我对明明的信任，换回了他追求上进的信心。我想我们的教育目的也就是如此吧！

所以在课后，我并没有去谈论明明的100分是怎么来的，我觉得已经没有必要去考虑这个问题了，因为教育的目的已经达到了。当然我还想说：对明明教育的成功，还得感谢我们全班同学，特别是兰兰为我提供了这么好的教育情境！可见教师除了有一颗相信学生的心以外，还得善于利用课堂中生成的教育教学资源。

（四）好习惯来自教师针对性的教学

前几天，我们班上出现了三位“常错先生”。“分数乘法”的新课过后，他们的作业总是出错，而且订正时也是一错再错。于是我针对他们的错题，一个一个面对面地讲解了一遍，结果他们第二次作业全对了。于是我认识到，这些孩子并不是不够聪明，也不是不够努力，也许是因为他们接受知识比别人慢一点（第二次讲就会了），也许是他们接受知识的环境需求不同（单独讲解马上就会了）。因此面对那些总是错的孩子，我们可以换一种教学方法，他们也能成为“常对先生”。

学生参与就是一种教学资源

有一天，我在二年级上了一堂数学兴趣课，教学内容是“找规律填图”。课堂上学生非常地投入，可以说学生学得开心，老师教得也愉快。

课堂上的40分钟，我自始至终没有让学生直接找规律填图，枯燥地去学习数学。一开始，我针对学生对于找规律缺乏新鲜感，认为早就会了的现象，谈了“找规律填图”与“找规律填数”的区别，以及“找规律填图”所隐含的趣味所在，学生的注意力马上被吸引了，急切地想了解新的知识。

接着，我并没有直接出示课本中的例题，让学生找出其中蕴含的规律来填空，而是将书上例题所隐含的规律，转化成学生自身身上的规律，即将每一位学生都作为教学资源来进行新知的教学。

比如：①选择其中一个小组，按照一定的规律，有的站着、有的坐着，让学生来找出其中的规律，并让其他同学直接站到他们后面去，用实践活动来对学生的观察进行评价。②选择其中的一行，按照一定的规律，有的面朝黑板、有面朝窗户；然后我先对这组同学进行有规律的交换位置，再请别的学生继续对他们进行位置调换，看能否找准规律。③选择其中一部分学生，按照一定规律不同方向地站成某个图案，然后请其他学生创造一种变化规律，对这些同学的位置、方向进行有规律的调换，再请别的同学接着调换……

这样的教学完全是在学生自主的状态下完成的，而且学生本身必须是其中的一个参与者，所以每个人都非常地投入，因此知识掌握得也非常好。最后学生在进行课堂练习时，不但学习热情非常高涨，而且正确率也非常高。

能够有这样的效果，我想把“学生的参与当作一种教学资源”，是非常重要的因素。

（五）好习惯来源于教师合理的策略

教师善于利用合理的教学策略，就能帮助孩子培养良好的学习习惯，比如我们现在搞的“教学生学”策略，如果能很好利用的话，就能让孩子养成主动学习的良好习惯。

使用“预习单”是培养自主学习习惯的好方法。我觉得先要理解教学新范式下的“预习单”使用的目的：教会学生学习。我的理解想要实现这一点：教师对于知识的重难点要心中有数；教师要给学生充分的自学空间；教师要善于在必要的时候及时引导。（猫永远是玩老鼠的，每课教学重难点你都有数了，预设习题又是你提供的，所以你尽管大胆放手让学生试着做，然后根据做的情况来引导。）

（六）好习惯来源于教师合理的制度

数学老师同样需要有评价学生的制度，这不是班主任的专利，而是每一个教育工作者都需要考虑的问题。

虽然目前很多学校已在走小班化道路，但教师还是要花很大的精力在实现作业催交、批改与订正上；同时还要在课堂上有意识地促进优等生再次提高，课后要耐心辅导后进生摆脱困境。除此之外，还有一些学有余力学生的家长会找老师说：请您帮我们跟孩子多说说，除了做完老师布置的作业之外，孩子能不能再做点别的。更可怕的是，现在的孩子一不小心就会出现安全问题。这些普遍的问题困扰着教师们。教师如果不善于“偷懒”的话，即使有分身术也没有办法去一一完成，更不用说教好每一位学生了。最佳办法就是建立一套科学的评价制度，利用合理有效的激励制度来保障班级的有序运转，促使学生勤快学习。这不仅是课堂高效的保障，更是德育的延伸和拓展。它给学生创造了主动学习的原动力，使其畅游其中。通过各种现实有趣的竞赛手段，唤起学生的自信心、自觉性，从而激发和培养学生学习的兴趣，并在实践活动中培养意志品质、合作精神，让学生得到自主发展。实现：要你学变为我要学；要你做变为我要做；甚至可以要你考变为我要考。实施这样的理念后，班上学生主动去做的课外作业要比老师布置的作业还要多得多，所以我觉得这样的理念并不会使学生成绩下降，反而会提升，事实也证明这样做是对的。

为此，我在班级管理中创设了有效的管理制度“创新评价，提升学生自主育人能力——以小学‘阳光种子’班级制度的实践研究为例”，这个制度不仅让我的数学教学更有效果，相关的文章还获得了浙江省一等奖。

我们要让孩子们明白自己是一个普通人，更要让孩子们成长为不普通的人，即成为最好的自己。

数学教育需要注重这样的细节，让孩子们在学习基本知识的同时，培养观察、分析、判断的能力，形成良好的习惯。

教育就是要这样守护学生天性的自由，激发其天赋的潜能，让他发现自己、成为自己，让其按照自己的方式去成长。这不是梦想，因为教育本来就应该是这样的。

最后有一段话跟大家分享，关于儿童的成长，德裔美国心理学家和精神病学家卡伦·霍妮说：你无须——事实上也不能教会一粒橡籽长成一棵橡树，但是，如果给橡籽一个机会，它内在的潜能就会长成一棵橡树。同样，只要给予人类一个机会，他就能发挥人类特有的潜能，发展出一个独一无二的个体。

我们要做的是在任何一个细节中，时刻给孩子创造一个个成长的机会！

第三节　教师要有亲近的能力

一、老师不要吝啬你的……

有时候教师与孩子们的距离，只有一件衣服的距离，如同我们与家人之间只有一碗汤的距离是一样的。老师要有可以让学生亲近的能力，这是实现“留白”教育的最好基础。教师要具有这种能力是需要实际锻炼的，最好的方法就是主动去了解学生，这是我们做好教育的第一步。在我当班主任的第一年，我曾经做过这样的事，请学生写一篇文章，题目叫“老师不要吝啬你的……”题目先由学生自己填完整，可以是“游戏”或“幽默”或者你自己想说的内容。让孩子做这样的事，本身就是一种留白教育，是拉近师生感情的，更是为老师提供后续教学建议的。我想我们需要有这样的策略去做教育。

在我教的班上，我还做过一件特别的事，就是让读小学的孩子们给若干年之后的自己写一封信。那么孩子从现在到那个将来就是一个大大的留白，孩子有无限的想象空间。孩子们写完信，我是用一个装锁的箱子存起来的，孩子们是直接投入箱子的，直到现在这些信我还一直保留着。当时我答应他们在几十年之后将与大家分享这里面的内容。

……

老师除了主动去了解孩子，还需要正确应对学生主动出现的现象和行为。这样的事件很多很多，这里我给大家列举一些我遇到过的事，很有意思也很值得我们好好思考。

故事一：学生打你屁股

如果有一天，你去教室上课，正面对黑板在写板书，突然你的屁股被打了两拳。当你回过头去看到的是一张纯真的笑脸，接着又听到一句问候：老师好！面对此事，作为老师的你将会如何？

故事二：学生叫你姓名

“下课以后学生围着老师转，所有学生都争相与老师讲话”，我想这样的情景对于老师来讲肯定是非常开心的，因为这说明刚才的课堂是非常受学生欢迎的，以至于学生都不想让老师离开。这种现象是对老师工作的一种鼓励和肯定。但是在众多的学生中间，突然冒出一句："老师你是不是叫俞波？"而且一边蹦跳着一边嘴里还不停地叫着"俞波"……就如同你周围的人一样非常直接地称呼你的姓名。在非常讲究教育艺术的今天，我将这个问题抛给大家：如果你是那位教师，你将如何应对这位同学？

故事三：学生与你争论到底

平时，我们遇到的学生都是非常尊敬老师的，在教学过程中即使有什么想不通的或有什么不同想法，只要老师稍微一点拨，学生就会同意到下课再跟老师来单独交流，不太会继续钻牛角尖，更不会跟老师无休止地争论。所以在课堂教学中，教师一般都能非常完整地完成一堂课的教学任务。

但是随着教育方式、方法的改变，社会的不断发展，学生也在不断以新的形象面对着我们。因此我们必须要有准备来面临那些在课堂教学中可能会直接与教师争论或提出反对意见，甚至为了不愿意接受教师的批评而无休止理论的学生。这样的学生可分为两种，第一种是对知识的理解产生偏差，这种情况不管是学生还是老师出现错误，都能够很快得到证明和解决。第二种就是学生不服气老师的批评教育，甚至坚持认为自己是没错的，不管你如何讲道理就是要跟你理论到底。面对这样的学生，40 分钟的课堂很容易被浪费掉了，因为教师如果不能对其很好地教育，别的学生会认为我以后也能犯这样的错误，要是完全实现对这位学生的教育又直接导致教学任务不能完成。

所以我觉得我们应当提前做好准备，至少要有充分的心理准备，利用独特的教育艺术来实现对上面所讲的第二类学生的有效教育。

此外，作为老师还需要正确接收孩子们的信息。

有的事，老师只需要与孩子一起享受。

一天，学校举行运动会，同学们用各自的方式，在老师面前表达着自己的乐趣。一二年级的小朋友会拉着我的手告诉我：俞老师，今天我们要参加接力跑比赛。"我会为你们加油的！"我回答道。然后全班起立的一声"耶"，让我近距离地体会到了他们的欢乐！五、六年级的学生会跑过来跟我说他们每次获得的分数，希望我能为他们的收获而欢乐。学生在自己欢悦的同时，也给我带来了无穷的欢欣。我想此时他们是希望老师能与他们一起分享快乐。

有的事，老师只需要帮孩子自己成长。

一天早上，我跟孩子说：进步的最大秘诀是，先让自己懂事。什么是懂事呢？就是别让大人为自己操心，比如：明天我要带的书今天自己整理好，免得让家长请假送过来；为了明天不用让家长早早起来叫我起床，我自己抓紧做好作业，早早睡觉起得比家长还早；为了不让老师忙着催我订正作业，我上课认真听，下课提前做好作业，那我就能走在同学的前面……懂事就这么简单！只要懂事，学习一定进步！

有的事，老师只需要给孩子展示的机会。

请读者花一分钟时间，读完下面的一段话，看看你的回答是否有创意！

一天，我们班上一位男同学一下课就跑过来跟我说："俞老师，给你做个题目，你一定要充分发挥想象，不要按常规回答哦！"我说："好的，你说吧。""请你回答怎样让行驶中的汽车停下来？"

由于这位同学是非常突然地给我出了这个题目，而我又怕回答得太慢，脑子里突然想到，一些脑筋急转弯的题目回答时越常规就越有可能正确，所以我脱口而出："那就踩刹车喽。"然后他又得意地追问："太常规的答案了，发挥创造继续猜。"

不知各位会有怎样的回答，别急，我们先来看看那位同学给我的答案，确实非常有创意！

正当我努力搜肠刮肚想第二个答案时，这位学生得意地蹦跳着告诉我他那出乎常规的答案：汽车前面有一群大象走过，不就停下来了吗！

听了他的话我不禁失笑，看看我们的学生，生活经验多么丰富、思维多么敏捷、想象多么有创造性……我并没有为自己回答不好而不高兴，反而因为学生独特的思维创造而开心！我觉得教学中确实需要给孩子更多的展示舞台，这样孩子们的精彩才能展示出来。

不知各位看了之后，答了之后有什么想法？

在教育教学中，老师需要有太多的本领去应对各种情况，只有你的教学理念正确了，你所教的孩子才能有更好地成长。其实，这做起来也并非我们想象的那么难，孩子毕竟是孩子，他们天真、懂事，也调皮、吵闹，但是我们只要稍微一点变化就能有所收获。看看下面的故事，也许大家就觉得轻松了。

猴子的主人天天分桃子给猴子吃，以前上午、下午吃的桃子数量是相同的，有一天主人分桃子的数量有所变化：上午每人 4 个，下午每人 3 个。结果猴子们都发出抗议说：怎么下午比上午少一个？于是主人第二天改成上午每人 3 个，下午每人 4 个。结果猴子们都非常高兴，纷纷蹦跳着说越分越多了。

你看，其实孩子们的心也如同这些可爱的猴子们一样，非常容易满足。教师需要具备一种让孩子们亲近你的能力，这是多么的重要。

二、“感恩”教育的魅力所在

“妈妈你帮我写一下吧！”这是几位家长告诉我，他们的孩子最近向家长提出的恳切要求。为什么孩子们会这么迫切要求父母的帮助呢？那要从我们班的班级制度说起，开学初班上设立了“五百分光荣榜”。所谓五百分就是将学生每周、每月的综合表现在榜上体现出来：除了完成作业和作业全对可以加分外，在各种活动中获奖及为班级和学校获得荣誉的能加更多的分，值得一提的是加分最高的是需要家长帮助完成的各项评比活动。这样的制度激起了学生天生的竞争意识，时时期待着每一个加分机会。

终于有一天，天上掉馅饼了。同学们都聚精会神地听着广播里的通知：“老师们、同学们，现有‘争做合格家长、培养合格人才’征文活动，请各班根据学生家长情况，选择二到三位学生家长参加征文活动。”同学们屏着气听完了通知后，一致发出了“耶”的喊声，还配有相应的动作。这样的声音与动作显得是那么有力。随之而来的是很多学生围着我说：“老师把机会给我吧，我爸妈的写作能力很强的，一定会为班级获得荣誉的。”为了不打击学生的积极性，我记下了所有报名同学的姓名，并承诺只要文章写出来了都有基本分可加，如果被选送或获奖再重重加分。

正因为如此才有了开头的一幕：“妈妈你帮我写一下吧！”针对这种现象，我急中生智问道：“你们希望妈妈为你写文章，从而在班里获得更高的荣誉。那你想过为妈妈做点什么呢？”听到我这个意外的问题，这些同学都抓着头皮腼腆地说：“我们以后要听妈妈的话，不让爸妈生气，并在学习上获得好成绩来回报他们。”虽然这是几句普通的话，甚至普通到在平时说出来会让你不相信，但在此时此刻，我从学生的表情与语气中感受到了他们对父母的真诚谢意和感恩之心。不久后我从家长那里收到了很多有关学生对家长的感谢之语，如：“妈妈你真好、爸爸谢谢您……”当然更多的是具体的感恩行动。

经过这次教育经历，我不仅体会到了教育成功所带来的喜悦，更多想到的是：“感恩”教育的魅力所在，特别是之后我对我们班的五百分制度又进行了改进，多了一条加分细则，学生如果在家里获得家长表扬也能加很高的分数，反之被批评的话是要扣分的。这样一来，学生、家长、教师就能力往一处使，真正把生活也变成了课堂，有效地实现了家校联合，以感恩教育为载体更好地向素质教育这个目标前进。

可见教育是多么的简单，又是多么的博大精深。一名普通的教师有很多教育目标需要去努力达到，而在达到这些目标的过程中又充满着挑战。我愿挑战……我愿合作……我愿收获……

三、换座位也是亲近孩子的机会

上学期，有一次我们班级进行了座位调整。第一天相安无事，第二天在一本家校练习本上，我看到了这么一段话：俞老师您好，听说我们的孩子旁边坐着的男孩子非常调皮、不太上进，我们的孩子也有点皮，这样他们会经常讲话的。我希望在他旁边能坐一位优秀的学生，这样我们的孩子能向同桌学习，这样会好一点！谢谢！

这段话似乎让人觉得没什么不妥，家长的爱子心切也是可以理解的。但我还是做出一个决定：此时、此原因不能换。

理由有两个：

第一，如果马上换，这位家长的孩子首先将成为受害者。因为这些话他是能看到的，如果老师换了座位，那就是承认他讲话都是因为同桌的缘故。那以后他在遇到问题时也许就会不自觉地去找别人的原因，而不是改掉自己的缺点。

第二，他的同桌同样受到了伤害，他被认为是扰乱别人的角色，如果老师换了座位，那就承认了这一点。这样的伤害会让这个孩子继续调皮，不想改正缺点。

所以，我决定先与这位家长沟通，表达这样的分析，然后再寻找更好的解决办法。我向家长传达了一个重要的观点，就是哪怕最后是换座位的，原因绝对不是家长说的，肯定是因为你的孩子表现好才换的座位，比如这个孩子无论坐到哪里都能让这个地方的同学非常安静地听课。家长也非常同意我的观点。与家长沟通之后的一段时间里，我特别关注这个孩子，时常与他谈心，还特别表扬他能够在课堂上非常专注地听课。时间一长，这孩子特别喜欢我，还特别爱学习。可见，在与学生或者家长的沟通中遇到的各种问题，都可以转化为教师与孩子亲近的渠道。

四、“激励气氛”也是一种教育资源

将学生在作业反馈中的典型错误，集中到一起创设成练习课的一个例题，然后将学生放在一个评价者的角度，让他们自己对例题进行分析，让学生在错例中寻找错误的原因，建立正确的解题方法。这样做的好处有两个：一是学生非常自信。以往做错作业不但要被老师批评更会在同学面前抬不起头来，甚至有的根本就不敢拿出来订正，因此丧失了提升解题能力的最佳时机。而现在的练习课上，不但没有责备的声音，还把评价“对、错”的权威交给学生。这对学生来讲是一种“无声的激励”，是老师相信学生的最好表现，可以说是老师对学生的最高评价。学生更是信心十足，似乎自己已经是不可阻挡的“数学专家”了，什么问题都难不倒他们。有了这个前提，就不怕练习课的效果会不好。二是教师在这样的练习课上把自己隐藏了起来，所有的一切都让学生来操作，因为老师所要达成的目标，都已经埋藏在那个“不一般的例题”当中了。因此教师不费吹灰之力就能达成教学目标，真可以说是，学生学得开心，老师教得舒心。

如在讲授新课“折扣、利息、保险费、税款应用题”之后的练习七，我是这样设计的，效果非常好。将学生在作业反馈中的典型错误，集中到一起创设成练习课的一个例题。例题出示不久，包括家庭作业本来是错误的同学，也都发现了“例题”中的错因，几乎所有人都举起了那自信的小手。学生在一阵快乐的批判例题之后，自然而然地发现了昨天作业中的错因：原因一，应用题条件中的单位与问题中的单位不同，因为没有注意导致在答题时单位乱用；原因二，百分数与小数的互化时小数点移动不仔细，有点想当然地在做，所以错误百出。可喜的还在后面，有学生说：哎呀，真不该这样粗心呀！因为他已经联想到昨天的作业了。

课后练习反馈正确率高达98.2%，甚至连平时每次作业都有错误的人，现在也做对了。我想，让学生自己发现错误也是一种激励，正是这种激励的评价气氛带来了效果，可见“激励气氛”也是一种教育资源。

其实激励就这么简单。有一天，我们学校举行了少先队建队节活动，一年级的小朋友一个个都戴上了红领巾。我从头至尾观察着这些可爱的小萝卜头，因为我一直以为这么小的孩子，并不一定能理解这种活动的意义，至少不会是全部。但看了今天的活动，我改变了我的想法，而且得到了一点启发，那就是：“气氛”也是一种教育资源。小朋友虽然不能理解“不辜负祖国对他们的希望，不辜负老师对他们的希望”这样的豪言壮语，但从他们一动不动地等待大哥大姐给他们戴上红领巾，直到最后庄严地宣誓，既让我们看到了老师辛勤教育的成果，更让我们看到了是建队节活动的氛围深深地感染了孩子们。也许我们的学科教育也正需要这样特定的教学气氛。

五、给孩子自己“动脑”的机会

“劳动是最好的教育”，这句话估计很多人赞同。但如何利用劳动去教育，我一直都在思考。其中的奥秘真的是非常的丰富，也特别值得我们这些教育者去回味。

那是开学的第一天，发生了一件非常有意思的事。

一大早，我就发现我们401班的好多孩子来到了教室，有的搬书，有的分书，还有的整理桌子和凳子，他们是：王一豪、王一杰、张睿杰、谢梦佳、胡嘉宜、郑盛烨、张洺扬、平飞瑒。我当即就表扬了他们：能把自己的班级视为自己的家一样，一大早就来到学校，做好新学期的准备工作。

当我还沉浸在孩子懂事的喜悦中时，有几个孩子却自然地问道：“俞老师，接下去我们应该干什么？我们已经把所有教学用品都整理好了。”

当时我可以自然地回答他们接下来需要干什么，想必很多人也肯定认为我也确实要这样去吩咐孩子们的，不然他们怎么知道还需要干什么呢？

不过，我并不这么认为。当时我说了这样一句话：“那你们学数学的时候，俞老师希望你们成为老师教你干什么，你才去干什么的学生吗？”几个孩子开心地笑笑说：“不是的。”他立马转身走到讲台边搞起了卫生。可见，孩子并不是不知道他们应该去干什么，而是需要大人的一些赞同与支持。

这是在教室中发生的一件非常自然而又平常的事，稍不留神这样的教育契机就会从我们身边溜走。要是能做一个有心人的话，这些细小的事就能汇聚成教育海洋中的点点滴滴。

话说回来，孩子毕竟是孩子，他们也许过了不多久，又会来问你接下去应该干什么。这样的问题存在于学习、劳动、生活中的各个角落，我想对于孩子来讲，肯定会有一个慢慢成熟的过程，而让不让这些孩子自己去成长，那就是我们大人应该考虑的问题！但是作为教育工作者，我们就一定要抓住任何一次能够给孩子自己去长大的机会。哪怕这样的长大方式会拖长孩子长大的时间，但出现的效果将是终身受益的。从孩子们的表情看，这也是能更好地让孩子们亲近老师的机会！这更是劳动教育最好的体现之一！

六、让“红领巾”发挥应有的作用

经过一个学期的观察，我发现了这样一种现象：学生在校园内捡到的红领巾非常多，更让人费解的是这些红领巾基本上没有人来认领。所以一个学期下来，仅仅我们班就收集了 20 多块红领巾。面对这些静静地躺在柜子里的红领巾，我总有一种说不出的感觉：这些既不能像本子一样奖给同学们，因为这些是拾到的物品不属于班级；又不能当作废品来处理，因为它们是少先队员的象征……怎样才能让这些被遗忘的红领巾发挥应有的作用呢？这个问题在我心中盘旋了很多天，终于有一天无意中看到的一篇文章让我受到了启发：其实我们很多事情都可以去请教学生，有时他们会给我们带来意想不到的好主意。于是对于这个问题我有了应对的办法。

在一节班队课上，我指着柜子里的那些红领巾皱着眉头说：“同学们请大家谈一谈我们该如何来处理它们呢？”出乎我意料的是，大多数同学都有办法想说，而且有的已经急着喊出来了。我也很想听听他们的想法，于是马上就请最激动的华逸凯说。他大声地告诉大家：“可以拿来义卖。”其他同学都异口同声地说：“对”。说来也奇怪，他们都想到了这个办法，似乎就我一个人没想到。我高兴地点点头表示赞许并乘胜追击：“那我们该如何展开这项活动呢？”

这下可热闹了：

王汝佳、魏晨等同学说：“我们先把红领巾带回家去洗干净，再让班上同学来买。”

我说：“可不可以将义卖范围再扩大一些呢？”

金哲玮、朱颖说：“我们在校门口出个通知让全校同学都来购买我们的红领巾。”

罗冲锐说：“我的书法比较好，可以将通知写得更漂亮一些。”

我说：“购买的人多了，那么义卖者的范围能否再扩大一些？”

王一舒、田哲毅说：“那我们在出通知前先写个倡议书，让别的班级也拿出那些没有人认领的红领巾来义卖。”

倪嘉、陈纯智、高洁楠说：“我们可以帮忙拟稿，还能做一些组织、服务工作。”

我说：“那么义卖所得的钱用来干什么呢？”

方莞敏说：“我负责与大队部联系，看看能否将我们班的活动与大队部结合，所得费用作为捐款用。”

我说：“我还有一个想法，上学期班上成立了‘假日小队’，可否与义卖活动结合？”

同学们都说：“好的，我们会努力去办好的，谢谢俞老师给我们这个锻炼的机会。”

我说：“你们的想法都非常的好！就按照你们说的办，先预祝你们成功！”

通过对这件事的处理，更加让我坚信学生的智慧是无穷的，我们教师一定要重视开发和引导好学生的才能，千万不要认为他们还小什么都不懂，其实在学生身边发生的问题有时学生的解决办法比我们老师的更好。一句话，红领巾有红领巾的作用，我们就应该给他这个机会去发挥他应有的作用。

第三章

一连串学习中实现了留白的萌发

你挑选了我，我将不负你

老师，我爱您

老师，您问我上学前在干吗？
我在挑老师。
老师，我看中了您，却怕您不要我！
一觉醒来，我幸运地来到了您的班上。
无论您怎么教我，下节课我想办法去适应您。
无论您怎么看我，第二天我还会来到教室里。
无论您怎么送我，从今后我把您烙在心坎里。
可见，老师爱学生！学生更爱老师！

孩子，我不负你

孩子，老师知道你是爱我的！
因为是你挑选了我。
孩子，感谢你来到了我的班上！
注定我不可以辜负你。
我要为你 40 岁以后的生活负责。
因此，我的理念、我的行动，都会在你身上开花、结果。
我时常叩问自己：我有什么？我能为你做什么？
商人能把别人口袋里的钱装进自己的口袋里，且顾客还很开心。
我们老师将自己脑子里的东西，送给孩子们，且孩子还不一定开心。
所以作为老师的我，要不断地学习！
为的就是你，孩子！

做一个会思考的人

教师是一个改变人的职业，因此学会思考尤为重要。一个老师如果只能看到现象却看不到现象背后的原因，那么这样的教育方式一定是失败的。对于教学现象背后的原因，我们不可以想当然，需要留出空白，去好好地发现与思考，才能使得真相浮现，从而改进教学方法。

假如有的孩子没有按照我们理想中的那样发展，作为老师肯定会去思考这个孩子自身的原因，并且会把绝大多数失败的原因归咎于孩子本身。当然老师还会分析孩子的家庭，会把孩子失败的原因更多地归咎于家庭。我想这些思考都是对的，也是需要的，但是作为教师的我们还需要一个更重要的思考，就是思考孩子失败的原因与我们教师的关系。事实上，孩子的一切都是与教师有一定关系的，为什么这么说呢？

首先，这个孩子出现的不理想状态或者失败，是教师内心对孩子的一种判断。假如孩子的家庭原因、自身原因导致孩子与别的孩子相比有一定距离，那么我们教师就要有一个正确的判断，对于这样的孩子要与他昨天的自己去对比，通过教师的教导是不是有进步了，而不要与别的孩子进行对比。这样教师也就不会自寻烦恼了。

其次，面对没有特别的自身原因和家庭因素的一些孩子，教师有没有思考过自身的原因？是不是因为教师的行为，让孩子们错误多了，不喜欢学习了？比如，我们经常会在课堂上面批孩子们的作业，相信很多老师遇到过这样的场景：老师在批改一个孩子作业的同时另一个孩子在旁边等着，此时，等着的同学会出现以下情况，一种是马上回到座位上去改正然后再回来批改，还有一种是两个学生一起争论起来。我曾经对几十位老师做过调查，问老师们遇到这个现象你们想说什么？老师们有的说需要教育孩子们诚实，有的说需要强调面批时的纪律……但是很少有人说到要考虑教师自身的面批问题。我觉得这个事件背后其实是教师的行为影响着孩子们当时的行为。我相信当时老师快速面批下去时，有同学看到了题目怎么样做才是对的，那他回去改正当然是聪明的表现，难道要等到老师打叉以后、被老师批评之后再回去订正吗？还有当两个孩子在争论的时候，老师还是快速地批改下去，那学生当然就不会再争论下去了，因为已经有正确答案了呀。可见，教师的行为反思是多么的重要。所以，我觉得这件事最好的操作就是当两个孩子有争论时，或者发现两个孩子作业有区别时，老师要立马停下红笔，暂时不要批改，等着就可以了。此时，孩子们就会在互相争论中，自然而然地明白应该如何解答。

所以，教师不要把与学生的交流过程缩短为简单的批改作业，或者缩短为简单的印象分。我们要学会思考，思考教师自己的行为带给孩子们的变化。要把与学生的沟通拉长，让教师的评判延后，让孩子们去表达，教师要学会静静地等待，等待孩子们的精彩！

更要做一个能打破自己的人

一个教师到了一定的时候一定会有属于自己的特色，这里面包括自己多年以来积累下来的经验，有的还是非常成功的做法。教师到了这个时候往往会出现一个自我成长的瓶颈期，似乎认为原有的方式方法是最顺手的。所以教师还需要有一种打破自己的能力，绝对不能故步自封。我觉得教育的方法其实很多都是没有好与坏之分的，只有适合与不适合之分，如同我们穿的鞋子，其实品牌只是一个虚幻的东西，鞋子的尺码才是最需要与脚匹配的。

那么如何才能做一个善于打破自己的老师呢?

我认为，首先，要有一种意识。就是清楚自己的方法并非是最好的，应该还有更好的。我现在教的还可以，说明我用对了适合的方法，但并不代表这是最好的方法。有了这样的认识，教师就不会把自己围起来，就会有一种开放的状态，愿意去听、去看、去想别人的教学方法。这其实也是为自己的成长留出了更多的空白，成长的可能也就更大了。

其次，要有一种能力。还原别人做的方法的背景，就是善于思考别的老师为什么选择这样的教学方法去教学的，他们面对的学生是什么样的情况，他们面对的班级是什么样的情况，他们面对的当时教学过程是什么样的学习环境……如果能够这样去思考，那么我们就能真正地理解别的老师教学方法背后的教学思路，就能够真正地学会别人的优点为我所用，就不是照搬照抄别人的方法，导致无法应用。

再次，要有一种行动。当教师想清楚了自己和别人的教学方法之后，还要有实际行动去推动自己的改变，要借助具体细小事件来推动自己的改变。比如，我明白自己记忆孩子的姓名是比较慢的，那如何来弥补自己的不足呢？我夫人是一名英语老师，她有一个好办法，就是让每一个孩子做一个台签，把孩子的名字写在自己的台签上，而且还让孩子们在正面写中文名，背面写英文名。这样一来孩子的名字都能在课堂上快速地被叫出来了。我夫人为什么这样做呢，原因是英语老师同时要带 4 个班级，所以开学记忆孩子的名字非常累，这样做不仅解决了自己的难题，还让学生进行了台签的美化评比、中英文互译等。于是我也学习了她的方法，为我所用。再有，要有行动，关键是要听得进别人的话，特别是别的老师提出了与自己不同的观点时，要能容纳，要有一种意识去合理地融合到自己的实际教学中，在实践中去改变和提升自己。

要做一个会思考、能打破自己的人，最关键的一个因素就是要学会学习。然而作为一名教师，我觉得需要学会以下几个一：学会怎么参观一所学校；学会如何研读一本好书；学会怎样咀嚼一次培训；学会有效参与一次教研；学会真正践行一种支教。

第一节　隆冬季节，城厢中心学校为学术委员“储能”

——赴“嘉兴南湖国际实验学校”参观学习考察报告

2014年元月10日，城厢中心学校的26位学术委员，在中心学校倪柏根校长、来春霞副校长、杨爱玉副校长的带领下，来到了位于党的诞生地南湖之畔的嘉兴南湖国际实验学校，进行了为期一天的参观、学习、交流活动。

一、考察过程：唤醒学术三境界

（一）考察前：布置任务，落实有意观察

学术第一境界就是要知道“是什么”的问题。作为学术委员首先要明白本次活动的过程与目的是什么，然后有的放矢地去观察与交流。所以本次考察活动出发前所有人都接到了任务：出发前做好一项反思，形成一个问题，回来后上交一个总结。这无疑为大家指明了本次考察的具体目标，不仅仅是去看看这么简单，还要结合工作真真切切地去解决一些问题。

（二）考察时：分项学习，落实对口交流

学术第二境界就是要知道“怎么样”的问题。反映在本次活动中，就是要求所有学术委员都能清楚地知道自己的教育状态是怎么样的，更要弄清楚对方学校的各项教育教学情况是怎么样的，然后有针对性地交流。为此，大家选择了各自关注的学科去听课，课后与南湖国际王建良校长的互动交流中，大家提出了很多自己关注的问题，掀起了一个学术交流的高潮。这样的分项学习、参观、交流形式，既能全面了解对方学校，又能在某些具体的专业领域进行深入的探讨。

（三）考察后：各显神通，落实内化行动

学术第三境界就是要知道“怎么做”的问题。考察最重要的一点就是要明白回来之后怎么做，将学到的内化为自己的行动。本次考察中每一位学术委员的思维都得到了碰撞，非常好地展示了学术委员对于教育的投入，问题到位、有深度。回校以后还要上交考察小结，使得大家认真思考了自身工作的改进需要“怎么做”。

二、考察感受：内化学术三要点

（一）教育要走向高端，理念必须先行

交流中，让学术委员印象最深的是王建良校长提出的教育理念："破学科阻力，让学生实现真正的全面发展。"他认为不同学科的老师不能只关注本学科的教学效果，要在做好本学科教学工作的基础上为其他学科的学习腾出时间和空间；某一节课弄得太好了并非好事，会导致下节课老师很难将学生的注意力集中，即使做到了那学生又能坚持多久呢，最终影响学习效果，所以一节课的效率低，并不能代表所有课加在一起的效率也会低。他还强调，老师安宁才能带给孩子安宁。特别对于一二年级的学生，老师不该重点关注孩子差在哪里，不要一早就给孩子贴上不好的标签，要给孩子和家长一个可以发展的希望；别舍不得将学具给学生用，给学生用的器具破得快，说明利用率高；要不停地创新，让教师、孩子不断感到有新的变化，产生对学习的持久兴趣……这些观点的抛出，引起会场内一片哗然，很多学术委员频频点头表示赞同，大家认为王校长看到了教育的本质问题，说出了真正的大实话。

会后我们查阅了关于嘉兴南湖国际实验学校的一些资料，发现这所学校的办学理念确实非常先进。它以"现代化学校·未来化教育"和"只有不断促进教师的发展，才能更好地促进学生的发展，最终促进整个学校的发展"为办学理念，以办成"具有鲜明中国特色兼具国际化特征的一流学校"为办学目标，始终坚持"科研兴校"方针，引进并吸收了上海名校长的成功管理经验，走出了一条"精细化特色办学"之路。

（二）教育要落到实处，策略必须到位

理念的贯穿需要合理、配套的先进策略，嘉兴南湖国际实验学校之所以能成功，不能不说到以下这些策略，正是它们将校长的理念落到了实处。

策略一：在校全科阅读。为了破除学科本位主义，学生不仅只阅读语文，要阅读所有学科教师提供的与学科相关的课内外读本。雷打不动的时间保障：早上、中午、晚上各半个小时只能做阅读这件事。以此来实现学生的全面发展，让这个理念落到了实处。

策略二：周末全科实践。每周都有一个适合孩子实践的活动主题，这些活动并非涉及某一学科，而是可能与所有学科都有一定的关系，具体操作中也是所有教师不分学科一起参与。主题内容是通过向全校家长征集而来，然后由课程研发小组制定具体方案、具体的评价方案，营造好各个家庭的支持环境等，然后进行

实践活动。

策略三：高段阳光体育。让高段学生走出教室进行各种体育运动，这样空出的教室就可以作为各种选修课程的活动场地，让大家百家齐放。实行学校搭台、专业体艺机构唱戏、家长买单的操作模式，将网球、拉丁舞、古筝、跆拳道、毛笔字、三棋等一系列体艺活动引入校园。在短短几年内，这些项目全部都在省级以上获得高奖。

策略四：低段评价课程。王建良校长认为如果只是取消单元考试和期中考试，保留期末考试的话，会将老师带入绝境。所以他决定，一二年级学生不仅取消单元考试和期中考试，而且取消期末考试。他说取消期末考试并不代表什么都不用做了，而是将期末检测的功能落实到平时。比如哪一个月需要掌握什么教学内容，学生能过关的就给予五角星张贴，期末这块内容就不用再考了，如果平时没有过关的，那在期末就需要进行再次的过关训练。

（三）教育要活力持久，环境必须改善

王建良校长表示学校在“一心一意办寄宿制小学”的过程中感受到很多来自政府的温暖，如招师、招生自主权，教师教研与评优、物价审核等部门给予的支持。此外，学术委员还从与王建良校长的交谈中，发现这位校长透露出的一种内心的“大气”，他表示只要中途有学生想转校，学校将余下的学费全部退还，同时欢迎这些学生随时回来。这种“软环境”无疑体现出这个学校的办学底气，更为学校后续的发展注入了强大的力量。

当然，还有一个重要的环境，就是“校园环境”。这所学校的校园建设包括办学体制都是很有特色的，在全省也是数一数二的。我们在其校园网上还了解到以下信息：嘉兴南湖国际实验学校创办于1998年，是一所以BOT模式合作办学，由嘉兴南湖国际教育集团举办、南湖区教文体局主管的国有民办寄宿制学校。借鉴BOT模式建校办学，在我省乃至全国属开启先河之举。BOT模式是1984年由土耳其总理奥扎尔首先提出的。可简单归纳为建设—经营—移交。其英语表述为BUILD—OPERATE—TRANSFER，缩写为BOT。它作为基础设施建设的一种重要的融资方式，日益被全球众多的发展中国家广泛采用。它的具体操作方式是由政府通过决议方式，将基础设施建设、经营、管理权让渡给项目发起人，由其设立项目公司实施经营管理。特许经营期满，项目公司将设施无偿移交政府。

三、考察建议：生成学术三高度

（一）教师在专业方面要给学生留空白

优秀的教师，善于以本学科的魅力让孩子喜欢更多的学科，最终实现全面发展。一名优秀的学科教师，绝对不能以本学科的教学为唯一目的，必须着眼于孩子的全面发展，要把本学科特长发挥得淋漓尽致，更重要的是以此为契机，结合孩子的个体差异，合理引导孩子朝着有利于自己发挥特长的方向前进。

而学术委员应该将这种专业精神融入每一位专业教师的教学行动中，为学生发展留出一块空白，让孩子有机会去想，有机会去做自己最想做、最容易做好的事，最终实现孩子的最合理发展。

（二）领导在管理层面要给教师留空间

优秀的学校领导，善于留给教师一定的空间去合理创造。一名优秀的学校管理人员不应该给教师行为规定得非常细，最好的办法是给教师一个主题，再给教师一个固定的时间，让教师采取有方向的、有自己创意的、适合本班学生的方式去实践学校所提出的具体理念与规划。然后再对教师的创造性成果进行有序列的整理，形成具体的项目和方案，准备好具体的教学材料，以便学生、教师能在具体的教学阶段进行有针对性的选择和实践，最终形成校本化的课程与特色。

这样，学生所收获的是符合自身特点的；教师收获的是在全校范围内的自我成长与归属感；学校所收获的不仅是当时提出的规划里包含的目标，更多的是教师根据学校主题所衍生出来的非常多的具有创意的教学行为与成果。

学术委员不仅要引领老师们去创造性地行动，更要以一种学术的角度为学校形成一种氛围，形成一种让大家自由发展的空间。

（三）校长在办学方向要给学校留智慧

优秀的校长，善于用智慧去弥补学校的任何一项短板。校长的办学理念是学校发展的风向标，作为一校之长留给学校的最重要东西就是办学智慧。这些智慧可以将学校的不足进行一一弥补，让学校走上健康发展的道路。

优秀的校长，善于用智慧去创造学校的任何一项特色。校长的眼光决定着学校能走多远，校长如果只盯着眼前的学校特色，很有可能将这个特色弄成学校进一步发展的绊脚石，让其他更多的优秀项目无法前进。如果校长能从现有的学校状态或特色，看到学校全面发展的危机与契机，那么这个学校将前途无量。

学术委员，不仅要以学术的身份去行动，更要能站在一个更高的角度去思考教育教学的问题，为学校的发展献计献策。

2014 年 1 月 11 日

第二节　我们与书只有“一碗汤”的距离

有一个学期，我们学校的图书室以崭新的面貌迎接我们的学生和教师。一进去就让人感觉进入了知识的海洋中，有专门为学生准备的大教室一个，每一个位置上都摆满了各种学生所喜爱的课外书；有专门为教师们准备的阅览区域，周围整齐地排放着塞满各种杂志的书架；还有图书室的主体部分包含了天文、地理、文学、教育……各种书籍，分类非常有序，查找非常方便。

除了图书室的书籍非常丰富以外，我们的图书管理员黄老师将管理工作做得非常到位。她定期给学生借书，定期更换学生座位上的书籍和教师书架上的杂志，还在宣传窗内张贴好书推荐条。最感人的是每次你去借书，她都热情地欢迎你的到来。

能有这么好的图书室和图书管理员，是我们教师和同学的幸运。所以我不管工作有多忙，都要抽出一定时间去这个知识宝库转转。这一转不仅可以减缓一天的紧张，还可以在这个知识海洋中抓到一些“小鱼、小蟹”等活泼新鲜的东西来充实自己的头脑。一段时间下来，我确实感觉自己已经被这座知识宝库吸引住了，而且读懂了很多以前不懂的东西，了解了很多以前不了解的东西。我的最新感受是看书不仅可以增长知识，更可以让人心情舒畅！

作为数学老师的我，在各位面前谈论读书，真是班门弄斧。但是我还是想与大家分享两点对于读书的想法。

一、我们可以给书赋予“生命”

我跟我的学生说，要像爱自己的亲人一样爱自己的书，时不时地去看看他，与他聊聊天，这样当你需要他出现时，你就能得到书的有力帮助。否则，十天半月不去见他，到时这个亲人就是模糊的，你连他长什么样都不知道了，那就不可能得到她的帮助。

二、我们可以给书赋予“情感”

我想跟大家分享的是，我们跟书之间的距离其实只有“一碗汤”的距离，当你坐下吃饭时，突然端上来一碗热气腾腾的汤，你一定会感觉非常暖和。生活中这样的例子也很多：婆婆与儿媳、丈夫与老婆、校长与同事、老师与学生，他们之间其实都只有这简单的一碗汤的距离。只要你愿意端起这碗汤，你就能得到他那温暖的心。

再回到我们与书之间，那谁是这碗汤呢？谁来做这碗汤呢？

我觉得，我们时不时地参加的一些读书沙龙活动，就是在做这碗汤。学校常常会给我们安排这样的活动，就是给我们准备了一口大缸，我们参加读书活动的每一个人都是来煮这碗汤的。

相信我们每个人只要努力贡献出一根萝卜、一棵青菜、一块石头……就能煮出一碗大大的、味道完美的石头汤，让我们与书成为亲近的好朋友，享受好朋友带给我们的那一份甜蜜。

我只是这碗汤里的一粒小水滴，沾了大家的光，能学习到很多很多。

第三节　同样的生命，不同的环境

4 月 30 日，我有幸参加了 2007 慈济新教育两岸书香交流会。第一次听说“慈济”还以为是个地名，其实，它是以“慈悲为怀，济世救人”为宗旨的一个台湾慈善组织。虽然在培训过程中时间安排非常紧，从早上 7：30 到晚上 9：00 左右，一个活动接着一个活动，但慈济人带给我们的并不是紧张而是开心、爱心、信心……每一句话都让人感觉耳目一新，因为活动期间慈济人时时刻刻都让我们感到非常亲近，当然最重要的是带给我们很多值得思考的有关生命教育、环保教育的创新理念。

其实慈济人这样的教育方式很普通也很实在，但就是这个原因，我们却最容易忽略，因为我们现在很多教育都非常关注学生的学习成绩，也就是说只完成了教书的工作，没有很好地完成育人的工作。我们的大环境有时不允许像慈济人那样操作，但他们的教学理念确实是非常值得我们学习的，具体如下：

①教育孩子关爱别人的活动。带着小朋友去一些贫困的家庭看一看，去一些敬老院帮一帮，一开始只有非常优秀的教师和学生才有资格给老人理发或洗脚，将奉献视作奖励来教育孩子，在现实的环境中让学生主动地拿出自己的东西去帮助别人或主动地分小组去帮助需要帮助的人。这样一来，有的孩子回家以后，都拉着爸爸妈妈去敬老院。当爸妈还不敢靠近时，孩子却拉着妈妈的手去握住了老人的手，这样的教育是多么的自然、多么的有效，它没有教材，更没有固定的教育方法，只有真实的环境。用慈济人的话说是“以情示教”，也就是用生命来教育生命。

②教育孩子感恩父母的活动。所有没有生过孩子的教师和学生，从早上进校门开始都将书包背在前胸，在学校的所有时间，包括打篮球、吃饭等都不允许拿下书包，因为这个书包就是自己的孩子，并且在书包内放一只生鸡蛋，要求不能打破，这样通过亲身经历来体会妈妈生孩子的艰辛，从而达到感恩父母的教育。

③教育孩子爱惜粮食的活动。我觉得他们之所以能成功，原因是他们并没有告诉孩子你们要爱惜粮食，而是重在让学生知道为什么要爱惜粮食，将全世界上正在忍受饥饿的人们，特别是饿得很瘦的孩子的照片放给孩子们看，然后告诉大

家每 6 秒钟就有一个人是饿死的，我们正在看图片的几分钟里就有好几个人被饿死了，大家说我们现在有东西吃是多么的幸福，我们该如何对待这些粮食呢，让孩子自己去体会、去感受。如果效果还不明显，经过家长同意，全校进行一次不吃中餐的活动，感受一下食物对我们的重要性。

④教育孩子保护地球的活动。这一方面同样是通过让孩子感受地球的重要来达到环保教育的目的，比如给每个孩子发一根棒棒糖。经过一段时间以后，让孩子出示自己的糖，告诉他们：地球就像棒棒糖，如果你慢慢吃可以吃很长时间，如果你很快地吃，一会儿就没有了，所以我们要保护自己赖以生存的地球妈妈。

⑤言传身教。有学员发现慈济人倒开水时，关闭水龙头后还将杯子放在龙头下面，我们问为什么要这样做。他们回答说：如果你到过甘肃最干旱的地方，见过那里的人们是如何用水的，你就会理解我们为什么这样节约水资源了。

再如：与孩子问好时用“亲爱的同学们”；与学生第一次见面时“送给每人一个拥抱”；班队课上还可以进行传递爱心的活动；劳技课上发挥孩子的想象，如何更好地保护地球家园并进行简单的制作或游戏等。

……

还有很多很多，不一一进行举例了。

慈济人带给我们的这种教育理念，就是让孩子们明确“同样的生命，不同的环境”，让我们明白“不仅要教书更要教人”。慈济人有句话说得很好：“教书不如教人。”所以我们不应该成为教书匠，应该成为育人的使者。

下面是我在培训中与学员交流的几点体会，具体如下：（值得一提的是，慈济人非常注重细节，所有组织者每天都提前到场，并在很短的时间内将所有发言的老师所在的学校都一一打印在大屏幕上。）

①慈济人你们真的很 Happy，我们要学习你们！

在学员进门、出门时，他们都鼓掌并歌唱着欢迎、欢送我们；在平时的交流中，他们时刻怀着一颗感恩的心与大家交流，只要一有眼神的交流，他们就会送给你一个暖洋洋的微笑；包括基金会的副总在内的任何一个人与你相遇时，都会主动握手。这样的一种与培训者、学员之间的交流环境是全新的，我想这就是一种文化，是能带给我们这些教育者很多思考的。

②慈济人你们真的很美，我们要谢谢你们！

慈济人不仅引导大家向每一个人伸出关怀之手，还通过生命教育的方式让大家明白，为什么要去帮助别人，为什么要去保护我们的地球家园，最可贵的是还奉行对接受帮助的人表达感恩之情。这不仅使自己的爱心不求回报，还很好地保护了被帮助者的自尊心。

③慈济人的笑能暖人心，能温暖每一个人的心！

④慈济人的爱能动人心，能唤醒每人的慈悲心！

⑤我毕业时曾写过一句教学感言：培养孩子的“兴趣”是孩子走向成功的第一步，也是教育教学的第一步。经过这次培训以后，我觉得这句话偏重教书，所以我在“兴趣”前面加了“爱心”两个字，这样一来教书育人就都在了。

⑥慈济人说“做就行了”，就是要将我们的爱说出来，做出去。

⑦所以第七句我就不用再讲了，应该在平时做出来。

这次培训不仅在教育理念上给了我们很大的触动，而且很多教学活动都能启发我们如何将理论的东西实践化。此外，慈济人最感动人心的是以爱别人为快乐，他们的信条是“能帮助别人是自己的福气，要：自造福田，自得福缘”。所以不但要进行爱的奉献，还要对接受自己这份爱的人表达感恩之情。能做到这一点确实相当伟大，人会变得非常开心，所以每一个慈济人都显得非常年轻漂亮。有句话说得好：“有力量去爱人或被人爱的人都是幸福的人。”所以我希望我们所有人都能沐浴在爱的海洋中。

第四节　打包→重组→再打包

——记一次“打包式”的理想教研活动

活动背景

经过多年的校本教研的洗礼，各个学校都已经形成了一种或多种比较成熟的学校教研模式。包括我所在的实验小学也一样，领导和老师们都开始积极探索如何打破原先的既定模式，寻求一种更有效的教研形式。

2008 年 2 月开学的那一天，当我接到教导处的一项任务时，我有了灵感。任务是：3 月 7 日到衢州的常山实验小学上一堂教研课，3 月 11 日到萧山河庄新围中心小学上一堂教研课。当时我是有点紧张的，因为准备时间只有两周。

然而，我向我们的数学组提出了一个大胆的想法：改变以往送教的做法，仅仅上完课就好了，没有任何科研内容的回收；用以代替的是，结合这两次联谊活动搞一次“打包式”的教研活动。把自己放在一个向别人学习的位置，就轻松多了。其目的就是突破本校的单一教研模式，将本校教研与兄弟学校的教研方式相渗透、相融合，以求在众多成熟的教研模式中吸收“养料”，不断进步！

所谓“打包式”的教研活动：首先，就是利用本校原有的教研模式，形成一堂比较有质量的教研课，这就是“打包”；其次，到别的学校上这堂课，并带着本校的相关学科老师，参加所在学校组织的听课、评课活动，目的是利用兄弟学校的优秀教研资源，对这堂课进行“重组”；最后，结合两所学校的两次活动对这堂课进行再打包，准备到新的教研模式中继续重组。

本校打包

1. 根据本人教学情况决定上课内容

由于我是刚从高段下来教三年级的，而五六年级有的学校还没有进入新课程，所以最后我们选择了四年级，为了不影响兄弟学校的教学进度，将教学内容定为“乘法分配律”这一课。

乘法分配律是人教版四年级下册，第三单元的教学内容。本单元主要教学运算定律与简便计算。教材中学习本课前，还安排了加法的运算定律，以及乘法交换律和结合律。当时是在这些内容都没有学过的情况下学习乘法分配律的。

2. 运用本校科研成果开展有效教研

第一次试教，我们数学组采用的是已经获得成果奖励的“案例教学叙事研究模式”，即将数学问题与生活问题相结合的课堂教学研究。

参与课堂教研的老师，主要关注课堂上的数学问题如何实现有价值的应用。

通过试教分析，我们觉得上课时间正好是3月份，刚好是植树节临近的日子，而课本中的主题图也正是反映植树这个内容。当然，最重要的一点是图中所给的信息：求一共有多少人参加这次植树活动？正好为学生正确理解几个几加几个几等于几个几的重要知识，为突破本课教学难点“乘法分配律含义的理解”，提供了必要的知识基础。

因此我们最终决定，用好、用活教材中的主题图，将这个与现实生活密切联系的情景作为教学本课的引入部分。

第二次试教，我们采用的是我校已经实践了两年的“分专题合作评课教研模式”。

参与教师分小组拿到不同的听课任务，如第一小组负责观察有效提问；第二小组负责观察激励评价；第三小组负责观察预设与生成；第四小组负责观察小组合作。课后听课教师分小组讨论，最后汇总成一张课堂教学效果分析表，并提出相关的改进意见。然后上课教师结合自己的预设目标和教学实践，提出自己的理解和困惑，与听课教师交流讨论，最后形成统一的观点，形成新的教学预案。

短短两周，我们数学组就进行了两种教研模式下的磨课活动，这得益于我们学校长期以来进行教学研究的结果。当然在本校数学教师中也形成了对《乘法分配律》这一课的教学共识。但是我们觉得我们要打破自己的常规模式，获得更大的发展，希望听听不同学校教师对这一课教学的见解。因此决定就用这一课，就用现在决定的教学过程，到兄弟学校进行他们教研模式下的教学研讨活动。这样也就完成了第一次“打包”。

常山重组

3月7日，我和我们学校的相关教师，到衢州的常山实验小学上了这一课。事先我们并没有详细打听，他们将如何展开这次教学研讨活动，所以按照他们的安排进行活动，最后觉得他们的教研活动非常新颖，同时收益匪浅。

他们的安排是，先由上课教师说课，出乎我意料的是还要进行互动交流，也就是听课教师可以向上课教师提出相关问题，两所学校的教师一起探讨教学中的困惑。这是我第一次碰到这样的活动。事后想想，这对我来说虽然是一次考验，但更是一种学习的经历。当然对于我校其他教师也是一次教学思想上的碰撞，为我们突破固定教学模式，获得更大发展提供了思维冲击的落脚点。

在互动交流中，我们发现原先设计的情景引入确实是有效的，同时我们还了解到更多不同的引入方式对于这一课也是非常有效的。我想这一点是参加这次活动最大的收获，它让我们明白要不断追求多种有效的教学方式或手段为我们的教学服务。

当然，我们的教学理念在两校教师之间交流之后，也形成了新的共识按照新的思路，我们又对这一课进行“打包”，准备去下一站交流学习。

新围重组

3 月 11 日，我们又到萧山河庄新围中心小学上了这一课。他们学校的教研形式同样具有本校特点，他们要求上课教师面对所有的教研组组长说说对于这一课的设计思路，并谈谈上了这一课的感想。接着以座谈会的形式一起来剖析这堂教研课。

在这次重组过程中，我们主要解决了这样一个问题，当学生能深入地理解数学知识但又不能比较流利地表达相关概念时，教师应该如何有效地加以引导。即在践行学生为主体的新课标理念的同时，教师要抓住课堂上的有利资源，用数学化的语言进行适时有效的归纳和引导，让学生对概念的理解走出只能意会而不能言传的浅层理解状态，走向深化阶段。

再次打包

经过一次本校打包，两次异校重组，对于“乘法分配律”这一课，我和我们的数学组有了更深层次的理解，同时也获得了一个最新的教学方案。这个方案同样可以到新的学校去重组。

当然在多次打包、重组的过程中，我们并不仅仅是改善了“乘法分配律”这一课的教学方案，同时在不同学校、不同教研模式中我们也获得了“新鲜血液”，补充到我们数学组这个团队中，为我们突破自我打下坚实的理念和实践基础。我想这是我参与这次教研活动所带来的更深层次的精神食粮。

之后在学校教研活动中，我上了这节课。课后省特级教师钱老师在全校数学老师面前，做了精彩的点评。这让我深切地体会到，上课是一种很好的锻炼之外，听优秀教师的评课更是一种非常好的学习途径。

钱老师在其他老师评点的基础上，给我的课点出了许多的亮点，使我的信心大增，同时也提出了建议，让我有方向地去努力。最后钱老师还给大家讲了几点上好数学课的设计技巧：一是要提供给学生自主探究的空间；二是注重学生思维能力的培养；三是让学生主动积极地学习数学；四是课堂要大气，更要注重细节。专家的话让我深切地体会到，现在的数学课必须要有深度，要给学生搭建充分的自主探究的空间。

活动创意

创意一："打包式"教研非常灵活

这种教研方式，不受任何空间和地域的限制，只要把打包好的教研课带到哪里，哪里就可以进行有效教研，可以说具备随时随地的灵活性。

"打包式"的教研还有别于本校单一模式的教研活动。单一模式的教研活动，研讨一堂课到一定程度就无法深入下去了，因为受到本校教学资源的一定限制。"打包式"的教研则不然，因为它可以在任何学校中进行，所以教学资源是无限的，可以不断地进行重组和打包。教师可以在这个不断"拆装"的过程中得到充分的锻炼和提高。

创意二："打包式"教研吸纳百家

这种教研方式，能渗透到任何一所学校的教研氛围中，可以从不同模式、不同视角中提高本校的教研能力。可谓是享受百家之精华。

比如，实验小学所探索的教研方式有：案例研讨式的、病理分析式的、反复磨课式的，等等。虽然我们都做得比较成功，也让我们年轻教师得到较快的成长，但是我们一所学校没有时间也没有能力实现所有的有效教研。那么如何吸收别人的优秀成果，就显得非常重要，我想"打包式"的教研就是一种可探索的新路。它能将众多已经被开发成功的科研成果得到有效的共享。

创意三："打包式"教研操作性强

这种教研方式，没有任何条件，只要有学校、有教师就可以进行这样的教研活动。况且现在不同地区、不同学校纷纷建立了不同的"结队、联谊、帮扶、共同体"等合作方式，更为"打包式"教研起到了有效的推动作用。当然学校之间的"支教"也就不会流于形式，而且能将支教的受益面从单方面引向双方互利的良好局面，共同进步，最终实现学校与学校之间的平衡发展。

第四章

一脉相承的教学滋养着留白的成长

我们学习数学当然是为了将来有用，但是我们现在坐在这里听老师讲，只是因为老师讲的数学能吸引我。

让学生开车，老师坐副驾驶当教练

我曾听过一位新老师的课。老师准备非常充分，讲课非常用心。一节课下来，他把教学的重点和难点都一一进行了教学，而且是用自己设计的题目进行的，应该说教师需要实现的知识上的目标与内容全部都罗列出来了。假如没有后续的交流，我们也许会觉得这是一堂很扎实的数学课。

课后，我对这个班级的孩子进行了个案调查，发现一个现象，学生做一些与课堂上雷同的题目时，是能够做出来的，但是，题目稍微改变一下形式，学生就开始出错。课后交流时，当我提出有这个情况时，这个学校的领导说了一件事。他说：上个学期，刚刚引入的一项对期末考试的大数据分析表明，我们这里的孩子有死板学习的现象，缺少灵活学习数学的能力。

鉴于对那个班级学生的了解和当地大数据分析的结果，当时，我有一个想法，与上课老师进行了深入的探讨。因为学生出现这样的现象，一定与我们教师的教学方式有关系。

首先，老师开车学生搭车，学生对路线不熟悉。

我们肯定了老师将应该有的知识点全部罗列到了，而且也都给了学生。但是给学生的方式值得探讨。老师上课的方式好比是老师自己在开车，学生在老师的车上参观、学习。这样的学习方式，就如同我们搭车到一个地方之后，需要独自回来，往往就忘记了刚才过来的路，无法自己回去了。

其次，知识的魅力无法借助教师让学生去发现。

由于上课时老师一直让学生在旁边搭车，没有让学生下车去看一看、摸一摸，这一路上的风景只是教师作为导游讲解给学生听，学生并没有机会自己去发现和探索，那么这些风景在学生头脑中只是一幅一幅静态的画而已，于是学生对于知识的理解也自然是静态的，更不会有深入的建构和重构，因为连解构都是教师给予孩子的。

改变教师的教学方式，是非常有必要的。

要想改变上面提到的现象，最好的办法首先就是让学生当驾驶员，让学生当解说员。这样学生就会去思考我该怎么认路，这就解决了学习方法的问题，学生自然而然就能逐步提高自己的学习能力。其次，学生自己解说一路的风景，这就解决了另一个问题——学习内化。这样就能将所学的知识转化为自己的学习所得。同时还能将学生的学习情况很好地提供给老师，这样老师就能很好地把握学生的学习方向。教师坐在副驾驶的座位上，就能够根据学生的实际情况做出正确的指导，这就也解决了学生的学习方向。

有了这样一次教学研讨的经历，更让我在平时的教学上注重“留白”的方式，把学习的主动权交给孩子们，让孩子们有独自撒欢的机会，教师也能根据学生的实际情况进行合理的调整。当然这样的教学思想也是逐步形成的，我对之前做过的一些教学课例做了一些整理，主要是做到以下三点：①课堂上解放师生。②练习里一举多得。③复习中培养能力。

数学的灵魂是真实交流，课堂里的玩就是学习，这个孩子都知道，我们老师千万不要为了教学设计而教学，不要被方法、工具、训练所累。

第一节　课堂上解放师生

数形结合的价值和意义

——数形结合思想在“数与形”教学中的实践与思考

【摘要】数学课程标准指出，数学课程的设计要引发学生的数学思考，体会数学的基本思想和思维方式，能比较清楚地表达自己的思考过程与结果。六年级上册“数学广角”内容集中体现四基中的基本思想方法，运用数学思考，凸显思维品质。为此，笔者试图通过活用教材，优化思考方法；创设平台，引发解题感悟；借助模型，形成数学思维等策略进行实践。努力在数学课堂教学中，减少学生的记忆性学习，培养数学思考的学习方式，最终打造出数学思维课堂，避免凭借记忆学习获得短时优秀的情况，培养出更多凭借思考形成的优等生。

【关键词】数形结合　价值和意义　实践与思考

【教材分析】

一、解题策略直观，利于激发学生兴趣

《数与形》一课最大的优点是一目了然，例如：

$1=(1)^2$ 

$1+3=(2)^2$ 

$1+3+5=(3)^2$ 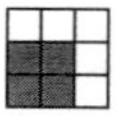

看到图中的算式与图形的关系，学生立马感受到数形结合的美。在之前的教学中，已有很多的数形结合思想的题目的渗透，如乘法分配律、分数墙、数轴上表示数等的教学。所以在六年级学一个数与形的专题，其实是对学生原有知识的生长与拓展。

二、题目类型多样，便于拓展思维

“数与形”一课中的例 1 和例 2 虽然都是典型的数形结合的题目，但它们并不是同一个计算范畴，所以适合于多种思维方法的拓展。例题 1，属于利用各种不同的图形来揭示出数的规律，知道用图形的面积、数量、长度等不同维度来建立等式左边与右边的关系，其重点是揭示规律。例题 2，属于利用图形来计算有规律的算式，重点是计算。因此其重点是运用线段、正方形、圆等不同图形去进行运算。

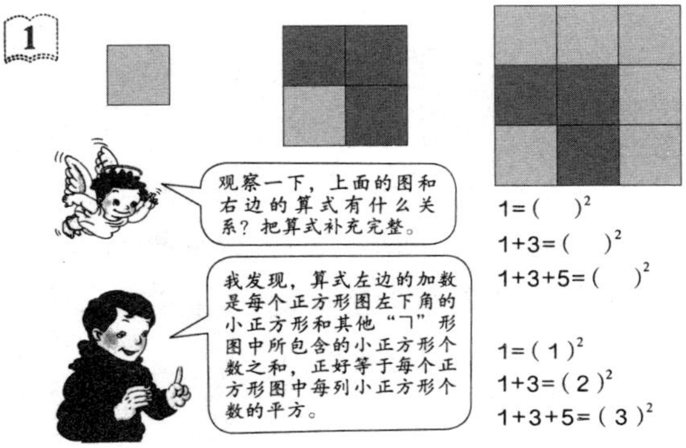

你能利用规律直接写一写吗？如果有困难，可以画图来帮助。

$1+3+5+7=(\quad)^2$

$1+3+5+7+9+11+13=(\quad)^2$

__________________$=9^2$

2 计算 $\frac{1}{2}+\frac{1}{4}+\frac{1}{8}+\frac{1}{16}+\frac{1}{32}+\frac{1}{64}+\cdots$。

三、思考方法抽象，善于培养建模能力

例 2

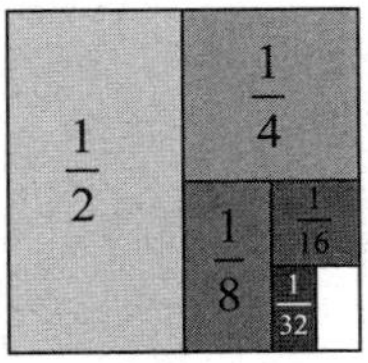

一个抽象的算式可用这样的图形表达，但学生能否考虑到用这个图形来表示上面的算式是需要一定数学能力的，这样就给了教师机会去拓展思路寻求一些合适的教学手段，将抽象的数学建模过程非常直观地让学生领悟。

【提出问题】

思考的数学课堂，学生学习数学的能力与方法是持久性的，可以通过课堂里学过的一个题目，学会与此相关的一类题目。然而记忆性的数学学习，学到的只

是老师讲过的个别题目。为此，笔者试图从“数与形”一课入手，来撬动数学课堂的转型，避免以知识目标为重的记忆性课堂。创立多样思路的教学设计，来落实能力为重的思考型数学课堂。

【实践研究】

一、活用教材，优化思考方法

1. 用数学的眼光观察图形

例 1

$1=(1)^2$

$1+3=(2)^2$

$1+3+5=(3)^2$

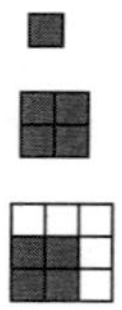

教学时，如直接出示书本中这样的算式和图形，那么教学将陷入尴尬的境地。除了能够将图形与算式联系起来的同学之外，老师最终只能以告知的形式教会别的同学这个例题的意思，失去了数学思考的重要价值。

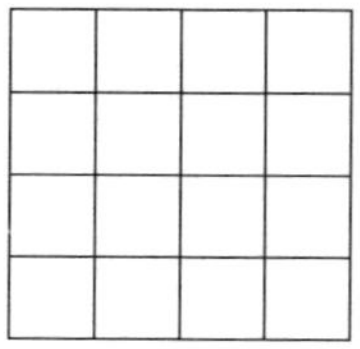

所以，笔者以绘画作品引入，

师：老师画了一个图，你们想看吗？然后课件上出示图形。

师：你们为什么笑我啊？哦，你们是用美术眼光评价我的，那是不够好。你们能否用数学的角度来看呢，能找出这里面蕴含着的数？

生：$4^2=16$；还有分数……

师：老师再逐一涂上颜色呢，你能写出一些等式来吗？

生：$1=1^2$　$1+3=2^2$　$1+3+5=3^2$　$1+3+5+7=4^2$

这样的方式呈现例题，有利于学生对于图形的解读与认识，更有利于后续将算式与图形的对比联系思考，真正用数的抽象揭示出图的神秘。

2. 凭等式的变化寻找规律

学生对于上面例题的计算确实是太简单了，为此教师需要进行一些思维冲突的埋伏，当上面几个等式出来之后，教师紧接着提问。

师：同学根据这些等式和图形，你有什么发现？

$1=(1)^2$ 

$1+3=(2)^2$ 

$1+3+5=(3)^2$ 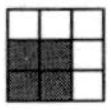

生：$1+3+5+7+9=5^2$，$1+3+5+7+9+11+13+15+17+19=10^2$

生：从 1 开始的连续几个奇数相加的和 = 几的平方。

生：重点要注意“连续的奇数”“从 1 开始”。

师：现在你们还笑话我吗？为何？

生：不会了，因为用数学的眼光来观察这个图形的话，这个图形非常神秘。

这种让学生寻找算式规律的方式，使得学生能够更加快速地掌握算式的特性，也能寻找到图形属性与算式的联系。

3. 借规律的应用解决问题

师：根据例 1 的结论算一算。

$1+3+5+7+5+3+1=(\quad\quad)$

$1+3+5+7+9+11+13+11+9+7+5+3+1=(\quad\quad)$

$5+7+9+11+13=(\quad\quad)$

让学生感知用数据来揭示形的神秘是非常有意思的，就能很好地实现我们的设计预期：体会感知数形结合的好处，用图形来说明数的规律可以事半功倍。

二、创设平台，引发解题感悟

1. 给予机会独立思考，思维有深度

教师有意识地放手学生，有效引领学生在课堂上独立思考，将是有深度思考的重要途径。如例题：(2) $\frac{1}{2}+\frac{1}{4}+\frac{1}{8}+\frac{1}{16}+\frac{1}{32}+\frac{1}{64}+\cdots\cdots=$的教学，首先，请学生说说题目的具体意思。(明白省略号的具体意思，知道分母的变化规律等)接着，教师追问：看到这样的题目你觉得该怎么入手？（学生可能提出的具体方法：通分计算、猜测规律、画图验证等）这样一来就能很好地实现我们的设计预期：实践操作，学会数形结合的具体操作方法，感知到可以用线段、正方形、圆等各种图形来揭示数据规律。

2. 提供平台深入探究，学习有宽度

学生有能力独立探究实践，是领悟数学的最佳策略。例题：

(1) $\frac{1}{2}+\frac{1}{4}+\frac{1}{8}+\frac{1}{16}+\frac{1}{32}+\frac{1}{64}+\cdots\cdots=$

①通分计算，寻找规律。

2. 计算 $\frac{1}{2}+\frac{1}{4}+\frac{1}{8}+\frac{1}{16}+\frac{1}{32}+\frac{1}{64}+\cdots\cdots=$

$\frac{1}{2}+\frac{1}{4}=\frac{3}{4}$　$\frac{3}{4}+\frac{1}{8}=\frac{7}{8}$　$\frac{7}{8}+\frac{1}{16}=\frac{15}{16}$　$\frac{15}{16}+\frac{1}{32}=\frac{31}{32}$　……

师：这样计算后发现了什么？（分子永远都比分母小 1，分数在不断地变大，直到接近 1）

师：为何你们认为最后结果接近 1。（引出画图的必要性就是画图的直观性优点）

②绘制图形，展示过程。

首先，请学生上台讲解自己的图形。

生 1：

2. 计算 $\frac{1}{2}+\frac{1}{4}+\frac{1}{8}+\frac{1}{16}+\frac{1}{32}+\frac{1}{64}+\cdots\cdots=$

设n为分数个数

① n为1时　② n为2时　③ n为3时　④ n为4时　⑤⑥⑦⑧ ……

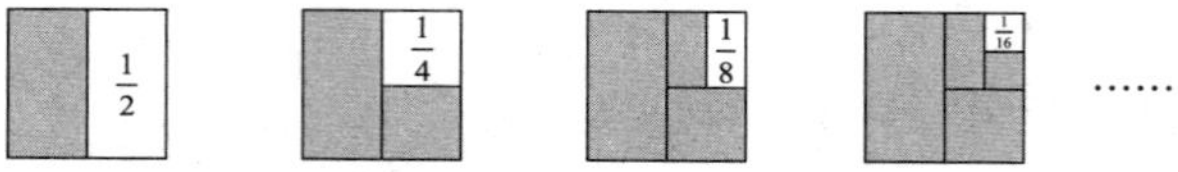

$1-\frac{1}{2}=\frac{1}{2}=1-\frac{1}{2^1}$　$1-\frac{1}{4}=\frac{3}{4}=1-\frac{1}{2^2}$　$1-\frac{1}{8}=\frac{7}{8}=1-\frac{1}{2^3}$　$1-\frac{1}{16}=\frac{15}{16}=1-\frac{1}{2^4}$　$\frac{1}{2}+\frac{1}{4}+\frac{1}{8}+\cdots\cdots+\frac{1}{2^n}=1-\frac{1}{2^n}$

生 2：

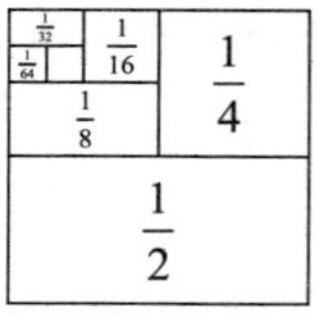

其次，教师在学生展示的基础上，再运用课件展示各种图形的思维过程。

画图①

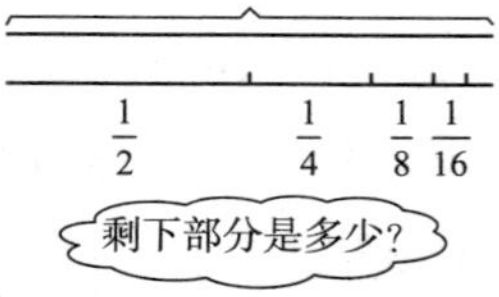

（揭示：图形剩下的就是算式最后的那个分数）

画图②

$\frac{1}{2}+\frac{1}{4}+\frac{1}{8}+\frac{1}{16}+\frac{1}{32}+\frac{1}{64}+\cdots\cdots$

“1”

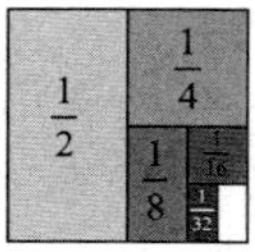

“1”和“$\frac{1}{32}$”在图中表示什么？

阴影部分 $1-\frac{1}{32}$

（揭示：阴影部分的和 =1– 最后一个分数）

画图③

$\frac{1}{2}+\frac{1}{4}+\frac{1}{8}+\frac{1}{16}+\frac{1}{32}+\frac{1}{64}+\cdots\cdots=1$

$\frac{1}{2}+\frac{1}{4}=\frac{3}{4}$

$\frac{3}{4}+\frac{1}{8}=\frac{7}{8}$

$\frac{7}{8}+\frac{1}{16}=\frac{15}{16}$

$\frac{15}{16}+\frac{1}{32}=\frac{31}{32}$

…

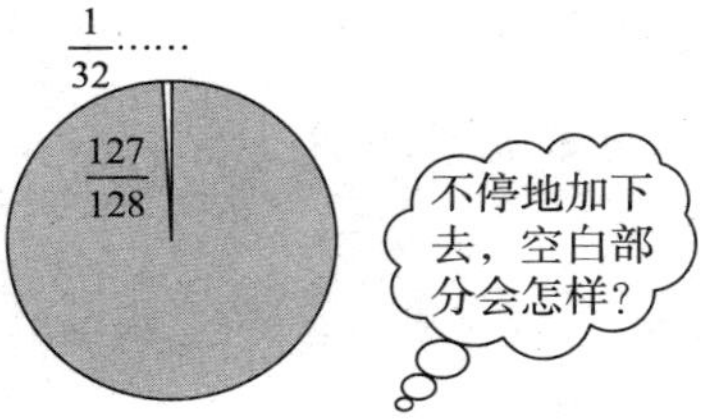

（揭示：空白处不断变小接近于 0，阴影部分会不断变大直到接近于 1）

这样的探究活动，使得学生在实践中领悟教师将要突破的教学重点，让孩子通过各种方式理解例题的内涵，有利于学生不断拓展自己的数学学习宽度。

3. 形成策略乐于品味，收获有厚度

课堂教学中要让学生在做题之后再回味一下，获得更多的收获。学生独立探究后出现了各种图形时，教师将这些图形放在一起，然后提出下面的问题。

师：通过这样的画图来解决问题有什么好处？

师：看到这样的三个图形放在一起，说明了什么？

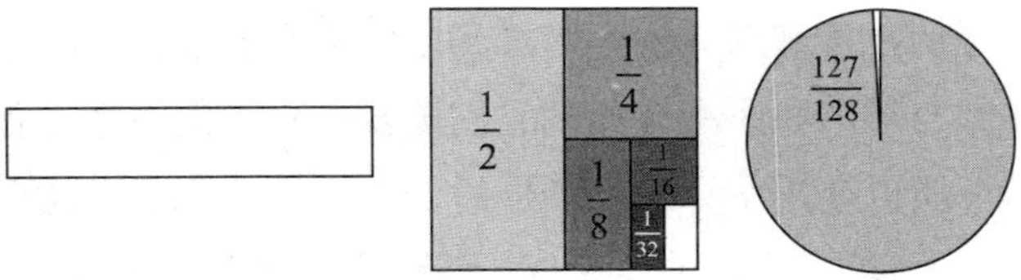

同样是揭示分数的计算规律，我们可以用不同的图形来实现，可以用线段，可以用正方形，也可以用圆，也许还有别的图形。这样的回味学习将使得学生的收获具有厚度。

三、借助模型，形成数学思维

1. 数形结合突破难点——从学习的基础角度出发

对小学生来讲，数学广角内容都是比较抽象的，这也正是本课教学的难点。为此在教学设计过程中，教师需要给学生一些具体、生动、可见的图形去帮助理解。

（1）课前聊一聊

师：同学们，当你遇到难题或比较烦的题时，你会想什么办法解决。（画图）为什么喜欢画图？

师：那有的题目本身就是图形题，怎么办？（找找其中的规律，图形与数据是有密切联系的）

（2）课中做一做

师：像上面用图形来解决相关问题的方法就是数形结合的方法，以前学过的内容有这样的吗？（如加减法的意义、分数意义的学习等）

（3）课后想一想

出示算式与图形：$(a+b)c=ac+bc$　　$(a+b)^2=a^2+2ab+b^2$

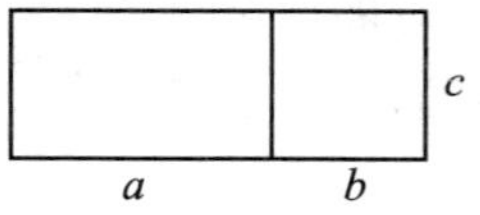

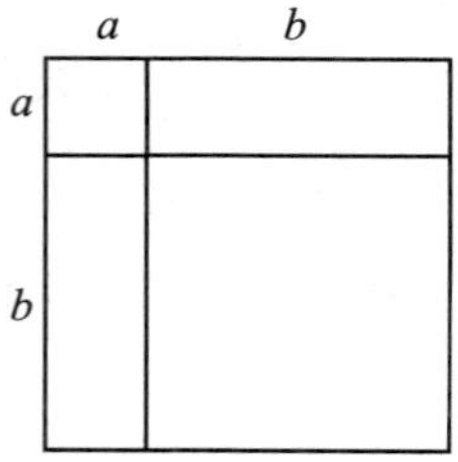

师：这两个算式分别与下面的图形有什么样的关系？

感知，可以用图形来证明这个乘法分配律和完全平方式的左右两边是相等的。而且利用的是长方形的“面积”这个维度让等式的左右两边建立联系。

2. 图形推算落实重点——从学习的过程角度出发

本课重点是经历推理和探究图形与算式之间关系的过程，渗透数形结合的思想。为此，要在数与形的联系中寻找到它们关联在一起的本质是什么，最终实现有效的数学思考。所以在出示算式与图形后，要揭示出不仅可用图形的“面积”，还可用小方格的“数量”、线段的“长度”等不同维度让算式左右两边建立联系。

师：思考前面例题中是运用图形的什么维度来建立关系的？

数形结合举例

$(a+b)c=ac+bc$

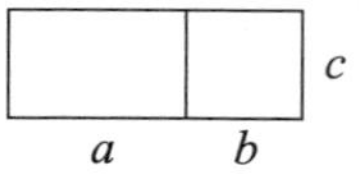

面积

$1+3+5=(3)^2$

数量

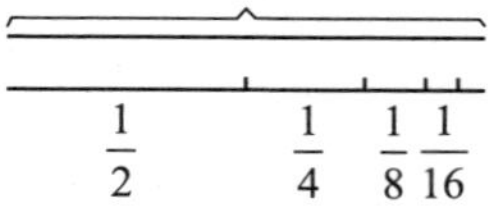

长度

$\frac{1}{2}+\frac{1}{4}+\frac{1}{8}+\frac{1}{16}+\frac{1}{32}+\frac{1}{64}+\cdots\cdots=1$

3. 抽象建模实现拓展——从学习的方法角度出发

本课的灵魂是抽象建模，首先让学生建立一种解决此类问题的模型；其次让学生树立一种意识，遇到此类问题是需要思考和推理的。为此，特别进行了拓展练习，运用数形结合来解决问题，从而凸显出数形结合的实用性。同时感知到数形结合不只是用图形来解决数的问题的，其实很多图形中也蕴藏着许多数的规律。

①用图的直观来展示出数的抽象：小林、小强、小芳、小兵和小刚 5 人进行象棋比赛，每 2 人之间都要下一盘。小林已经下了 4 盘，小强下了 3 盘，小芳下了 2 盘，小兵下了 1 盘。请问：小刚一共下了几盘？分别和谁下的？

（明白面对繁、难的题目首先想到的就是画图，简单明了的图形其实是非常重要的数学语言，很多冗长的文字题都需要翻译成这样的数学语言）

②用数的抽象来揭示出图形的神秘：

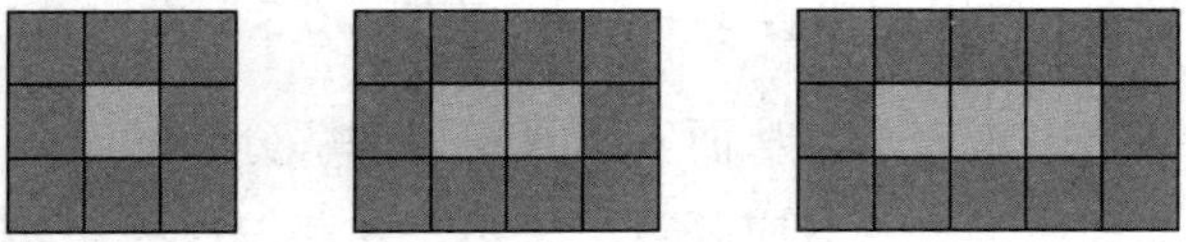

照这样下去，第 n 个图形有（　　）个红色小正方形和（　　）个蓝色小正方形。

（让学生明白做这样的题目首先要揭示出图形个数的规律才行，并且要用前面个数少的图形去揭示和发现这个规律，这是解决问题的基本技巧）

4. 回顾过程完成梳理——从学习的序列角度出发

数学学习是有序的，在学生的头脑中是有层次、有先后地逐步在完善所学的知识的。为此，非常有必要让学生对于这节课进行适当的回顾与小结，从而使得所学知识得以有序的整理，使得本课所学的方法得以合理的整合，使得学生对于数学产生更大的学习兴趣。

【研究成效】

本课题研究，教师通过让学生明白可以用面积、数量、长度等维度将数与形联系起来，同样的算式可以用正方形、圆形、线段等不同的图形来展现出来，这样的教学落实了以下教学目标。①落实一种思想：学生能用图形来解决数中的问题，或者是能用数中的规律来解决图形的问题。②掌握一种方法：让学生在例题的分析与讲解中顺利地将数与形进行合理沟通，为落实一种思想做好铺垫工作。③提升一种能力：学生拓展自己学习数学的分析手段与策略，明白数学中的问题并非孤立的，是可以用另一种手段来解决眼前的问题的。

数学多元表征，探寻分数由来的一剂良方

——数学绘本“分数是分出来的”课堂实录与评析

【摘要】《分数的初步认识》是人教版教材三年级上册的内容，本文是让二年级下学期的孩子通过绘本教学来理解分数的由来。此时学生对于图形的一半是有一定认知基础的，因为一年级教材出现过一道习题，将一个长方形分成两个面积一样的图形，二年级又有对称图形这个单元。还有刚刚学习了除数是一位数的除法，学生也能理解平均分了。但是二三年级学生相对缺乏抽象理解力，所以需要探寻一种更加形象的分数表达方式。鉴于此，我们试图用数学多元表征来辅助学生理解分数的基本意义。即借助视觉、听觉、动作等不同方式让学生通过观察、互动、寻找等不同行为，去理解$\frac{1}{2}$可以用语言（一半）、数据（0.5）、图形（三角形、圆、正方形、椭圆等的一半）来表示，从而实现真正地理解分数的由来，并渗透割补、旋转、分数的基本性质、一一对应等数学思想。在获得这些知识点的背后更是数学多元表征能力的提升，这是指向孩子终身发展的素养！

【关键词】数学多元表征　探寻　分数由来

【研究背景】

（一）国内外数学多元表征的研究现状述评

如果说“元认知”是让儿童对自己的思维进行监控和认知的话，那么“多元表征”就是让儿童对自己的理解进行表现和交流。从20世纪60年代开始，国外就开始对儿童在数学领域内的多元表征进行研究。我国在这方面的研究较少，对于儿童的表征内容、方式和特点的认识往往来源于一线教师的经验或印象，缺少调查数据、实践研究的支持。

（二）低段是培养学生数学表征能力的契机

一二年级的学生还停留在形象思维阶段，并且他们具有喜欢大自然、喜欢探索新鲜事物的特点。因此让学生通过各种不同的表征方式来展示出自己的思维，是一件非常有意义的事。首先，学生喜欢这样做；其次，学生的表征能力能快速提升；再次，学生的数学思维能力在各种表征方式展现的同时得以快速的提升。

（三）绘本是提供学生数学多元表征的素材

数学绘本因图文并茂，贴近儿童，将数学知识巧妙蕴藏在生动有趣的故事中，

能很好地激发儿童学习数学的兴趣，促使儿童积极参与学习活动，主动探索数学知识。数学绘本的教与学能有效帮助低年级儿童在幼儿教育和小学数学教育之间搭建软着陆的平台，让低年级孩子享受学习数学的乐趣并增强学好数学的信心。

【概念界定】

多元表征：表征，在辞海中的解释是“揭示；阐明”。它是认知心理学中的一个重要概念，意指知识在学习者头脑中的呈现和表达方式，是一个以已有的知识和经验为基础的建构过程。数学多元表征分外在表征和内在表征两种类型。外在表征是指以语言、文字、符号、图片、具体物、活动或实际情境等形式存在的表征；内在表征是指存在于个体头脑里而无法直接观察的心理表征。

数学绘本：是把数学数字融入有趣的故事中，组成了一本别有特色的书本，通过读故事、看图形变化等方法让学生将抽象的数学知识转化为浅显易懂的语言、文字、图案等，能让孩子在快乐中学习。

【研究策略】

数学多元表征学习是基于学生认知规律，组织引导学生进行数学深度学习的学习方式，教师要注重数学学习对象情境化、多样化呈现，促进数学知识的多元建构；注重数学表征的多元联系，促进数学思维的可视可感，让学生的数学学习深度发生，从而实现学生数学核心素养的整体提升。

笔者通过“分数是分出来的”一课的研究，帮助学生能将自己获得的信息通过加工，用准确及规范的语言、图 案、数据等表达出来，并试图从中总结出一些规律性的东西，在以后的数学学习过程中能灵活、合理、科学地运用多种表征方式，不断提升学生的表征能力。

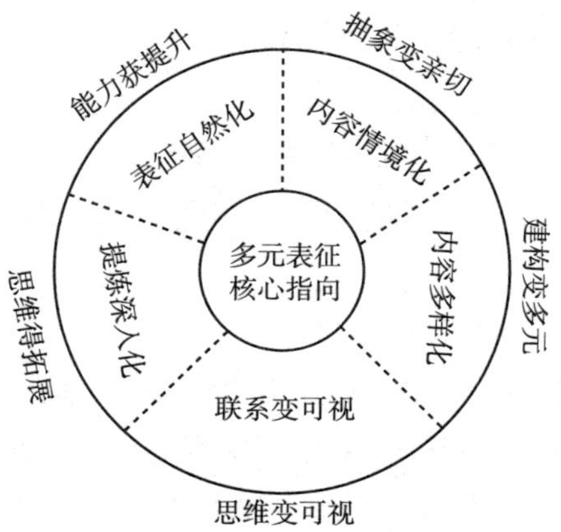

一、数学内容情境化引入，促进抽象内容的亲切展示

数学学习内容大多比较抽象，如果能够借助一些与学生紧密联系的生活情境进行呈现，不仅能把抽象的数学内容具体化，同时能够提高学生的数学学习热情，降低学习难度，让学生体会到数学知识的情境化表征，为后续的多元表征学习做好铺垫。

实录一：情境对话感知“一半”

师：小朋友们，今天老师带来了一块巧克力，等会儿想分给2位表现最好的小朋友。只有一块巧克力，不够？怎么办呢？

生1：中间分开。

生2：一人一半。

生3：平均分。

生4：一个人二分之一。

师：你为什么要这样平均分？

生5：这样分很公平，两个人一样多。

师：一个人二分之一，这个小朋友说出了一个新的数，请你说说看这个数是什么意思？

生6：不知道。

师：这位同学说二分之一，这么厉害，连这个都知道，那到底是不是呢？你们觉得呢？我们接着来研究研究。

师：请一位同学帮我来把这块巧克力平均分成两份，并且说一说这个分的过程。

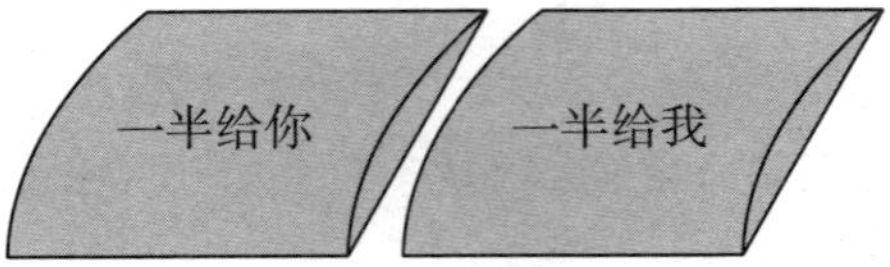

生7：把一块巧克力平均分成两份，这是一半，那是另一半。

师板书平均分，板书“这是一半”。请两位同学来说一说这句话。

评析一：

（一）初步感知“一半”的必要性

在人教版教材中，关于“分数的初步认识”的学习内容安排在三年级上册，让二年级下学期的孩子通过绘本阅读、课堂交流的形式来认识分数，我们在课前进行了一些分析。

可行因素：孩子在一年级时，曾经在教材中接触过一道练习题，就是将一个长方形分成两个面积一样大小的图形。加上二年级对称图形这个单元的知识，学生已经学习了，因此对于图形的一半是有一定的认知基础的。还有孩子已经学过了除数是一位数的除法，所以学生对于平均分的概念有充分的理解。综上所述，学生对于分数的认识已经具备了一定的知识基础，是可以在二年级下学期上这个绘本内容的。

不利因素：从二年级上学期到二年级下学期学生的认知基础还是有一定距离的，学生能够接受抽象分数的数字表征，但是不能像三年级学生那样容易理解分数的具体意义。具体表现是，二年级学生容易说出几分之几，但是表达出几分之几的具体含义却很不容易。

鉴于这样的分析，我们觉得可以在二年级下学期上本课内容，但是需要我们寻找一种方式让学生能理解分数的基本意义。为此，我们结合学生的实际情况，利用分巧克力这样的情境让学生初步感知一半很有必要，这是后面实现多元表征$\frac{1}{2}$这个分数的必要基础。

（二）分享感知“一半”的巧妙性

运用现实情境，让孩子发挥想象，根据自己的判断来分享巧克力，在互相分享中出现分巧克力的必要性，也就是分数产生的必要性。同时落实分数意义的理解中“平均分”的理解，感知一半是可以用实物来表征的。

绘本链接：

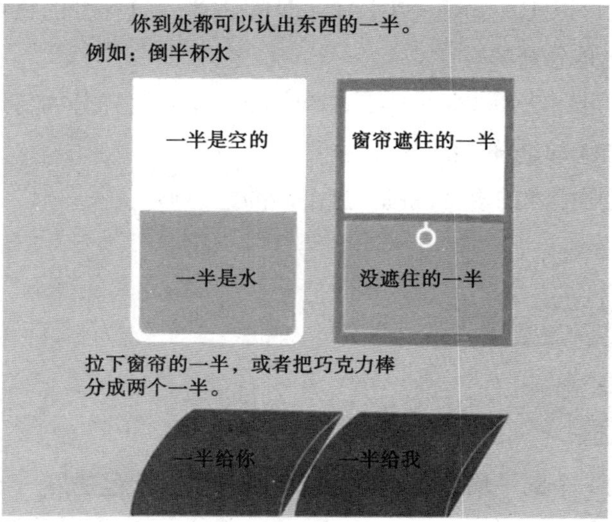

二、数学内容多样化呈现，促进数学知识的多元建构

数学学习内容包括概念、运算和解决问题等，呈现方式可以是语言文字的，也可以是直观图形的，还可以是数字符号的，这样多样化的呈现方式既能凸显数学学习对象的多元属性，便于学生进行数学信息的多通道输入，又能实现数学知识的多元表征，数学意义的多元建构。

实录二：图形变换理解“一半”

师：下面，我们来分一个图形（课件播放三角形分开、涂上颜色的过程）。请你用刚才的语言来说一说，这个分的过程。

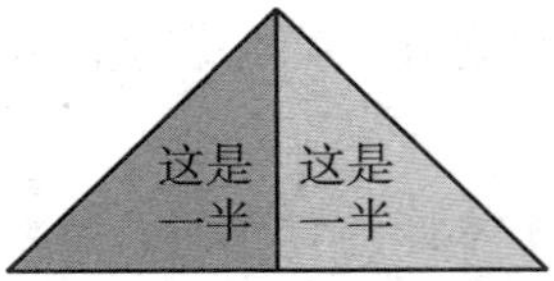

生 1：把一个三角形平均分成 2 份，蓝色是一半，黄色是一半。

师：如果在图形中再加上两条线，把大三角形平均分成四份，你还能找出这个大三角形的一半吗？（四块图形标上序号）

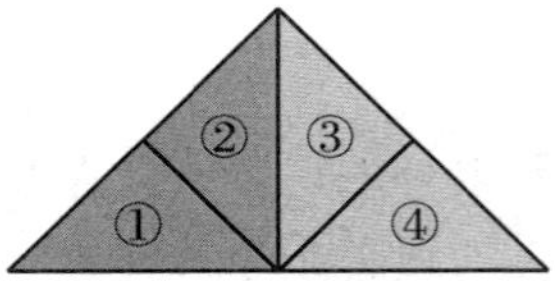

生 2：①和②是一半，③和④是一半。

师：对，这样分的特点是①和②是连在一起的，③和④也是连在一起的。

生 3：也可以①和③是一半，②和④是一半。这样分的特点是①和③是分开的，②和④也是分开的。

生 4：还可以②和③是一半，①和④是一半。这样分的特点是②和③是连在一起的，①和④却是分开的。

师：你能用刚才的语言说说分这个圆的过程吗？

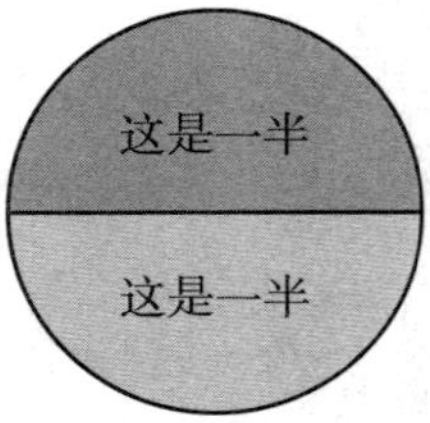

生 5：把一个圆平均分成 2 份，蓝色是一半，紫色是另一半。

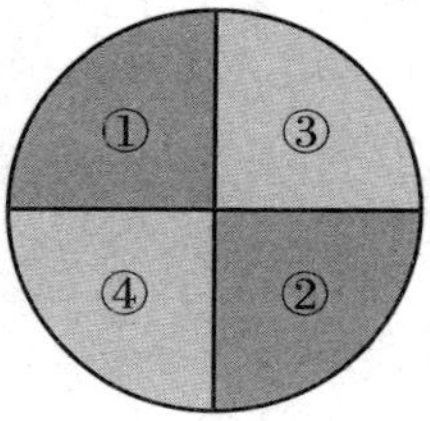

师：你能找出这个圆的一半吗？

生 6：蓝色是一半，黄色是一半。

生 7：①和④是一半，③和②是一半。

生 8：①和③是一半，④和②是一半。

师：下面这个图里面的一半是哪部分呢？

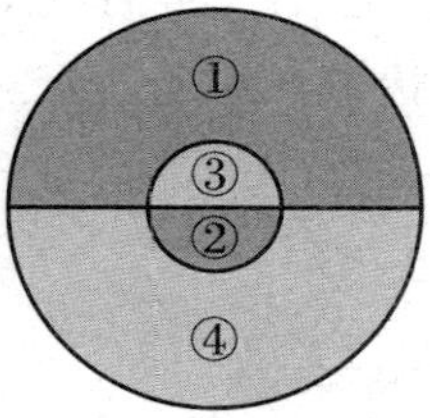

生 9：中间横线分开，①和③是一半，④和②是一半。

生 10：蓝色是一半，紫色是一半，因为中间的②和③是一样大的，而且它们两个可以转个圈调换上下的位置。

师：这个椭圆有什么特点？

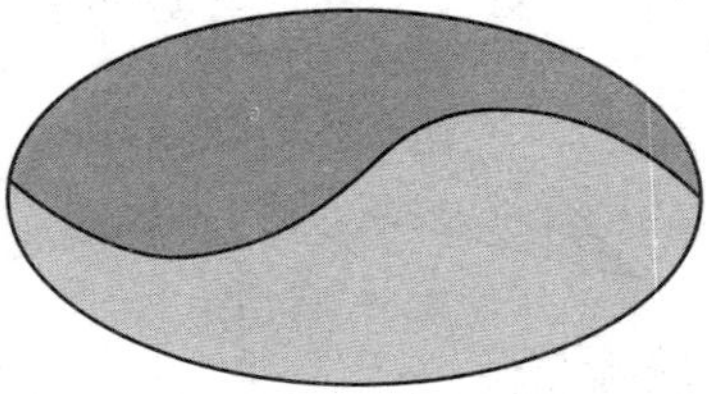

生 11：中间分开的是一条曲线。

生 12：蓝色的左边大右边小，黄色的右边大左边小。

生 13：对折后出现的图形不是蓝色也不是黄色了。

师：那这个椭圆里面有一半和另一半吗？如果有我们如何来证明呢？

生 14：有，我就是看出来的。

生 15：有，我们可以沿着中间的红线剪一剪，然后把其中一块掉一个头，两块合在一起看看能否重合，重合的话就是一样大的了。

生 16：有，我觉得中间画一条直的线就能看得更清楚了，就像把一个圆分成了一半和另一半一样。

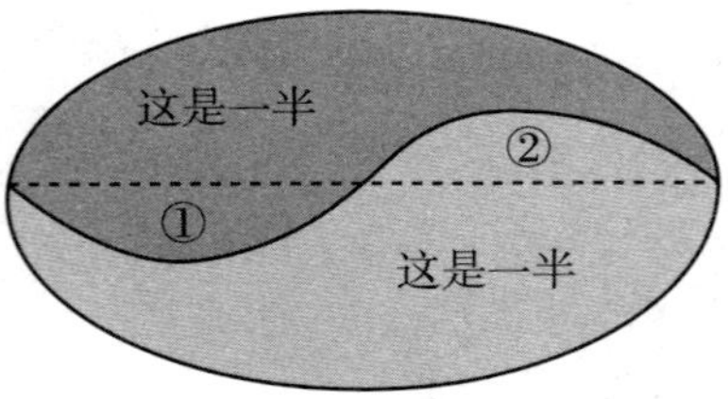

评析二：

（一）在不同的图形中理解一半

运用不同的图形来分出一半，在同一个图形中分出不同图案的一半，使得学生在不同图形中对于一半有多元的理解，不仅能深层次地体会出一半的意义，更能通过在一个图形中寻找出不同形状的一半，欣赏不同形状带来的视觉美，实现“数学美”的渗透。

绘本链接：

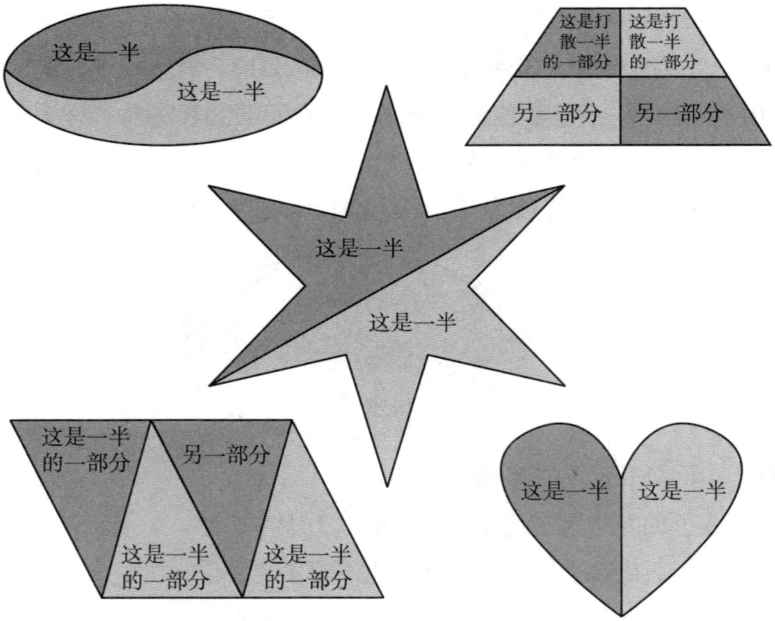

（二）在不同的份数中理解一半

通过在不同份数中理解一半，为不同层次的学生铺垫了不同思维水平的深层知识：

从数量上讲，一半并不一定只是分成 2 块之后其中的 1 块；一半也可以是平均分成 4 块之后其中的 2 块；一半也可以是平均分成 6 块之后其中的 3 块……这种思维层次的渗透，对学生以后学习分数的基本性质、约分、比例这样的知识都是具有深远意义的。

从图案上看，三角形里面可以分出不同图案的一半和另一半，并且一半中的两块可能是连在一起的，也可能是分开的。这样的教学，图形中隐含着数学的一一对应的思想，或者说是代换的思想。学生虽然没有点出这样的数学概念，但是对于这样的思考是有深入铺垫的。

绘本链接：

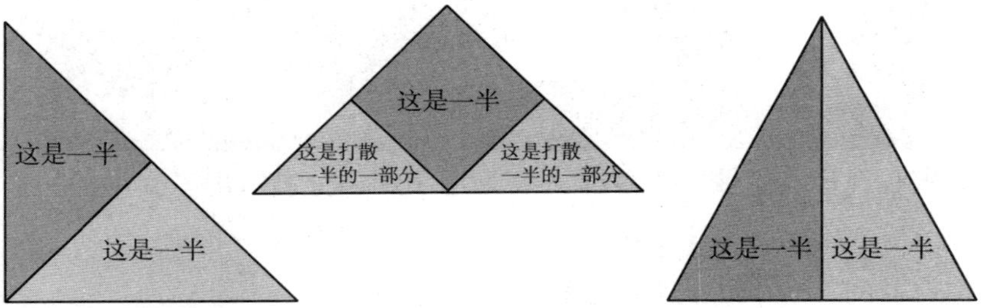

（三）在不同的变化中理解一半

分出这些圆和椭圆的一半的过程中，学生能够清晰地了解到在不断的变化中寻找到图形的一半，渗透到了图形的互换、图形的割补、图形的旋转等数学方法与数学思想。

绘本链接：

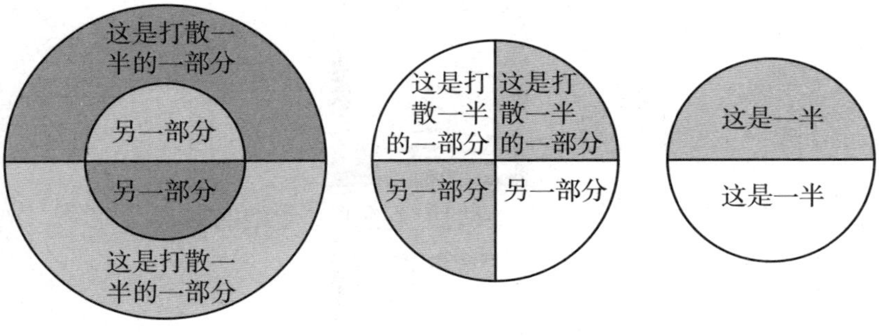

三、数学表征的多方联系，促进数学思维的可视可感

在实现数学知识多元表征的基础上，建立各种数学表征的多元联系，让学生的思维通过具体的语言、图案、数据得以演示出来，促进数学知识的灵活提取和实践应用，从而对数学知识形成整体的建构。

实录三：数量拓展内化“一半”

师：我们刚才找出了三角形、圆、椭圆等的一半，那么你能找出这张正方形纸的一半吗？（四人小组合作，可以折一折、画一画。看哪个组分出的方法最多。老师下面巡视时让学生将纸贴到黑板上）教师先演示一张，然后用笔画出这张纸的一半，贴在黑板上。

师：大家都找出了这张纸的一半，并且用阴影部分表示出了其中的一半，我们来看一看大家的作品。你觉得这里每张的阴影部分都是一半吗？

师：你有疑问，请小朋友来帮忙解释一下吧。

师：你们觉得哪一种最特别啊？我们来请折出这个图案的人来说一说。

师：这个小朋友把纸分成了几小块啊？其中几块就是一半？

师：我们来看看哪些图是把纸分成 2 块的？哪些是分成 4 块的？哪些是分成 8 块的？哪些是分成 16 块的？

生 1：这是平均分成了两块，其中一块就是正方形纸的一半。

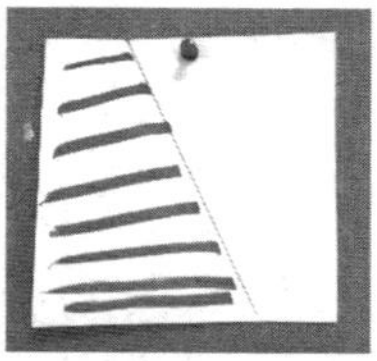

生 2：这是平均分成了四块，其中两块就是正方形纸的一半。

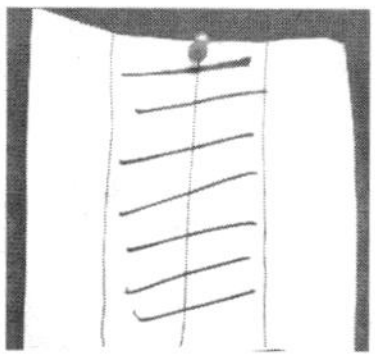

生 3：我是平均分成了八块，其中四块就是正方形纸的一半。

生 4：老师我觉得这张纸除了对折再对折来获得这个图案之外，还可以将外面的四个角往里面折进来也是可以的。

生 5：我是平均分成了十六块，其中八块就是正方形纸的一半。

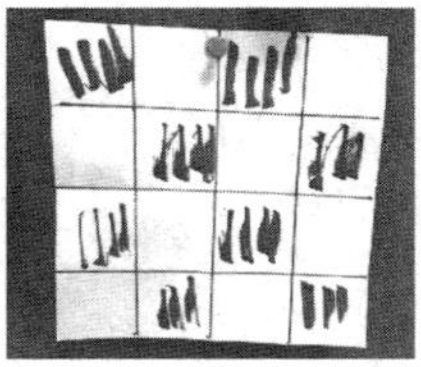

师：大家都很棒，用折一折、画一画、剪一剪的方法找出图形的一半和另一半，而且分出来的一半的图案也非常丰富。这也正是数学美的体现。

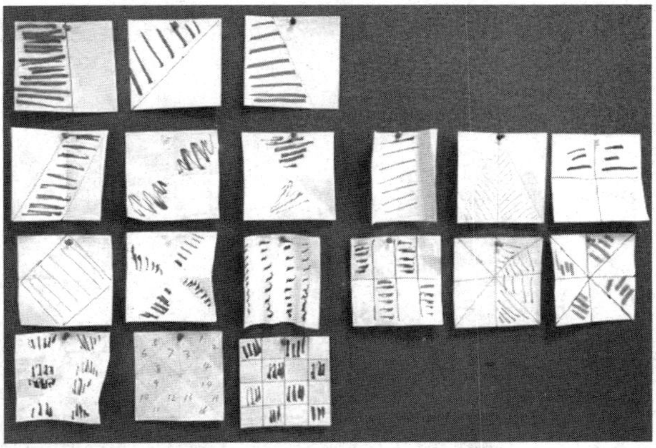

师：同学们，如果是一群人你能否分成两队，一队来扫地，一队来擦桌子吗？

师：现在有 6 个人，一半是哪些人呢？

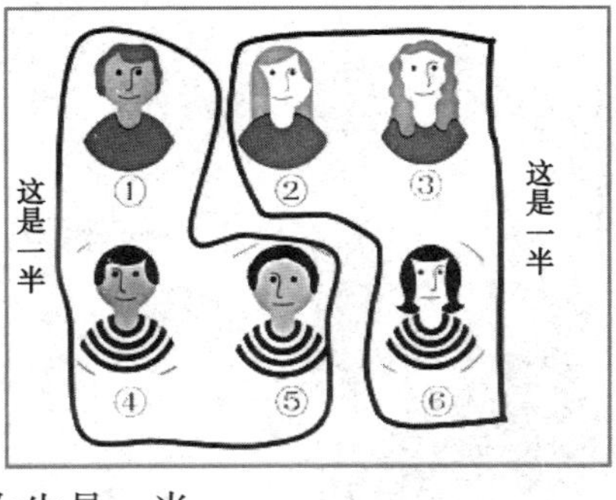

生 6：男生是一半，女生是一半。

生 7：长发的是一半，短发的是一半。

生 8：黑眼睛的是一半，蓝眼睛的是一半。

……

师：同学们不仅能分出这些人的一半，而且有一定的分类标准。

师：几个人可分成两组，那一筐水果、一袋巧克力是否也可以分成一半、另一半啊？

师：想象一下，一颗巧克力的一半是多大？一箱巧克力的一半有多大？一车巧克力的一半有多大？

生 9：一颗的一半会是很小的一块，一箱的一半会有很多块，一车的一半会有很多很多，下面听课的老师都可以分到很多了呢。

评析三：

（一）分出一张白纸的一半，内化一半的意义

在动手实践中深入理解一半的意义，从而更好地理解分数的意义。在学生出现很多不同的分法之后，根据分成的块数的多少进行分类，从而实现了一种分数基本性质的渗透。

绘本链接：

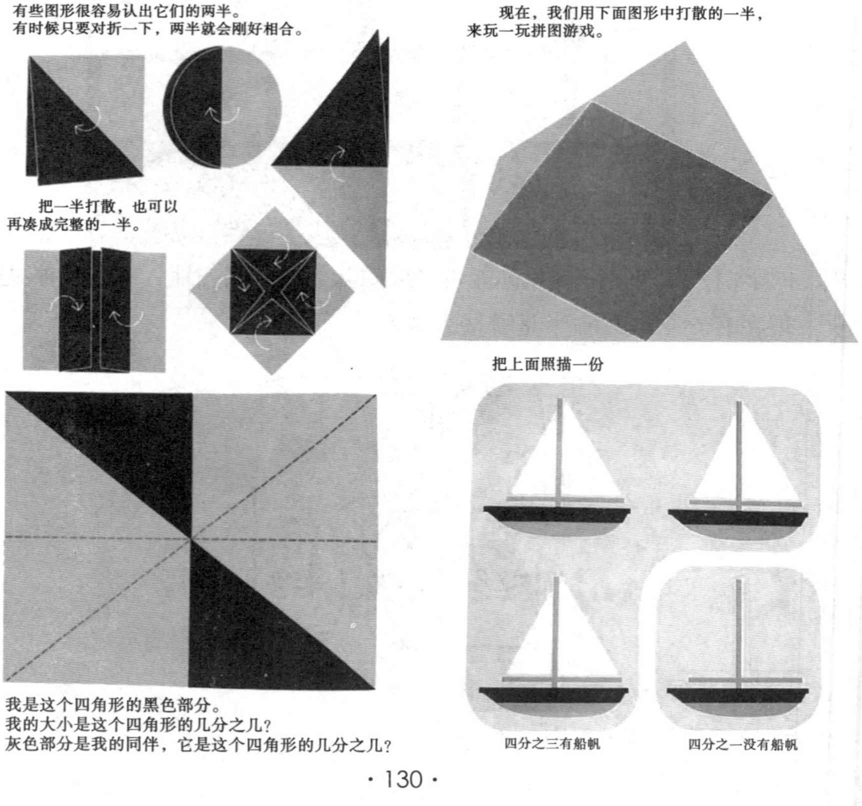

（二）找出一些物品的一半，内化一半的意义

由把一个物品分出一半，拓展到把一些物品分出一半，这是对后续学习分数的正向引导，能够让学生在后续的单位 1 理解中具有强有力的后盾。

（三）比出不同一半的大小，内化一半的意义

渗透一种分数的特性，单位 1 不同，其中的一半也会有不同。单位 1 如果很大，那么它的一半也会很大；单位 1 如果很小，那么它的一半也会很小。

四、数学表征的深入提炼，$\frac{1}{2}$促进思维能力的快速提升

数学多元表征，不仅要注重数学学习的内化，建构数学表征的内在联系，更要获得学生数学学习的生成，让学生借助对数学表征的深入提炼，提升数学思维表达和实践应用的能力。

实录四：理解生成分数由来

师：小朋友们，前面我们一直在分分分，分出了一个物体的一半和另一半，也分出了几个物体的一半与另一半。这样的一半，我们可以用一个新的数来表示，那就是二分之一。（边说边写$\frac{1}{2}$，它表示把一些东西平均分成 2 份，其中的一份就是$\frac{1}{2}$）像这样的数叫作分数。

师：同学们，那你想象一下，分数会不会就只有一个呢，有没有别的分数了呢？（让学生来说一说，可能会有什么样的分数）

生：$\frac{1}{3}$，$\frac{2}{5}$，$\frac{5}{12}$，$\frac{1}{100}$，……

师：同学们，今天我们学了一半，知道一半可以用$\frac{1}{2}$表示。（课件重回，把刚才图形中的"这是一半"替换成$\frac{1}{2}$进行情境回放。所有的情境都一张张倒上去，再现分数是分出来的，以此总结，最后再回到巧克力的两个最佳表现，一个人获得的是整块巧克力的$\frac{1}{2}$，奖励给小朋友）

师：希望同学们能够课后谦让地再分巧克力，把奖励来的半块再平均分成几份，分出新的分数来，然后再与大家分享。

板书设计：分数是分出来的

把一块巧克力平均分成 2 份，白色是一半，黑色是另一半

二分之一　　$\frac{1}{2}$

评析四：

通过$\frac{1}{2}$这个分数，生成分数是可以分出来的。通过猜想，让学生感受不同分数，在交流中发现分数的共同本质，都是平均分成了若干份，表示出其中的一份或者几份。让情景回放，是让孩子们对一半与$\frac{1}{2}$这个分数进行了非常好的融合，学生自然地理解到分数是可以分出来的。

综述：本节课，是一堂绘本课，所以老师将绘本的理解与教学思路运用到教学设计中。跟人教版三年级上册的分数初步认识相比，这次放在了二年级上课。本课重点并不是放在分数的读写，而更多的是关于分数的由来，是如何分出来的，就是放大了对分数的基本含义的理解，所以在活动中教师借助数学多元表征使得抽象知识成为学生便于理解的学习对象，渗透割补、旋转、分数的基本性质，以及对应思想等思维内容。学习知识的同时让孩子们感受到各种分出来一半的图案、感受到数学的美，也实现了数学多元表征能力的有力提升。

通过本课的实践研究，笔者也有一些关于数学多元表征的教学体会：第一，对表征形式的选择要合理务实，是为了实现教学目标进行多元表征，并不是为了表征而表征。第二，对表征出现的顺序要精心设计，表征的内容要根据学生的思维发展进行，不能以教师的需要随意改变顺序。第三，对多元表征的理解要持续深化，教师要充分认识每一次表征的目的与意义，将多元表征的作用发挥到极致。

数学不好不该是学生的错，我们要用读题的方法让孩子做对会做的题目，要用画图的方法做出不会做的题目。

第二节　练习里一举多得

焕发魅力，促进发展

——改进中高段数学期末冲刺练习设计的探究

【摘要】新课程理念强调数学教学活动必须建立在学生的认知发展水平和已有知识经验的基础上。因此教师要全面了解学生的心理发展的一般特点，来恰当安排数学作业，营造适合学生“内在条件”的“外部环境”。特别是在新课结束到期中或期末考前，学生的学习心理是非常复杂的。我们就要考虑考前的冲刺练习设计是否符合学生的学习心理，能否调动学生的学习积极性，并通过悉心观察学生的学习行为，反思、调整自己的教学活动。笔者试图从学生的学习心理层面，探索出有效的冲刺练习设计，从而让学生的复习进入最佳状态。

【关键词】焕发　魅力　促进　发展

一、现状分析

①学生无心做练习：练习重复没有新意。

②老师好心办坏事：练习不是学生所需。

二、理性思考

①作业内容枯燥，学生呼唤趣味性。

②练习形式单一，学生呼唤多样化。

③练习缺乏针对性，学生呼唤实效性。

④练习缺乏挑战性，学生呼唤能力化。

三、实践研究

（一）明确目的，唤起热情

学生的考前心理一般都伴有两部分内容：焦虑和惰性心理。这两种心理几乎人人都有，只不过侧重的比例不同，但都说明学生认为考试之前的复习是很重要的。所以我们要抓住学生的这种心理，做好正确的引导工作，让学生能开心而又快乐地投入考前的复习作业中去。

1.“我要考试”决定“我要作业”

考前要激励学生自主提出问题，然后根据学生提出的问题编写成一份学生需要的作业，这样学生就有了做作业的主人翁精神，作业内需力就被激发起来了。

2.“练习等级”决定“准考证等级”

前一天的作业完成与否将成为能否参加第二天模拟考试的准考证。而且这张准考证将根据作业质量给出不同等级：练习 20 道题目，学生做对 20 道为 A 等，做对 18 道为 B 等，做对 16 道为 C 等，做对 14 道为 D 等，做对 14 道以下为 E 等。获得 A 等可在以下考试优惠中任选三条：①模拟考试中直接加 2 分。②延长考试时间 5 分钟。③考试过程中可以翻一次书。④考试过程中可以求助老师一次，老师对相应题目作出提示降低难度。⑤考试时可以带入一张普通练习本大小的作业纸作为参考。获得 B 等可在以上考试优惠中任选二条，C 等可在以上考试优惠中任选一条，D 等没得选，E 等没有资格参加考试（而且平时成绩相应扣分）。

3.“考试结果”决定“假期作业”

考试考得好假期作业就可以减少甚至免做，学生对考试成绩也就充满着期待。那么要想成绩好，首先是要作业做得好，学生很自然地领悟到这一点。因此又为有效完成作业激发了内在动力。

（二）增强趣味，激发兴趣

1. 用“阅读”来代替“重复的练”

将一些典型的题目错因罗列出来，然后让学生去阅读。这些阅读练习内容都是学生容易出现的错误，不仅给出了错例还提供了修改方案以及注意事项。阅读之后只要完成很少的几道习题，检验一下自己的阅读有没有效果就可以了，以此代替大量的练习。

2. 用“偷看”来代替“死记硬背”

在数学学科中，学生对于摘抄或者背诵的作业都是比较反感的。但确实也有一部分知识是需要记忆的，如何让学生乐意去记、去整理呢？考试时学生可以将自己认为有必要的资料收集整理在小小的半页练习纸上，第二天在考试过程中可以参考。这个作业学生非常愿意去做，而且都是根据自身特点去完成的，同时也是一个让学生提高归纳、整理能力的过程。

3. 用“猜题”来代替“做题”

教师巧妙地以符合儿童心理特点的“猜”的方式来设计作业。当学生对教材有了深入的理解，对考点有了自己的判断之后，教师可以给学生一个发挥的机会，让学生来出一份试卷，要求版面与期末卷相同，并且每个题目都要写清楚它为什么要考，这其实是最好的理解性复习。这个作业还可以在模拟考之前对模拟考进行猜测，这样的预演可以最大限度调动起学生对作业的热情。

4. 用“挑刺”来代替“订正”

学生学习任务的选择和设计要注意激发学生的思维投入，而不仅仅是以掌握知识为目的。所以教师在课堂教学中，根据教材内容或学生容易出错处，故意弄出错误，让学生来评价、纠正。这样学生非常自信，教师非常轻松，真正实现了教学方式的转变，而且对保护创新意识，培养探究能力很有好处。

5. 用“亲情纽带”来融入“知识联系”

考前对很多学生来讲是一个非常无助的过程，他们潜意识里非常希望书本中的知识内容也能像家长、老师那样善解人意，帮助他渡过难关。所以让学生把自己看成是一棵知识树，那么其中的知识点就是与学生息息相关的大树家族的一员，可以根据它们的内在联系挂到自己这棵树上去。这其实是一个非常好的自我整理过程。

（三）巧妙分层，挑战自我

分析教材、分析学生，给各个层次的学生创造具有层次感的练习，这样有利于学生以自主的活动方式来展示数学知识的形成过程，提高他们勇于消除心理障碍，克服学习困难的心理素质，实现技能技巧的生成。

1. 分类中显自信

数学书是对付考试的根本，在考前看书就要提高一个层次，学生根据自己掌握的水平对书中题目进行分类。然而这是一个非常复杂的工作，所以我们不能直接让学生去做，而是把这件事情分散于很多冲刺练习当中去，让学生自然而然地去实现。多次有意识地在同一单元上布置作业，如①从书上摘录你认为最难的 10 道题目，并解答。②摘录你认为比较难的 10 道题，并在旁边注明要解答分别需要掌握的知识。③摘录你认为难度适中的 10 道题，并按照知识点进行分类。④摘录你认为最简单而且可能会考的 30 道题，说说会考试的原因。

2. 选择中显能力

特别是毕业班的冲刺练习，不仅要帮助学生建立清晰完整的知识结构，而且要通过复习培养学生收集、整理、归纳知识的意识和能力，更要帮助不同层次的学生扫除学习上的障碍，在自己的知识基础上去选择相应的练习，从而建立一个更高的学习平台。所设计的冲刺练习要有不同的层次，学生可以根据自己的能力去选择题目进行逐步冲刺。

3. 挑战中现激情

教师要善于在一些复习课之后，精心安排一个练习“小高潮”，使学生兴奋、愉悦、沉思、体味，在多变的冲刺练习活动中，智力宝库得到有力开发，智慧花蕾悄然绽放。比如：让学生自己写一写利用本单元知识可解决哪些问题，然后进行解答，看谁解决的问题最多，最有价值。挑战数学应用能力，激发学习热情！

（四）优化评价，拓展练习实效

不用上交作业纸的作业是学生非常向往的。在考前布置这样的作业，不仅有助于缓解师生之间紧张的对话关系，能让学生感受到老师对他们的信任，还能把学生从烦琐的复习作业中解救出来，从更高的高度去审视所学的内容，去分析整理这些知识。同时让冲刺练习从实现高分的唯一目的中解脱出来，转向培养学生的学习能力。

1. 以“查数学脑袋”的方式检查作业完成情况

学生在听课后或完成作业后，能随时回答出教师的问题，把这样的抽查提问叫作检查数学脑袋。答得好，就可以减少作业。这种检查方式，不仅课后可以用，家庭作业也可以这样布置。比如，今天的作业是复习第一单元，没有抄写也没有计算，只要明天能正确回答出老师提出的相关问题就行。这种看似没有作业的作业其实对于一个会学习的学生来说是非常有价值的。

2. 以“抽签游戏”的方式来检查作业完成情况

以抽签来决定由谁向别的同学提出与作业相关的问题，以此来检查作业完成情况，就非常具有挑战性。如，昨天老师布置大家完成10道应用题，今天不用交作业，老师也不点名检查谁的作业，而是抽签决定某个学生来提出这些应用题中所包含的问题，然后也由他指名来回答，能答出来的就认为是完成作业的。几个提问下来，基本能将所布置的作业内容分析透彻了。

3. 以“赎回分数”的方式来检查作业完成情况。

在正式考试之前，我们肯定会组织一些类似考试的练习课或者模拟考等。这样势必会出现分数，很多学生一旦考了不理想的分数就不敢拿出来订正。这样一来教师布置的订正作业就等于零了。以赎回分数的方式来检查作业完成，不仅能让学生正确认识到自己的不足，而且可以很有面子地去补救自己的不足。如①检查订正作业时，如果能把错的做对了，就可把分数加上去直到 100 分，那么他在老师心里就是考满分的，这样一次次下来，孩子就不会灰心，能不断进步。②第一次批改时试卷上不批分数，直接给学生订正的机会，争取加回分数。③可以在交卷前全班先放好试卷，集体与老师讨论交流 5 分钟后再继续考试。

四、成效与启示

（一）成效

通过一年多的实践研究，我们发现，学生不再讨厌考前的冲刺练习，绝大部分学生都有高涨的复习热情。学生脑海中对于冲刺练习的看法发生了根本的改变：对于学生的知识而言，复习不仅仅是“回顾”，更是新旧知识的“建构与生成”；对于学生的能力而言，不是被“限制”而是提供了充分的“展示与发展的舞台”。班里开始形成了良好的学习氛围：学生能专心致志地学习，同学之间充满了良性竞争，而这种竞争意识不断激励着学生更加努力地学习。学生学习成绩明显提升。

（二）启示

以上研究成果的获得，源于对学生学习心理的剖析，以及与此相吻合的期末冲刺练习的设计。然而练习的设计还要关注各个环节之间的联系，这种联系是由教和学双边活动的协调统一所形成的，是需要我们长久的实践和改进来实现最佳效果的。

学习方式的改变缘于教学方式的转变

——个性化作业设计初探

敬爱的俞老师：

您好

首先祝您节日快乐！自从开学以来，我总觉得您有股魔力，以前金老师、纪老师教我们的时候，我的数学成绩很好，次次考试名列前茅，可我却从不爱做一些课外练习，也许一开始还能坚持，可没过多久就坚持不住了。可自从您当了我们的老师后，我像着了魔似的，放学、晚上、中午、课间，一有时间就拿出来做上几页，相信，有了您的鼓励，我的数学成绩会越来越好！

08年9月9日

您的学生 佳意

这是一位五年级的学生写给我的一封信，当然还有很多同学也用悄悄话的形式向我表达这种心情。学生在信中所表露的心情，不仅让我感到作为一名教师是无比幸福的，更让我坚信这一年来在班级里所进行的作业设计的教研活动是具有实效的。到底是什么让学生从“不想学”变成“我要学”的呢？

本人认为一个成功的个性化作业设计方案，必须有比较完善的配套措施才能最大限度地发挥其优越性。因此本学期在相应的班级进行了一系列的作业设计初探，试图把教研从课堂深入到课前、课后的作业中。

一、“心愿箱”激发学习理想

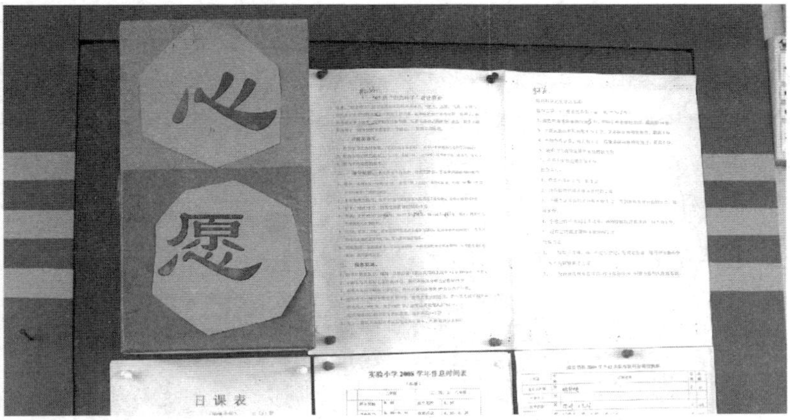

开学第一天准备一个密封的箱子，请每一位学生在纸条上写上自己的梦想然后投入箱子，箱子密封后与大家约定在学期结束后一起打开这个共同的秘密。学习过程中时不时地让大家看看这个箱子，就一切尽在不言中了。

二、“班级论坛”激发学习热情

论坛的方式是邀请有教学经验的教师、家长及初中和高中的部分学生，在学期的不同阶段，对本班的学生、家长进行有针对性的讲座。

交流目的主要是让学生少走弯路，快速正确地寻找到最适合自己的学习、生活方式。同时让家长能够了解如何去帮助孩子，因为有些家长其实很想帮孩子，但总是无从下手或者是越帮越忙，通过这样的交流他们就能有的放矢！还有最重要的一点，就是家校之间的合作变得非常密切。

与孩子一起成长

陈鸿飞家长

我们家的家教理念一直是崇尚说理教育，平时，我这个妈妈应该还是很好说话的，孩子见到我总有说不完的话，他的学校、他的朋友、他的玩具、他的……通过倾听、沟通和孩子建立起的亲情，时时温暖着我。

孩子对于我是完全独立、自由、鲜活的个体，不是原则问题我基本上采取让他自己做主，我会通过沟通将我的意思传达给他。至于苹果什么滋味，自己尝尝就知道了。

当然并不是永不发怒，如果孩子做不安全的事或不诚实、不礼貌的事时，心里就算没有怒气，但我会在表面上装出非常生气的样子来，让孩子知道有些事是不可以为的。虽然这种让孩子明白事理的过程也完全可以说理，但有些情况下必须让孩子知道其严重性。

孩子一天天成熟、懂事，我也一天天变得心平气和，懂得顺其自然。孩子从步履蹒跚到健步如飞，我守护着他，他也影响着我。当孩子津津乐道地哼唱着周杰伦的《听妈妈的话》时，我的眼角总会泛起幸福的泪花……

三、名人板报感受数学内涵

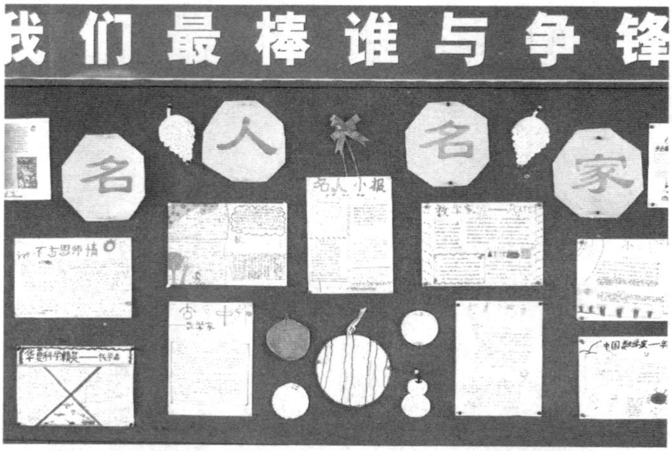

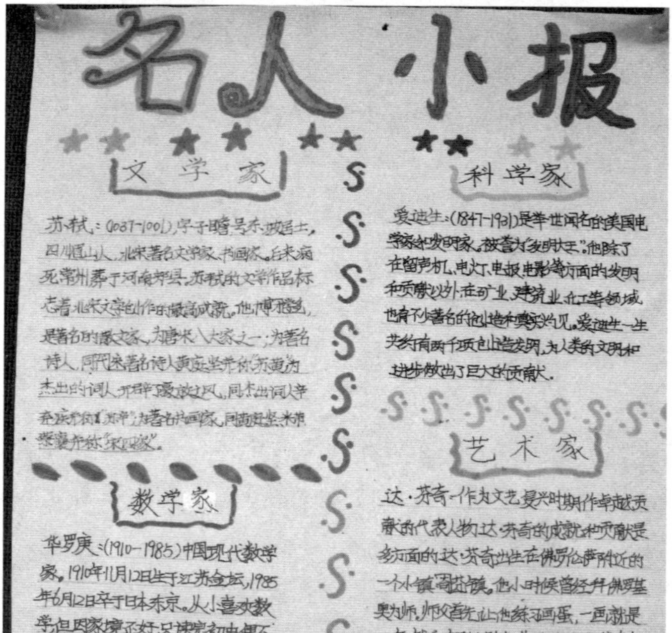

全班同学编写有关数学家的简历、事迹等的名人名家小报，在教室内展出。积极打造教室内的数学氛围，在浓厚的数学气息中享受数学的内在魅力。

特别是在这个过程中同学们自己发现了，国际数学大师、中科院外籍院士陈省身的事迹，他出生于1911年，祖籍浙江嘉兴，少年时喜爱数学，觉得数学既有趣又容易，并且喜欢独立思考，自主发展，常常“自己主动看书，不是教师指定什么参考书才去看”。不用我多说学生自己就明白了，让他们自己选择相应的课外练习、自觉主动地去进行练习，其实是一次非常好的锻炼机会。

四、“阳光种子”评比激发学习兴趣

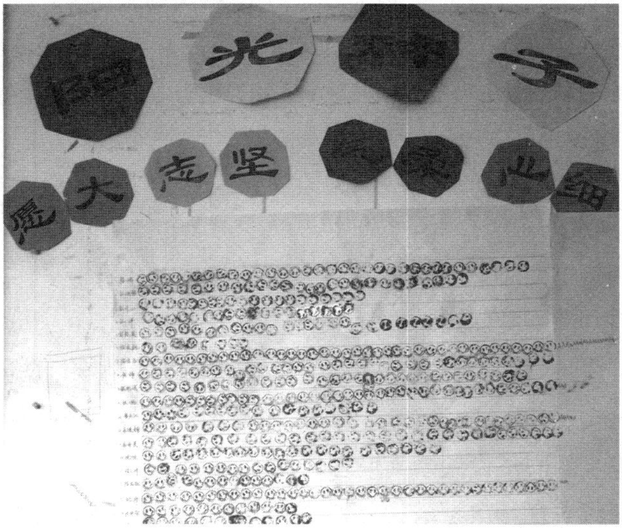

综述:“阳光种子”的评比所体现的精神内涵是“愿大、志坚、气柔、心细”,这八个字非常好地体现了一粒种子的力量。设想你把自己看作这样一粒种子,你的力量是多么强大,只要你有目标就一定能实现自己的梦想,成为一粒真正的阳光种子,因为任何事都是从一个决心、一粒种子开始的。

(一)评比的意义

作为学习状态的体现。(评比的涉及面非常广,从中一眼就能看出你的学习情况)

作为各项评优的依据之一。(如实验一星、三好学生、优秀班干部、进步奖,等等,作为平时成绩的参考)

(二)加分细则

(未完成应有任务的、违反纪律的、不安全活动的相应扣分)

作业:及时上交,每次 +10 分;若得“优(全对)”则再 +10 分;若得“优☆(全对且书写端正)”则再 +10 分。

主动做课外练习:每页 +10 分(要求请别人批改过才能加分);若全对则再 +10 分。

举手:每次 +5 分,回答受到表扬的则再 +5 分。

考试:平时 90~95 分 +100 分;96~97 分 +150 分;98~100 分 +200 分;期中、期末有几个优就加几个 500 分。

活动:班级、学校,甚至是校外组织的兴趣学习活动,取得荣誉的均可加分,有奖状的或受表扬的至少 +200 分,奖次越高加分越多。

特殊加分:发现教室内学生活动安全隐患的、家校联系本上受家长表扬的、在校受到任何老师表扬的、每周获得学校红旗的,均可获得加分。

(三)操作措施

①由组长负责加分,每周一次报给课代表在光荣榜上敲章(1 个 500 分换一个章)。

②小组长每次及时上交作业 +5 分;课代表每次及时上交作业 +5 分。

③若组内有同学破坏大家学习,组长有权每次扣其 10 分以内的分数。

组长有责任辅导和督促其他同学,带领大家共同进步,若小组考试平均分有提高,组员每人 +100 分、组长 +150 分,如果后退则每人扣 50 分。

有特别进步的同学设为老师助理,每天可以 +10 分。

组长、课代表在每次考试后变动为小组内、全班最高分者担任。

五、个性化作业培育学习能力

（一）每日巩固提高

每日巩固提高的目的是让优等生吃饱、后进生有发展、中等生有突破的同时，实现家校的最佳沟通。在学校完成“课堂作业本”等作业以外，我布置了一项精心选择的家庭作业，每天都在教室里出示相关题目，其中包括：当天所学题目、与此相关的灵活运用题、思维训练提高题。每天题目数量在6题左右。

家长在这个练习本上对学生的评价可以加分这一条制度，很好地把家庭教育与学校教育相结合。平时有的家长说：老师你帮我们跟孩子多说说，爸妈跟他说的效果不太大。那么有了这一条，家长就是孩子在家里的老师，有权利像一位教师一样来教育自己的孩子。

比如：今天一进家门就做作业、今天作业速度比以前要快、今天还能抽出时间做课外练习、今天帮父母盛饭、今天跟爷爷奶奶谈心，等等，然后在学校由老师对这些情况进行积极的评价。反过来老师也在这本作业本上将学生一天的学习情况反馈给家长，比如：今天上课积极举手发言、今天做作业非常主动、今天主动为班级做好工作，等等。这样一来，家校得到很好的合作，并且使这本家庭作业本也达到了更好的效果。

比如，吴筱甜等一些从来不举手的同学，通过家校联系的激励，现在上课举手也变得非常自然了。

（二）每月班级竞赛

为了全班同学的数学能力提高提供实践保障，每周进行一次班级数学竞赛，包括：计算题竞赛、应用题竞赛、解方程竞赛、综合能力竞赛等，同时结合班级“阳光种子”制度进行评奖和奖励。

实践表明，学生并没有对竞赛感到不喜欢，反而激发了一种上进的斗志。甚至有好多次都是学生提醒我：老师这周怎么还没有进行数学竞赛？能不能这周多进行一次？学生能有这样的表现缘于“阳光种子”制度对他们学习兴趣的激发，因为班级竞赛是面向全班的，只要自己努力，班上的绝大部分同学都能获得加分。

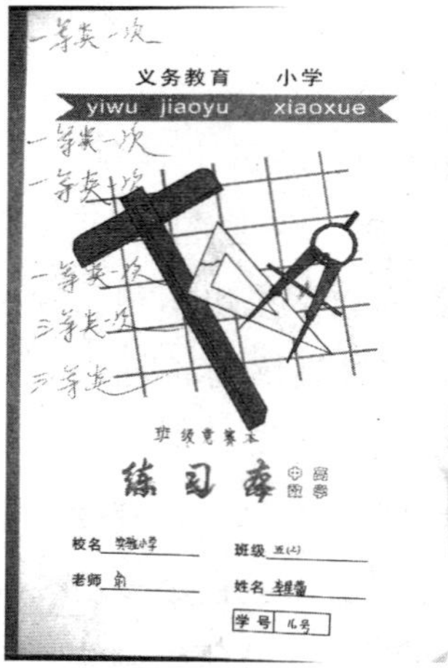

（三）每生自选练习

每生自选练习是为了进一步激发全班同学对数学的热情，并让优等生吃得更饱。针对一些学有余力的孩子，除了做完老师布置的作业之外不肯再做别的了，制定了课外练习加分细则，促使他们选择相应的课外练习、自觉主动地去进行练习，并结合“阳光种子”评比予以加分。

一学期下来，这条制度让我们班的学生，不仅做完了所有开学前买的练习，还不时地让家长给他买，最多的一位光数学这一门就做了 8 本，完全改变了以前那种开学前买作业，放假后将根本没有做过的作业本当废纸卖掉的现象。

目前为止班上已经举行过两次自主练习的评比，效果非常好，评出了前 10 名，并进行了展示。全班人人都喜欢自己去完成这个开放的作业。特别是有一部分同学还用专门的本子自己出题，自己练习。

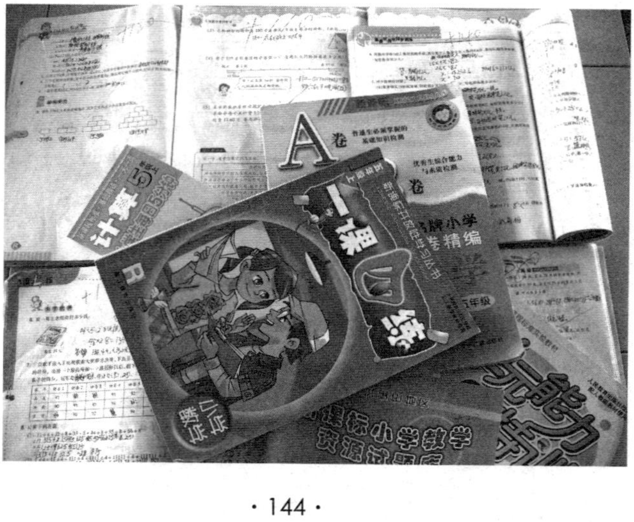

（四）每期评作业袋

为了让作业的有效性持续更久远，每半学期、一学期都要将学生自己的相关作业统统装入自己的个性化作业袋，就如同成长档案一样，由学生自己写好目录、做好评价，完成了哪些作业、完成得如何。在班级活动中展示、由全班同学进行评比。同时达到互相学习的目的。

六、实施效果

（一）不用担心学生人数的多少

对于作业的各项加分，有利于提高学生做作业的积极性，甚至可以把做作业转变为一种互相比赛的游戏。但仅此而已还不行，那些不自觉的学生坚持的时间不长，所以加分又变成：如果整个小组交齐了才可以加分，这样一来调皮的同学就有其他小朋友的监督了，一人不交，整组学生会去狠狠地教育他，这样我教的班上交作业的情况就非常好，而且全对的作业本也越来越多。所以完全改变了教师追着学生转的局面，而是学生追着老师转，这样一来班级人数再多也不怕了。

（二）孤军奋战转变为全民皆兵

只要获得与学习有关的荣誉都可以加分，这样有利于所有学生充分发挥自己的才能，只要你有闪光的地方，只要你肯努力，你就有机会加分。这不仅鼓励了那些考试考得好的学生，还激励了团队精神，班级中自然而然地形成了一种互相学习的氛围。由于“阳光种子”制度覆盖了一切与学习相关的内容，因此它的作用范围就非常广。

（三）制度激励学生，学生滋养制度

大家可以想到，小孩子玩玩具，喜欢玩一个玩具的时间是不长的，没过多久他就会喜欢另外一个。同样我们教育的对象是小学生，所以激励制度也不能长此以往，一成不变。“阳光种子”制度也是在不断地在调整，每周我都会以不同的形式与学生座谈听取学生的意见，共同修改制度，让孩子们时刻都有一种新鲜感，这样激励的效果就会更好。

当然要想搞好班级，光靠一种激励制度是不够的，还需要教师精心备课、全心上课。但有一点肯定不会错的，那就是利用和发挥学生的才能来提高学生的学习能力，你利用了就会多很多个帮手，反之你就是孤家寡人对付那么多学生。

我坚信学生的智慧是无穷的，我们教师一定要重视开发和引导学生的才能，千万不要认为他们还小什么都不懂，其实在学生身边发生的问题有时学生的解决办法比我们老师的更好。我们应该给学生这个机会去发挥他应有的作用。

（四）激发学习兴趣，学业成绩大幅提高

一学期下来，学生的数学成绩从年级的后两位上升到了前两位，而且不偏学科，因为班上所实行的教学理念是各学科全面发展，凡是与爱学习有关的事都将获得表扬。

然而，让我高兴的并不只这一项，我们班级的学生从原来有几位不爱学习、捣乱课堂的学生，到现在转变为全班人人喜欢学习。这才是我最有收获感的地方，因为我一直认为：要有好成绩，最快、最有效的办法就是让学生喜欢学习。所以我相信我们的学生肯定还会带给我更多的惊喜。

【后记】以上就是我一学期的作业设计初探，其中有的环节已经得到实践证明是可行的，当然有的还正在实践，更多的还在积极探索，希望为我们的教育教学摸索出一些比较具有可操作性的实践方案。我一直在努力……

数学的艺术是学生能想到从哪里入手解决问题。

第三节 复习中培养能力

在“学为中心”理念下“自我复习”的课堂教学研究

——以“因数与倍数的复习”一课的教学为例

新课好比是在白纸上画东西，而复习课是把黑压压一片知识整理清楚。所以复习并不是简单的重复，在这个过程中教师要以学生为中心精练复习内容，学生要有机会通过自身的复习获得各项能力的提升。

本次研究将复习课的设计分成四大块引领学生自主复习，即自我回忆、自我整理、质疑问难、自我反思，让学生享受到复习的快乐，改变原来复习课题目多、难、繁的特点。同时结合幽默风趣的课堂风格，让学生学会偷懒。已经会的不需要多做，但必须抓住不会的，特别是要能对所学的知识进行分类整理，能从整体的角度把各种知识连线成网，装到一个框架里去。

学生在头脑中形成合理的知识框架之后，逐步实现一种快速反应能力。就是在阅读相关信息之后，能马上判断出可以用什么知识进行解决。同时在解决问题归类于知识点时，做到复习课的题旨：化归（这个题目与什么知识联系起来）、叠加（难题是由简单题目叠加起来的），让中下学生也有所收获；然后通过形式多样的质疑问难提高学生的解答能力，最终实现快速、正确地运用数学知识的能力。

一、制定目标

①面对零散的相关知识能够按照一定的内在联系梳理成网络图。

②在多样的实践活动中能正确分析相关概念实现灵活运用知识。

③通过科学梳理和灵活运用本单元知识能正确分析复习的收获。

二、梳理重点

①把众多的数学知识清晰完整地梳理成网络图。

②灵活运用知识的实践中能查漏补缺得到提升。

三、拟定策略

复习课必定要呈现众多知识，那么让学生了解知识树的结构图，就是最好的展示方法之一。然而要突破这个教学重点，更要抓住“质疑问难”这样的实践活动来理解这些知识点，深化不同知识单元之间的内在联系。

复习课的基点必须放低一些，照顾到各个层次的学生，让每个学生都能正确分析自己的收获、把握自己的努力方向。因此，时刻关注学生的学习方法，就是实现灵活运用数学知识的有效途径。基础学生可以用举例、尝试等基本方法，优秀学生则可以从公式、规律等快捷方法入手。比如：解决最小公倍数的相关问题可以用代进去的方法来排除错误答案；也可以用抽象一点的方法，用公有质因数、各自独有的质因数的知识去解决，这样最小公倍数的概念就能得到提升。

四、实践研究

（一）谈话引入（自我回忆）

以常见的考题引入，然后抓住教材资源，以本为本，让学生快速浏览书本上的单元内容。

①看课件动画“一棵挂满苹果的苹果树上正在一个个地往下掉苹果”。【课件展示】

师：看到这幅画面大家想到了什么？

从秋天是果农丰收果实的季节，引出复习阶段也是学生收获知识的季节，今天我们一起来摘苹果。

②突然其中一个苹果炸开了。【课件展示】

师：我们一起来看看苹果中有哪些数学知识。

皮卡丘正在数树上的苹果，2 个 2 个、3 个 3 个、5 个 5 个数都正好数完，那么树上可能有多少个苹果呢？【课件展示】

师：要解决这个问题需要哪些数学知识？

唤醒学生对本单元知识的学习需求与初步回忆。

师：回忆一下“因数与倍数”这个单元中你学到了哪些知识？

学生独立翻阅课本 12 ~ 26 页、79 ~ 92 页，整体把握相关的知识。

（二）知识梳理（自我整理）

主要是填写“知识树”，体现一种让学生学会复习，学会根据知识的内在联系梳理单元知识的理念。虽然这是一种提纲挈领的框架，但对知识的把握其实是站在一个相当的高度。当然能够体现这种梳理优点，还是需要结合后面质疑问难中理解知识重难点，以及不同知识、不同单元之间的联系。

图片展示相关的知识，学生填写知识树。【课件展示】

非 0 整数

倍数　公倍数　最小公倍数

2 的倍数的特征　偶数　奇数　3 的倍数的特征　5 的倍数的特征

因数　质数（素数）　哥德巴赫猜想　合数　分解质因数　完全数

公因数　互质数　最大公因数

师：本单元中所说的“数”指的是什么数？

师：“非 0 整数”就像果树的树根一样，能长出那么多相关的数学知识。你能将这些知识按照它们的内在联系挂到这棵知识树上吗？

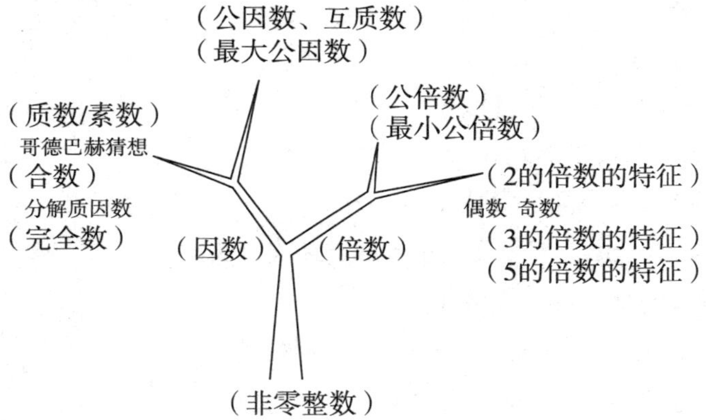

请 1 人反馈，并提问：上图左右两个大方框中的内容能对调吗？让学生明白各个树枝之间的相互联系，并不是随便填进去就合理的。

师：老师也整理了，大家观察一下觉得哪些内容是我们作业中需要重视的？【课件展示】

在整体把握知识的基础上，让学生自己重温知识的重点、难点。

（三）知识应用（质疑问难）

出示三种题型让学生任选一种方式来逐步解决，为的是减少复习课的乏味，是借助教学方式来增加课堂活力。其目的是在解决问题中实现质疑问难、查漏补缺。也就是针对考点寻找一些考题，并通过精心设计将众多考点融入几个简短的题目中，实现有效复习。当然针对“选择、填空、判断”等不同题型、不同知识点的解题方法也作了适当的指引，在提高优秀学生的基础上，兼顾中下学生的发展。

师：同学们现在能有条理的梳理知识，我想了解一下大家对本单元知识的理解怎样？

这里有“选择、挑战、尝试”你们首先选什么题目来检验自己？

带有激发性质的词语来代替题目名称，为的是激起学生的求学热情。在高段的数学课上，大多都非常注重学生理性思维的培养，因此课堂气氛容易显得安静而枯乏。针对这一现象，我们可以穿插一些欢快愉悦而又不失数学味的学习活动，如同一个“跳跃的音符”来调节我们的数学氛围。

比如在反馈时的不同方式：师：认为对的同学请举手。师：认为错的同学请起立。师：认为对的同学起立。……。不仅让学生觉得很轻松，还能在笑声中掌握数学知识。甚至让学生不仅喜欢上老师，更喜欢上数学。因为，教育的艺术是非常伟大的，一个简单的学习过程，甚至是一个很平常的活动，都将改变学生一学期，甚至是一生的学习状态。

1. 挑战

（1）所有的偶数都是合数（　　）

反例：2 是偶数但不是合数。

（2）所有的奇数都是素数（　　）

反例：1、9、15、……这些是奇数但不是素数。

（3）所有的合数都是偶数（　　）

反例：9、15、……这些是合数但不是偶数。

（4）所有的素数不一定都是奇数（　　）

（5）互素的两个数一定是素数。（　　）

展开：互质的有哪几种类型？

板书：

互质数	合数4	质数2	质数2	1
	合数9	质数3	合数9	除0、1外的所有自然数

这里五道题目其中有一道是对的，这样的设计也是为了适应出题的一般规律，创设实际的解题情境。当然最重要的是第 5 题，通过师生之间、生生之间的互动、举例、反驳等方式，实现对互质数的深入理解。

2. 选择

（1）所有非 0 自然数按照因数的个数来分，可分成（　　）

A. 质数和合数　B. 奇数和偶数　C. 质数和合数和 1

师：自然数也可以分成奇数和偶数两大类，为什么不选 B 呢？

理解 B 选项是否按照 2 的倍数分的，C 选项按照因数的个数分的。理解不同分法的标准是不一样的。

板书：

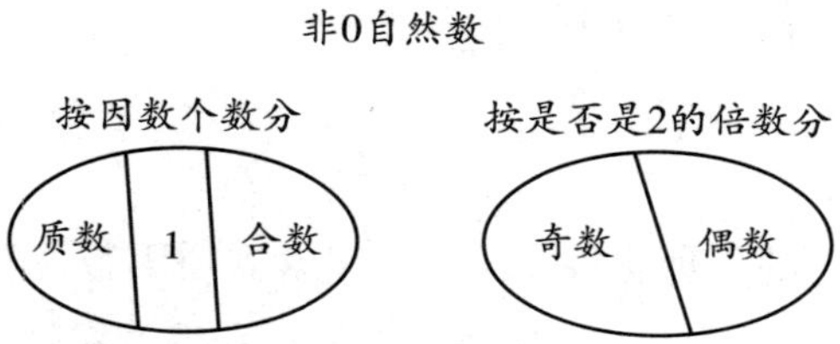

（1）正方形边长是质数，它的面积一定是（　　）。

A. 质数　　B. 合数　　C. 奇数　　D. 偶数

提问：正方形边长是质数，它的周长会是什么？目的是对质数概念的拓展。

板书：

质数 × 质数 = 合数

例如：$2\times2=4$　$3\times3=9$

质数 ×4 = 偶数或合数

（2）甲数 $=2\times3\times A$，乙数 $=2\times5\times A$，当 $A=$（　　）时，甲、乙两数的最小公倍数是 210。

A. 2　　B. 3　　C. 5　　D. 7

板书：

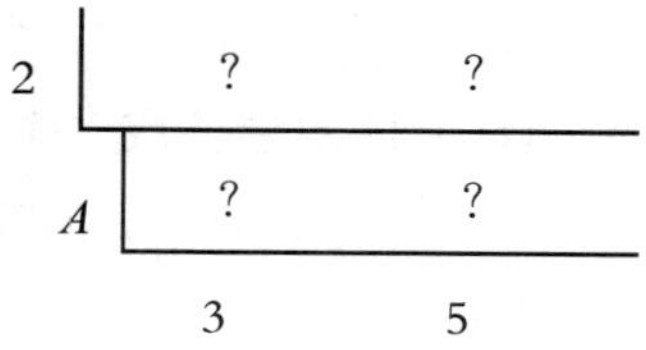

$2\times A\times3\times5=210$

板书的方法是用公有质因数、各自独有的质因数的知识去解决，这样最小公倍数的概念就能得到提升。当然基础学生还可以用代进去的方法来排除错误答案。这样两种方法的出现，不仅是最小公倍数概念的深化，更是为选择题这种题型的解答提供了有效的解答技巧，关注到了学生的学习方法。

3. 尝试

（1）既是 2 和 5 的倍数，又有因数 3 的最大三位数是（　　）。

方法指导：9 __ 0 先确定个位和百位，再写十位。

（2）非 0 自然数 a 的最小因数是（　　），最大因数是（　　），最小倍数是（　　）。

（3）在 1，2，21，69，91，121，102，309 中合数有（　　），质数有（　　）。

提问：1 怎么没填，91 为什么是合数，121 呢？

板书：

91=13×7

121=11×11，这个题目的出现为的是理解像 121，91 里含有质因数 7 和 11，并拓展到还有那些数中含有质因数 13、17 等，让这些特殊的数变得不特殊。

4. 解决问题

首先要让学生知道这些题目是考我们什么知识？这就是题旨。要让学生能对所学的知识进行归类。

（1）我家贮藏室长 16 分米，宽 12 分米，要用整分米数的正方形地砖铺地，地砖边长最大是几分米？

草图画一画，说明是不需要切割的地砖，有利于学生对题目意思的正确理解。【课件展示】

（2）有两辆从萧山到杭州的送货车，其中一辆是每 2 天发一车，还有一辆是每 3 天发一车，今天同时发车，下次同时发车是几月几日？

为了照顾后进学生，不妨来一个验证：

用列举法：18 日　19 日　20 日　21 日　22 日　23 日　24 日

18 日　19 日　20 日　21 日　22 日　23 日　24 日

（3）把一块长 36 厘米，宽 18 厘米，高 72 厘米的长方体木块截成多个尽可能大的小立方体，可截成多少个？

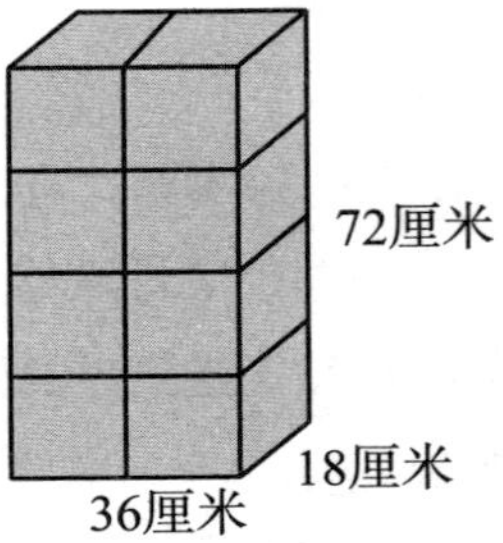

为了实现全班学生能正确理解，在学生交流之后，借助多媒体将剪裁过程演示一遍，会有事半功倍的效果。【课件展示】

（4）果园东边围墙长 24 米，原先每隔 2 米有一棵树（两端都种），随着苹果树慢慢长大，现在要改成每隔 3 米有一棵树，请问有几棵树不用动？

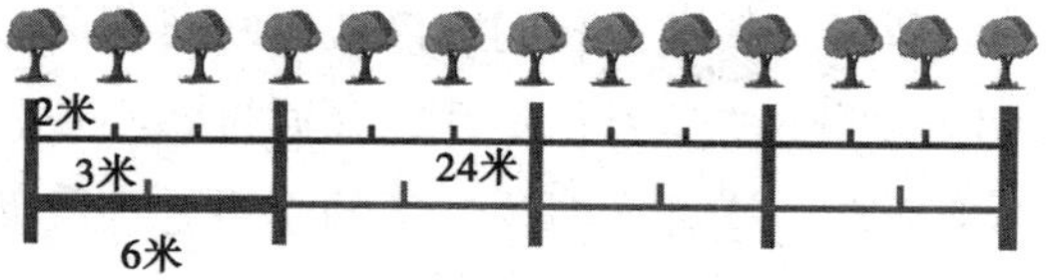

这是一道知识拓展题，我们要有耐心为学生提供思考的平台，比如提示他们画画图，必要时用多媒体逐步演示相关思路，让不同层次的学生在不同的提示阶段中实现自己的成功体验。

（四）课堂小结（自我反思）

主要是通过解决前面的问题，让学生在复习基础上有个更高的目标，在拓展、延伸、小结中反思自己的水平，明确努力的方向。

①同学们，今天这节复习课的内容最重要的是什么？我们考试要注意什么？

②通过今天的复习你觉得哪些地方比原来有进步了？

四、研究后思

本课主要是通过“梳理知识　理解知识　应用知识”而展开的，其指导思想就是希望能在有限的时间内、有限的练习中、有限的交流中达到复习的最佳效果，努力做到通过复习学生能较快地判断出解决某个问题需要用到哪些知识，并且能运用恰当的方法正确地解答出来。

数学还是数学，我们不需要虚伪的情景，需要的是务实的数学复习课。所以复习课的习题设计要与教师的出卷思路结合起来。其一，教学伊始要有一题是考题，能点击考点，比如“2 个 2 个、3 个 3 个、5 个 5 个数都正好数完，那么树上可能有多少个苹果呢”；其二，要突出重点；其三，要追击难点；其四，要痛击疑点；其五，要总结经典，即在课堂结束前再次出现苹果落地这样的情景，让学生重温开始上课时的问题，在解决问题中感悟复习的效果。

改进中高段数学复习课教学结构的探究

——企求结构与学生的学习心理相吻合

【文章摘要】在新课程理念中，强调数学教学活动必须建立在学生的认知发展水平和已有知识经验的基础上。因此教师要全面了解学生的心理发展的一般特点，来安排恰当的课堂教学结构，营造适合于学生“内在条件”的“外部环境”。

特别是在复习课教学中，我们经常发现学生开小差，没有积极投入到学习活动中来，复习的效果不够理想。其实，我们应该考虑复习课的教学结构是否符合学生的学习心理，能否调动学生的学习积极性，并通过悉心观察学生的学习行为，反思、调整自己的教学活动。笔者试图从学生的学习心理层面，探索出有效的复习课教学结构，从而让学生的复习课学习进入最佳状态。

【关键词】改进　教学结构　学习心理　吻合

一、传统复习课教学结构及学生学习心理的解读

传统复习课教学结构一般就是三个步骤：①回顾；②讲解；③训练。

（一）回顾：教师整理相关知识，学生跟老师学

〔案例呈现 1〕

①复习课上，有的学生时不时地要看窗外，脑子里还在想：“那只小鸟飞来飞去真自由啊！”“这个人从窗外走过去两次了在干什么呢？”等等。

②复习课上，更容易听到学生发出窃窃声：“看，外面下雨了！”“瞧，窗外在刮风呢！”等等。

〔心理解读〕

▲解读一：没有生动的教学媒体——我不愿意专心去看

在中高年级的复习课上，大多数老师都是直接梳理知识或针对所学知识进行练习讲解，很少像新课时那样制作精美的课件，或带来新鲜的教具引起大家的注意。因此很难让学生长时间集中注意力。与此相比，恰恰是窗外的一些事物就显得非常直观形象了，学生就会对那些与课堂无关的东西感兴趣。

▲解读二：教学媒体运用缺乏——由于抽象产生畏难心理

这表现为教师只注重单元知识的框架梳理和数学抽象知识的强化训练、深化训练，不考虑学生的学习心理，不重视教学媒体的运用，师生间缺乏理想的途径进行教学沟通，从而导致害怕、畏难心理的产生和教学效果的下降。

（二）讲解：教师讲解相关习题，学生端坐着听

〔案例呈现 2〕

①一听说要上复习课，很多学生上课的积极性就没了，像瘪掉的茄子一样，感觉这下自己的聪明才智没地方发挥了，因为今天老师要讲的东西都是大家全明白的东西，没有什么挑战性，所以一开始就对复习课失去了兴趣。

②复习课上，一些不注意听课的学生，他们脸上的表情就是：这么简单的东

西我早就会了，你老师怎么还要再来讲呀，好烦哪！

〔心理解读〕

▲解读一：没有新颖的学习内容——我不愿意认真去想

小学生的注意带有明显的情绪色彩。对于自己不感兴趣的内容，他们很快会表现出不耐烦，特别体现在学习内容的“重复”上。

▲解读二：教材内容没有新意——由于熟视产生轻视心理

这表现为对复习课缺乏足够的重视，认为复习课是“炒冷饭”，不用动脑筋，忽视了复习课的重要性，从而在课堂开始时学生就对复习课产生了轻视的心理。正是由于这种独特的心理因素，导致学生对于复习课没有兴趣，教学无法达到理想的效果。

（三）训练：教师出示相关练习，学生独立训练

〔案例呈现 3〕

①在一堂复习课上，有位学生自言自语地说：“又要我们这样做，能不能做点别的呀！”

②有一次课间，一位学生跑过来跟我说：“老师待会儿复习课上，如果我所有题目都会做了，我能不能自己预习下面的新课。”

〔心理解读〕

▲解读一：没有变化的训练内容——我不愿意积极去做

研究表明 10~12 岁的儿童注意的稳定性还不够，一般只能保持在 25 分钟左右。所以每当复习课进入高潮阶段时，学生已经不太坐得住了，再加上复习课的教学活动都是以前做过的或者是熟悉的，学生就会觉得厌烦，就想做点别的了。

▲解读二：训练形式不够丰富——由于枯燥产生厌学心理

这表现为克服困难的意志比较薄弱，认为复习课枯燥乏味，每当遇到大量形式单一的复习活动时，便产生厌烦情绪，缺乏恒心、耐心和信心，从而使复习课的效果大打折扣。

综上所述：传统复习课上，教师主导教学“过度”，课堂总是教师牵着学生一步一步地往前走；学生失去了“学习主体”的身份，缺失了数学学习中“做”的过程。这不仅调动不了学习的积极性，更体现不了“过程化”学习数学的新课标理念。

二、新颖复习课教学结构与学生学习心理的探究

基于以上认识，必须构建科学合理的复习课课堂教学结构，从问题的提出

到探究，再到解决问题与实际应用，整个教学流程体现数学课堂的趣味性、研究性、活动性、应用性等特征，实现师生在教学活动中多种心理能力的协同作战，从而形成一种活跃、生动的教学气氛，令学生人人轻松愉快，个个心驰神往。

新颖的复习课教学结构的一般步骤是：唤醒→内化→生成

（一）巧借教学媒体唤醒学生学习的心理需求

1. 期盼直观的、形象生动的教学情景

小学生的认识过程是具体实践经历和体验的过程，而不是脱离实际生活的纯理论的推理过程。中高段学生的有意注意虽然有所发展，但注意更容易被那些具体生动、直观形象的事物所吸引。因此需要在研究学生学习心理过程的基础上，创设多种形式的、直观形象的情景，来引起学生的注意，并引导学生充分参与，以此获得个体生命的体验和个体的发展。

故事、寓言、童话以及具有时代性的卡通式动画都是小学生喜闻乐见的，可让他们参与其中进行思考和探究。

【教学案例 1】挑日子看朋友

比如：在“最小公倍数”的复习课上，我就用直观生动的故事来引入。在一个小岛上有一个小渔村，从四月份开始他们出海打鱼。村里有个老渔夫，每隔三天出海打一次鱼，还有一个年轻渔夫，则是每隔五天出海打一次鱼。王先生是他们俩的好朋友，想在他们都在家的时候，去看望他们。请你帮这位王先生选择一下四月份可以去的有哪些日子？

这样的情景导入，不仅吸引了学生的注意力，更唤起原有经验，让学生的智慧受到挑战。学生在面临这样的挑战性任务时，往往会释放更多的能量，进行更加有效的学习，为后面的复习教学奠定良好的学习气氛。

2. 渴望适合学习者特征的教学实践

（1）喜好式的教学实践

小学生有个最为显著的特点，那就是：他感兴趣的事物，就必然会想方设法去认识它、占有它，从而获得与此有关的知识和技能。因此，这就要求教师在进行教学设计时，充分分析学生的心理特点，正确把握学生的认知需要，善于设疑、激趣，善于制造学生在认识上的“不平衡”，从而激发学生强烈的求知欲。

【实践描述 1】

比如：小数四则混合运算可以与学生自己的成长档案中的分数计算结合起来，既激发了学习动力，又提高了复习效率。

再如：复习圆的周长和面积等几何知识时，我们可以让学生结合教室、操场或房间等地进行测量计算，增强复习活动的实践性。

这些投其所好的教学实践，正好符合了学生的心理需求。心理学家认为，兴趣与爱好就是一种同愉快情绪相联系的认识倾向性与活动倾向性，当学生情绪高昂时，他就有良好的情趣去学习他所学的东西，效果也特别好。

（2）掠奇式的教学实践

对于充满好奇心与创造性思维的学生来说，好奇心就是让梦想变为现实的引路者！据心理学家研究表明，学生对知识的好奇心是由教师培养的，教师的好奇心越强，学生的创造性就会越高涨。我们可以利用教育形式的新颖性、生动性和多样性，去激发学生的好奇心，并注意把学生对事物一时的好奇变为持久稳定的兴趣。

【实践描述 2】

比如：①教师巧妙地以符合儿童心理特点的“猜”的方式揭示课题，引起学生对复习内容的关注。

②在情境出示之后，教师的一句“你想到了什么？”等问题勾起学生的回忆。

这些看似平淡，实则在学生的头脑中激起了问题的波澜，学生在此时自己生成的问题，为探索、思考创造提供了动力与方法，可谓“平中寓奇”的精彩之笔。波利亚曾说过：“可否在学生做题前，让他们猜想该题的结果，或者部分结果。一个孩子一旦表示出来某些猜想正确与否，他便会主动关心这道题，关心课堂上的进展，他就不会打盹和搞小动作了。”这也正是复习课所迫切需求的。

3. 需要与内需心理一致的教学媒介

（1）调动多维感官的运作

恰当借用合理的教学媒体可以使复习内容变得直观、生动，能让学生轻轻松松地开始学习，提高学习的积极性，促进学生对知识的向往。所以教学媒体的趣味性要强，要能够调动学生的视觉、听觉、触觉等感官的运作。

【实践描述 3】

比如：课件的首页画面与导语的动态设计非常重要。设计得好就能吸引学生的注意力，使其顺利进入学习状态。但也不能过于花哨更不能脱离授课主题，否则难以保持学生注意力的持久和稳定。最好是精心设计一帧漂亮、高雅且视觉效果好的首页，将学生带入教学内容所创设的特定情境之中。比如：运动场、超市等能够包容所有复习内容的画面，再配上适当的音乐，让学生产生身临其境的感觉，然后再用游动的字幕打出教学的内容和要求。

这样便可以成功地完成复习“导入”，为后续教学打好基础。

（2）激发内需心理过程的运作

新课标指出，教学要尊重学生的学习背景即已有的认知水平。所以教学媒体的运用，必须给学生提供恰当的知识建构平台。

【实践描述 4】

比如：针对复习课知识整体化的特点，课件可以将“数与代数”的相关知识进行“树型”结构的梳理，“空间与图形”的相关知识可以实现“立体的多维变换”，更好地刺激学生的学习欲望。此外，在课件中展示多个主标题和子标题时，同级标题应采用同一风格以提高注意；在连续展示多个概念性文字时，应变化字体号或文字颜色以避免枯燥；在展示重要教学内容时应用不同的背景颜色以形成视觉反差；在关键的字句处还可采用文字闪烁或杠线等特效处理；在图形展示中，必要时还可用逐步着色法演示其形成过程和相互之间的区别或位置关系。

实践表明，只有在展示上遵循学生的认知规律，才能有效激发学生的心理需求。

（二）巧设教学内容驱动内化知识的心理动力

认知理论是从内部心理过程来解释人类行为，强调人的认识是由外界刺激和认识主体内部心理过程相作用的结果。针对复习课上，学习内容相对集中、知识网络逐渐形成的特点，教学内容的处理必须考虑如何更好地帮助学生实现知识的内化。

1. 问题呈现生活化

《数学新课标》强调从学生已有的生活经验出发，让学生亲身经历，将实际问题抽象成数学模型进行解释与应用的过程。所以很多数学内容都可以实现生活化的设计，特别是复习课上，学生对相关知识已有所了解，迫切希望在生活中得到应用与实践。

【实践描述 5】

比如：长方体、正方体及圆柱和圆锥的复习，完全可以通过罐头盒、包装盒等的制作，来呈现问题，在实际应用中实现知识的内化。

再如：复习统计表、统计图时，我们可以对家庭、学校等的水电花费情况进行一些有选择的调查访问，为数学知识的应用提供现实平台。

这样的生活化教学内容更加受学生喜欢，因为这是他们熟悉的东西，具有更强的应用价值，容易激发学生内在的挑战欲望，实现教育效果的最大化。

然而课堂教学联系学生的生活实际，不能等同于生活实际，由于学生认识上的局限，有些表象可能是模糊的、片面的甚至是错误的。我们要善于捕捉信息，唤醒孩子们的生活积淀，提取科学认识。所以教师要在尊重教材的基础上，根据学生实际，对教材内容进行有目的的选择、补充或调整，达到优化教学内容的目的。

2. 问题设计趣味化

趣味性的教学内容，需要人全身心地投入，需要活动者以主人翁的身份参与。这是真正的以人为本的教学活动，不仅能提高学生的学习动力，还能促使知识的快速内化，特别是能给那些感觉学习疲惫的同学注入强心针，让学生在生动活泼的学习环境中主动地发展。

通过创设良好的课堂氛围，给学生形成一个自行探讨学习的机会和时空，使他们保持健康向上克服困难和战胜难点的心理状态。教学过程中，不再让单调的解题运算塞满他们的头脑，把尽可能多的智慧精力用到创造性的劳动上去，使不同层次的学生都能得到最大的发展。

【教学案例 2】走迷宫

"分数（百分数）乘法和除法应用题"的复习课上，我制作了一张写满不同整数、分数、百分数的表格，然后看谁能最早走出迷宫（要求每次经过的一个或几个数都能编写出一个应用题来，并解答出正确答案，才算走过这几个数）表格如下：

6000	2/5	50	85	七折
3/5	840	90%	60	3/8
13	50%	1000	5.85%	15000
2/13	6	7/10	38	0.6%
39	2/23	0.6	六五折	16

这样不但调动学生解题的积极性，更让每一位学生在每一步成就中，都得到了不同的发展，并实现了应用能力的提升、计算方法的复习巩固。学生对于这样的复习课非常喜欢，因为这具有非常强的挑战性。如果有时间，稍微把数据改变一下又可以得到一张新的数据表，在不断变换的过程中，既满足了学生的“好战心理”，又为知识的应用赢得了更多的实践空间。

3. 问题解决探究化

“做数学”强调学生学习数学是一个现实的体验、理解反思的过程。北师大周玉仁教授也曾精辟地指出：在课堂教学中，凡是学生能探索得出的，决不替代。因此，教师要为学生提供“做数学”的机会，让学生在实验操作、自主探索、合作交流中体验数学和经历数学。

【实践描述 6】

①“百分数应用题”复习课上，可以出示这样的练习题：配制含糖 20% 的糖水，可以怎样配？学生探讨交流后，引出不同解决问题的思路，体验应用数学整体探究作业的成功喜悦。

②“异分母分数加减法”复习课上，可以问：今天我们打算复习旧知花几分之几小时？做练习大约花几分之几小时？引导学生提出各种相关问题，同时随着时间的推移，学生还会争论各个活动所花时间的多少，所以时间会不断地被调整，不同的练习当然也会在无形中不断地展开。

课堂上教师给足学生时间和空间，让他们在和谐宽松的环境下满怀信心地参与数学实验活动，闪烁出创造性思维的光芒。学生经历自主探究的过程中，真正体现了教师是组织者、引导者。

（三）巧用教学方法生成技能技巧的心理素质

数学学习之所以显得枯燥，是因为很大程度上教师将数学教学作为一种任务在进行，而没有给数学教学染上创新的色彩。因此教师一定要分析教材，以学生熟悉的事物为载体，以自主的活动方式来展示数学知识的形成过程，这样才有利于学生顺利地构建新的认知结构，提高他们勇于消除心理障碍，克服学习困难的心理素质，实现技能技巧的生成。

1. 尝试中露勇气

《数学新课程标准》指出：数学学习不能单纯依赖模仿与记忆，动手实践、自主探索与合作交流是学生学习数学的重要方式。教师应向学生提供从事数学活动的充分机会，让学生真正成为学习的主人。

复习课的特点是，学生很多题目都是熟悉的，如果老师一题一题去讲解的话，学生不喜欢听，甚至产生反感。为了迎合学生的这种学习心理，充分调动学生学习的积极性、主动性，教师应该把课堂的主动权交给学生，改变教师讲授、学生被动接受的教学方式为学生“主动尝试”的教学方式。

【教学案例 3】让我来做一做

对于“分数乘除法”的复习课，教材安排先是几个图形题，接着是应用题，最后是一道思考题。课堂上我让学生自己尝试着做书上的练习题。

让我感到兴奋的是这样的教学方式，学生非常喜欢，他们就像春蚕吃桑叶一样，津津有味地做着练习，因为他们觉得老师非常相信他们的能力，同时可以与别的同学比一比谁更厉害，所以教室里安静得只能听见写字的声音。在学生练习的过程中，我巡视教室发现哪些学生是完全有能力完成的，包括最后的思考题；哪些学生是需要指点的，并对个别学生进行了面对面的指导。

这样的教学，让每一位学生明白自己掌握知识的程度和需要努力的方向，更能让教师了解学生的学习现状，为后面的教学提供最真实有效的现实依据。除此之外还穿插了有效的分层教育、因材施教。这样的教学，不仅角度是多维的，收获也是多方面的！

2. 评价中树自信

学生学习任务的选择和设计要注意激发学生的思维投入，而不仅仅是以掌握知识为目的。那么“故意示错”，即教师在课堂教学中，根据教材内容或学生容易出错处，故意弄出错误，引导学生去探究，让学生来评价、纠正，这对保护学生创新意识，培养学生探究能力很有好处。

复习课上，教师可以将学生在作业反馈中的典型错误集中到一起，创设成复习课的一个例题；然后将学生放在一个评价者的角度上，让他们自己对例题进行分析，让学生在错例中寻找错因，建立正确的解题方法。

【教学案例 4】对不对我说了算

我在讲授这新课“折扣、利息、保险费、税款应用题”之后的复习课就是这样设计的。“例题”出示不久，包括家庭作业本来是错误的同学，也都发现了其中的错因，几乎所有人都举起了自信的小手，学生在一阵快乐的批判例题之后，自然而然地发现了昨天作业中的错因：原因一，应用题条件中的单位与问题中的单位不同，因为没有注意导致在答题时单位乱用；原因二，百分数与小数的互化时小数点移动不仔细，有点想当然地在做，所以错误百出。可喜的还在后面，有学生说：哎呀，真不该这样粗心呀！因为他已经联想到昨天的作业了。于是我问这位学生：那什么才叫认真仔细呢？他回答说：能够在课堂上抓住关键语句，（如应用题中前后单位要看清）那就是“认真”；课后做作业时能够运用这些关键的语句来解决实际问题，那就是“仔细”。我和其他同学顿时有一种豁然开朗的感觉，说得太好了。课后练习反馈正确率高达98.2%，甚至是平时每次作业都有错误的学生，现在也做对了。

这样做的好处有两个：①学生非常自信。以往做错作业不但要被老师批评更会在同学面前抬不起头来，甚至有的根本就不敢拿出来订正，因此丧失了提升解题能力的最佳时机。而现在的复习课上，教师不但没有责备的声音，还把评价“对、错”的权威交给学生。这对学生来讲是一种“无声的激励”，可以说是老师对学生的最高评价。而学生更是信心十足，似乎自己已经是不可阻挡的“数学专家”了，什么问题都难不倒他们。有了这个前提，就不怕复习课的效果会不好了。②课堂上教师非常轻松。教师把所要达成的目标，都埋藏在那道“不一般”的例题当中，然后把自己隐藏起来，所有的一切都让学生来操作，教师不费吹灰之力就能达成教学目标，真正实现了教学方式的转变。

3. 选择中显能力

从教育心理学角度看，由于受先天禀赋以及后天诸多因素的影响，学生存在着诸多差异。因此发展有效的课堂教学策略，第一点应从学生的角度出发而不是从教师自身的角度出发考虑教学活动的安排。

特别是毕业班的总复习课上，不仅要帮助学生建立清晰完整的知识结构，而且要通过复习培养学生收集、整理、归纳知识的意识和能力，更要帮助不同层次的学生扫除学习上的障碍，从而在自己的知识基础上建立一个更高的学习平台，不同的人都能获得必要的发展。

4. 挑战中现激情

教师要善于在教学主体部分的一定发展阶段，精心安排一个“小高潮”，使学生兴奋、愉悦、沉思、体味，在多变的复习活动中，学生的智力宝库得到有力开发，智慧花蕾悄然绽放。

【实践描述7】

比如："数的整除"这一章的单元复习课上，我们可以在学生自主完整地梳理完单元知识之后，设计一个突破常规的复习活动，让学生自己写一写利用本单元相关知识可以解决哪些实际问题，然后一一进行解答，看谁解决的问题最多，最有价值。以此挑战自己的数学应用能力，激发学生的学习热情！

像这样的活动都是建立在学生已有能力的基础上的。学生刚刚整理完相关知识，正有实践的冲动，所以马上能进入积极探究的状态。课堂气氛也将再次达到高潮。

5. 延伸中促发展

人本主义心理学家罗杰斯关于人的倾向性的研究表明："人生来就具有向好的方向发展的倾向，并且具有发展潜能。"所以在复习课上，我们有必要让学生积极解决实际问题，使学生感到解决数学问题是一种有意义的活动，数学作用得以在生活中延伸。

此外，知识层次也应进行延伸，在复习课中也应适当穿插一些新课知识。如果把复习课比作一碗菜的话，这些新知的出现，就像是加入菜中的味精，能调起整碗菜的鲜味。这种味道是学生所追求的，它可以避免很多复习内容所带来的疲乏，刺激学生的脑神经、激发思维，创造意外的收获。

【实践描述8】

比如：复习"求一个数的几（百）分之几是多少"时，教师就可以在恰当的时候改变题目条件，渗透"已知一个数的几（百）分之几是多少，求这个数"的应用题，为下节课的学习做好铺垫。

学生突然得到这样一个不同思路的题目，都非常兴奋，积极思考。更出乎意料的是，连平时不太发言的同学都举手发言了，而且说得也非常好。我想，这就是"渗透教学"所带来的效果。

【成效与启示】

（一）成效

1. 提高了复习的兴趣

通过一年多的实践研究，我们发现，学生不再讨厌复习课，不再害怕复习，绝大部分学生都有高涨的复习热情，很多时候对于复习课的向往超过了对于新授课的热情。学生脑海中对于复习课的看法发生了根本的改变：对于学生的知识而言，复习不仅仅是“回顾”，更是新旧知识的“建构与生成”；对于学生的能力而言，不是被“限制”，而是提供了充分的“展示与发展的舞台”。

2. 形成了良好的学风

通过对学生复习兴趣的激发和习惯的培养，班里开始形成了良好的学习氛围：学生在复习课上能专心致志地学习，同学之间充满了良性竞争，而这种竞争意识不断激励着学生更加努力地学习，形成了互帮互助、共同提高的良好氛围。

3. 提升了学生的成绩

学生学习成绩明显提升。接手时两个班均优只有四十几个百分点，现在上升了三十几个百分点；均合也从原来的 80% 多提升至 95% 以上。在学校的各种数学学科竞赛中，我所任教班的竞赛成绩明显高于平行班。在 2006 年举行的全国华杯赛中，我辅导的学生中进了区决赛的有三人，其中一名学生获得了全国一等奖的好成绩。

（二）启示

我们认为，以上研究成果的获得，源于对学生学习心理的剖析，以及与此相吻合的复习课教学结构改进所带来的结果。然而设计课堂教学结构，还要关注各个环节之间的联系，以及环节与环节之间的协调有序，从而组成具备整体性功能的有机结构。这种结构是由教和学双边活动的协调统一所形成的，是需要我们长久的实践和改进来实现最佳效果的。

比如：

①教学媒体不仅仅是多媒体课件还有很多种，我们需要恰当地运用。

②教学问题的提出与解决方式可以多种多样，我们需要更多地探究。

③知识的内化与生成也会有更多更好的捷径，我们需要深入地实践。

第五章

一如既往地研究积淀着留白的理念

留白的课堂需要开放、等待、放大，这样能够让孩子们在数学学习的过程中，获得更加美好的数学。然而教师在成长的过程当中，同样需要对自己有留白的空间。在这样的环境当中成长出来的教师，更容易去践行留白的教学思想。

这些年我主持过一些学校教师培养的课题，现在回想起来，同样渗透着对教师的留白，更有对学生的留白教学。比如以下几个课题：

第一个大课题：基于“成功案例”的教师校本研训微型课程建设研究。这个课题，明显是一种非常开放的教师培训方式。老师们可以最大可能地发挥自己成功的一面，然后可以把自己的优点不断放大，最后我们可以不断地等待老师们的经典故事。这样的课题引领，不仅仅是课题本身的作用，突破了教师成长的瓶颈，更有课题外在的影响力，就是老师们今后在教学中同样会不知不觉地渗透留白的教学理念。

第二个大课题：基于“前测”的小学课堂“先试后提”教学模式的实践研究。第三个大课题：小学数学课堂提问新规范的创建与落实。第二个课题和第三个课题是相辅相成的，前一个重在先让学生去试、去做，这就是留白的前提；而后者是教师要实现留白的技巧。只有将这两者结合起来，留白的课堂才有可能实现。

第四个大课题：守正出奇：基于学生个性发展的校园“百家课程”体系建设研究。这个课题看似与数学教学的课堂没有直接的联系，但是，这个课题里面蕴含的教育理念就是留白，就是让我们每一个孩子成为一个更好的、最好的自己。我们平时的各种教学都是直接指向于这个目标，那么我们的数学课堂自然也可以从中获得非常好的借鉴。

在教育的湖中央与你萍水相逢，咱们就是有缘；
在科研的路中央与你侃侃而谈，咱们就是有情；
我将不断用笔拨动这平静的湖面，
让我们的生活变得激情荡漾！

第一节 基于“成功案例”的教师校本研训微型课程建设研究

【内容提要】反思当前教师校本研训，大多局限于个别教师的经验介绍，很少有把每一位教师的成功经验拓展成一种课程来研训的。为此，本课题从一个成功案例上去深化和扩散，持续关注某一点、生成教学理性、形成“土生土长”的微型课程。这种源于自己或别人成功经验的课程开发方式，如同滚雪球一样能将优秀做法用课程建设的方式运用到更广泛的地方；一个成功案例就是一个课程开发的起点，人人都能拥有一个乃至多个课程，能让这些教师在某方面获得一定的发言权。方便共享的课程化研训方式，既学到了别人的精华又宣传了个人品牌，不仅可以快速提升教师的教学水平，更能使学生享受到优质的教育资源。

【关键词】成功案例　校本研训　微型课程　建设研究

一、研究的动因

（一）教师从奉献走向引领需要一个实践平台

2012 年 3 月 24 日，《浙江教育报教师周刊》头版有篇文章《教师应有怎样的文化》，其中说道：源清中学在“教师职场价值观”调查中发现，教师中只有 1% 认同“红烛观”，3% 认同“灵魂工程师”；66% 认为教师应是“成功的引路人”；90% 表示只有“学生学得好”才能证明教师能力。调查道出了当今教师群体文化的核心，传统意义建构在“奉献”层面的价值观已不被接受，追求个性张扬，追求来自于“学生学成”的成就感构成了新的价值观。如何在顺应教师价值观的基础上实现教师发展，从而实现学生和学校的发展，便成了一个管理层面上非常重要的课题。

（二）课程从校本走向师本需要一个实践途径

本校一直以学校大课题研究来整合学校工作，在区域内拥有一定知名度。但我们同时也反思，在进行学校品牌推进时，“从上而下”“一刀切”的德育课程建设，让教师日渐沉默。几年下来，教师在工作上形成了一种依赖情绪，总喜欢用一句“你们要我们做什么”来应对各类工作的布置，失去了“我想做什么”的工作激情。如何激发教师的职业激情，让学校能在教师发展、学生发展的两翼带动下自然发展成了一个新问题。

（三）学校从平实走向品牌需要一个实践策略

教学研训时，教师们接触到的都是个别老师的成功经验，缺少比较系统完整的学习资源。总听到有老师说：“要能把一些老师的优秀教案、课件都放在一起就好了，平时就能借鉴和利用，站在巨人的肩膀上可以减少很多不必要的工作。”这种心声并不是偷懒，它有一种强大的积极因素，不仅能让优秀教学资源共享，还能打造出教师个人的教学品牌，形成学校的一种课堂研究策略。

基于以上思考，学校在已有课题基础上提出本课题，希望教师能够建设基于自身素养特点的“小课程”，对之前的优秀经验做一种提炼、一种生成、一种共享，张扬个性，促成专业，让教师走上“共性 + 个性”的发展道路，实现自身价值，感受职业幸福；让孩子享受更优质的教学资源，以此提高教学效率，打造学校品牌。

二、概念界定与研究目标

（一）概念界定

1. 成功案例

教师注重平时的教学思考与积累，通过一个或几个具体的教学实例整理出解决此类教学问题的成功经验。

2. 微型课程

本课题中包含三层意思：一是教师用同一种成功策略编写成的某一类教学设计；二是针对某些教学需要而设计的一系列教育片段，且具有教学时间短、教育功能强的特点；三是以学校整体推进、教师教学资源共享为原则的课程开发策略，是种有范例、有策略、有归类的个人成果，也可称为“师本课程”。

3. 校本研训

微型课程开发过程本身就是一种教学研训，这里面包括了对自己或他人成功案例的收集与学习、对成功经验进行拓展形成的一系列课程资源。在共享微型课程的同时教学业务得到快速提升，个人品牌得以打响，最终实现本校教师的共同提升。

（二）研究目标

1. 建设课程，形成策略

基于成功案例的教师校本研训微型课程建设，不仅会形成一系列高效的课程资源，还将获得行之有效的课程开发策略和校园名师培养模式，从而实现课程的精品化，教师的品牌化，学校的特色化。

2. 实现自我，成为需要

“百家争鸣”中教师从内心出发，渴望在某一领域成为专家，能像“同伴”一样发出声音获得认可。“需要—满足—成长—幸福—需要”，这样的良性循环势必让教师充满“自我”意识，寻找“自我”价值，开始“自主”实践。

3. 良性循环，提升实效

教师的不断反思研究，势必会更新自己的教育理念，创新自己的教学行为，这样的环境下，学生学习必将是轻松而有效的。此外，教师不断学习，不断思考的人格形象，也将让学生受益终身。学生的幸福成长势必产生幸福的教师，幸福的教师营造幸福的课堂，产生一种良性循环。

三、研究的内容

1. 成功案例的挖掘与拓展

先收集成功的教育、教学案例，总结出成功经验；然后列出能够用这个方法进行实践的教育教学内容；再发动全体教师学习成功案例，并结合各自的工作，用这些成功经验去实践列出的育人内容或解决相关的教育问题，最终形成一种课程资源。研究过程中必定还会出现更多的成功案例，又可以形成新的研究内容，不断拓展研究内容，扩大研究成果。

2. 微型课程的开发与利用

教师基于某个成功案例形成的课程，在某类教学内容中具有独特作用，展示出教师个人教学风格特长，这就是校本微型课程的开发。在这个过程中，教师积累校本微型课程开发的策略，在具体运用这些课程的过程中逐步完善、改进课程。以此为基础，结合各种教学需要进一步深化校本微型课程的创新与开发，并在实践中摸索一些可操作的微型课程评价体系，提高课程开发与利用的实效性。

3. 教师研训的实施与延伸

以成功案例为突破口，在微型课程的开发与利用中实现教师校本研训。有效利用教师收集成功案例和开发微型课程的实践过程进行校本研训，在合理使用微型课程中不仅要提升教师的教学业务能力，更要创设多个平台，让拥有微型课程的这些老师成为校园名师，乃至更高一级的优秀教师。

四、研究的措施

（一）营造教师追求个性发展的校园氛围

在每一个设定的岗位中，教师要完成应该做的教学工作，这是“共性”部分。在做好共性的同时，教师追求“个性”，做一个有自创课程的教师。学校要引导教师进行这样的实践，确保在专业成长上做一个既能保底，又不封顶的教师。

1. 建立机制，悦纳教师优点

“以人为本”“以生为本”等原则在教育实践中已经深入人心。但作为课程的实施者，作为教学工作的践行者，教师的“个体差异性”也是应该受到尊重的。教师存在差异，学校必须坚持用赏识的眼光寻找教师的优点，所以要改变教师在工作状态中“削足适履”的成长方式，建立新型的个性化悦纳机制。

2. 形成舆论，唤醒教师内需

环境造就人，舆论决定人。所以要鼓励教师成为一个有“绝活”的人，发挥榜样教师的作用，大力支持积极倡导，使“成名成家”成为校园主流意识，唤醒教师的内心需要。一方面，让教师认清对于处在教改大潮中的自己来说，什么东西最重要，清楚地了解自己的现状与此的差距，这样，教师们就会产生一种自我超越的愿望和动力。另一方面，学校开展“我的课程”等草根式论坛，让教师以平和的心态、自信的姿态、研究的视角，审视自己的工作，从中尝试成功的快乐。

3. 搭台服务，邂逅教师成名

刚性的规章制度能推动人的行动，但很难使人心动，所以要使得教师能自信起来，发展个性，需要从物质和精神两方面来服务教师。只有切实地从师本出发，尊重每一位努力付出的教师，并且让教师感受得到这份关注和关怀，教师才能持续地走上自主发展的道路，并且越走越宽。

（二）确立教师建设微型课程的操作过程

1. 业务培训：一师一套书

新教育关于课程建设的书非常多，一个人根本无法一一看完，所以我们发动全体老师一起来看，每人细读几本，然后用一二百字，结合自己的实践来谈一谈关于课程建设的想法，然后大家互相学习读书体会。这样做的好处是我们用最短的时间看完了所有的课程书。

在几十篇的体会中，提到最多的是，新教育的课程建设，要根据学生来进行。这让我们的工作有了一个明确的目标。在这个正确思路的引导下，我们充分挖掘原先就在实践的优秀课程，都是根据学生的具体生活而设计的。

某老师体会：新教育课程的一些理念促使我反思自己的教学行为，无论是教学还是孩子的学习，都必须在原有经验和水平的基础上反思，才会有所提高和成长。于是，我也在课堂上进行这样的尝试：角色互体验——我是教师式的学生；学生是学生式的教师，我不仅仅在教，也通过学生的对话，互动等被教；学生在被教，同时也在教，所以课堂上的我时常有坐在学生位子上享受听课的时刻，此时，站在讲台上的是我们的孩子——一群不可小视的学生。

2. 课程申报：一师一课程

学期初，让教师结合成功案例、学科特点、自身素养、学生需要或者学校特色，个人填报申报意向开设的“微型课程”。

教师自创“校本微型课程”申报表

教师姓名		适宜对象	
课程名称			
课程预设达成目标			
课程实施可行性分析			
课程基本内容			
课程实施计划			

3. 统筹实施：一师一平台

学校成立“课程开发中心”，根据教师申报情况，进行可行性调研，统筹年级课程设置数量，由相应年段教师自愿选用。

教师“校本微型课程”选用表

教师姓名 ________ 所教班级 ________

微型课程名称	基本内容	开发教师	适合年级
①			
②			
……			

4. 成果展示：一师一品牌

通过“学校课程”等平台，结合各种节日的主题活动，多渠道地展示课程开发成果，鼓励师生共同发展并形成教师品牌。

（三）实施以成功案例为生长点的研究策略

在成功案例中，挖掘出优秀的教育教学策略，这种策略也是微型课程的重要部分，是本课题研究的基础。校本微型课程的开发，正好以此为点不断拓展。一个老师只要找到一个成功案例，并将这些优秀做法运用到其他教学内容当中，这样就能形成这个系列的校本微型课程。

1. 以一个学科案例为起点建设课程

“学科教学”的校本微型课程开发：

	序号	日期	内容
进度安排	1	2012 年 4 月 2 日	收集成功案例（上交一个或多个成功的学科教学案例；用几百字说明它成功在哪里，比如在教学环节上、教学思想上、教学生学的方法等；哪些教学内容可以用这种成功的方式上课）
	2	2012 年 5 月 7 日	学习成功案例（对于同类型的课例进行整合，根据课例内容进行人员分工，制订好课程开发计划）
	3	2012 年 6 月 4 日	成功案例引导下的微型课程开发（对课程开发中的部分内容进行第一次课堂展示）
	4	2012 年 9 月 7 日	整理成功案例引导下的微型课程（上交部分课程内容，课题核心组成员进行中期调研）
	5	2012 年 10 月 5 日	展示、整理成功案例引导下的微型课程（对课程开发中的部分内容进行第二次课堂展示）
	6	2012 年 11 月 3 日	做好各类资料的分析工作，完成相应经验总结性文章（教师根据个人实践进行课题研究的反思，为后期研究提供参考）

2. 以一个德育案例为起点建设课程

“德育活动”的校本微型课程开发：

	序号	日期	内容
进度安排	1	2012 年 5 月 23 日	学习“浙江省中小学学科教学中德育指导纲要，及小学《品德与生活》《品德与社会》教学指导意见”
	2	2012 年 6 月 28 日	收集平时精彩的育人瞬间（上交一个或多个成功的德育案例；用几百字说明它成功在哪里；在什么情况下可以用这种成功的方式去教学）
	3	2012 年 7 月 4 日	交流点评“精彩的育人瞬间”，实现“爱心传递”（对于同类型的案例进行整合，根据案例内容进行人员分工，制订好课程开发计划）
	4	2012 年 9 月 22 日	开发德育微型课程（捕捉平时的育人瞬间，合理借鉴成功的育人经验，及时收集这些内容扩充微型课程）
	5	2012 年 10 月 19 日	展示新的“精彩的育人瞬间”（对课程开发中的部分内容，用论坛的方式进行第一次成果展示）
	6	2012 年 11 月 10 日	编印成册，互相学习（教师根据个人实践进行课题研究的反思，为后期研究提供参考）

（四）形成在课程建设中来研训的操作思路

1. 收集成功案例时学习优秀方法

成功案例的收集过程是一种很好的学习过程，这里面既有对自己之前教学工作的反思与提升，又有对别人优秀教学经验的分析与思考。

为此，我们鼓励教师们收集更多的成功案例，可以是自己实践中发现的，也可以是在听课或其他活动中发现的别人的优秀做法。然后学校开展各种具体的展示与交流活动，让这些经验得到思维的碰撞经受实践的考验，最终成为某一位或者某几位教师自己的一种教学资源或者教学风格。

2. 开发微型课程时实践先进策略

当教师们获得了一种或者几种成功案例之后，要把这个“雪球”滚大就能形成一种属于教师个人的微型课程。而这个“滚雪球”的过程就是一个有效提升教师实践能力的手段。

在具体的教学研究中，教师需要不断地运用之前积累的成功经验去实践，这样就能有效提升教师的实践能力，能够将一些正确的教学理念与方法用正确的实践策略去应用与提升。

3. 运用课程成果时提升教师水平

在微型课程的开发过程中，教师们逐步形成了个人教学风格。之后的课程共享阶段则让这些教师的个人成就得以宣传与应用，从而成就了这些教师的个人品牌，成为学校乃至更高一级的名师。当然使用别人的微型课程更是一种让自己快速提高的途径。

为此，学校通过多种汇编方式将教师们的微型课程形成文本。教师们可以通过多个渠道获得自己所需要的课程资源，然后在学校搭建的各种实践平台中去应用，在应用中感悟教学方法，再次形成属于自己的微型课程，最终实现教学能力的提升。

（五）建立在课程建设中来研训的实践模式

1. 不同课程类型建设中提升教学水平

（1）结合教师学科教学的微型课程建设

随着课程改革的推进，在 2011 年新版的《课程标准》中，各科都对教师提出了要巧用资源，自创课程的要求。无论哪个学科，教师都可以结合一些知识点或者核心能力训练，开发出微型课程。

（2）结合教师素养特长的微型课程建设

美国雷夫老师的“莎士比亚课程”、杭州周红老师的“声音魅力课程”，都是建立在教师个人兴趣爱好基础上的微型课程。在这种课程中，课程即教师，教师即课程，学生从中能感受到的不仅仅是某一个技能的提升和知识的获得，更是教师人格魅力和学习品质的熏陶，对终生发展起到很大作用。

（3）结合学校办学特色的微型课程建设

学校的特色课程，相对主要关注的是内部的系统性和逻辑性，要想丰盈成一个课程，需要教师的再创新。在这个创新过程中，具有教师个人鲜明特点的微型课程便也创生了，这是学校特色与教师个人智慧的完美结合。本校是德育特色、教科研特色双特色学校，教师们拥有丰富的综合实践教学经验，把这些优秀的特色课发掘出来，进行微型课程的开发。

（4）结合学生年段特征的微型课程建设

学生需要什么，教师便给什么，这是教师最能获取职业成就感的渠道。教师可以在研究学生学情的基础上，开发出相关课程，从学生切实的发展中获得自身价值感。

（5）结合解决家长困惑的微型课程建设

家长是孩子重要的老师，有很多教育思想需要通过家长来传授。然而很多家长在教育孩子的过程中总会遇到一些问题，需要教育者给予合理的引导。为此，这里的课程开发资源也非常丰富，家长的一个问题就是一个课程开发的起点，还利于用一些零碎时间去实践这些课程，比如在家长会之前的几分钟、家校通、家校联系本等，将这些同类内容整合在一起形成课程。

2. 不同课程开发方式中培养科研能力

（1）独立探究式开发

每一位教师在教育教学中都有成功的体验，这个成功的“点”就是这位老师进行微型课程开发的起点。为此，独立探究是本校校本微型课程开发所不可或缺的部分。

（2）小组沙龙式开发

同年级、同学科的老师共同开发课程。由教导处牵头，每位实验教师必须每学期安排一堂公开课。范围最小可以缩小到两人，比如同事有意识用微型课程教学时，就观摩他的课堂。或者将自己的课堂进行录像，在课后进行反复研究。这种模式更能体现教师的自主性与能动性，虽然没有像公开课那样全面分析，但根据自己实践的分析，能实现深入的研究，进行微型课程的再创造。

（3）团队整合式开发

以教研大组的方式开发本学科课程，各个教研组把组内老师的优秀课程进行汇总整理，作为整个学科的课程。

3. 不同课程汇编形式中培养校园名师

（1）个人品牌式汇编

一位教师可能在某一个方面的微型课程开发得很好，或者是在多个方面有所建树，那么这位老师就形成了一种个人特色，在学校的各种展示平台的推动下，在以个人单独编印成册互相学习的印证下就成为一种品牌。

（2）学校共享式汇编

根据开发的校本微型课程，分不同学科、不同类型、不同作用进行汇编，让更多的老师共享这些成果，让实践教师的研究思路得以延续，实现学校校本微型课程开发的有序与动态相结合的自然开发局面。

（六）展示在课程建设中来研训的具体实例

1. 在学科课程建设中的研训

①以一课教学为起点，收集成功案例：就是将课上最成功的做法及时反刍，总结出实现这个效果的方法，并对这些案例进行整理分类，将同类的整合在一起直接形成一种课程。

“学科成功课例”汇总表

序号	学科	姓名	课例	（课例成功经验。可到哪些教学内容中运用？）

②以教学需要为路线，拓展成功案例：同一学科的教师，或者是同一教育内容的教师对于成功案例进行整合之后，无法将全部教学内容包含在内。此时，教师就需要根据教育教学的具体内容出发，进行独创的校本微型课程开发。

③以成功案例为抓手，形成微型课程：根据收集到的成功案例，罗列出能用这些案例经验进行教学的相关内容，并对这些内容进行教学设计形成微型课程。

④以教学展示为平台，提升教学能力：由教研组组长牵头，对本学科的校本微型课程开发进行管理。将教师开学初上报的课程内容进行收集与整理，结合家长开放周进行具体的实践与展示。

2. 在德育课程建设中的研训

①收集教师育人案例寻找课程：教师根据平时的德育实践活动撰写成功的德育体会，并将同类别的案例整合成一个系列，然后到活动中去实践，从而在循环中积累和形成德育微型课程。

②整合成功育人案例形成德育微型课程：这些育人案例都非常精彩，教师们对此进行了同类整理，并将案例编写成教学方案的形式，为自己获得一种切实可行的德育微型课程。

③开展校园主题活动中提升育人能力：结合学校实际，开展多次“走进百业”主题中队观摩活动，每月制定一个主题，开展调查、访问、体验等实践活动，利用这些实践平台提升教师的育人能力，同时开发更多的课程资源。

3. 在兴趣课程建设中的研训

（1）用成功案例开发兴趣课程

本校的一些老师对兴趣课堂很有研究，对教学内容的选择使用也很有方法。

围绕兴趣课的教学内容来研究，他们在教学中体现出：教师的特色、学生的特点，形成了一种独特而有效的教学方法。

（2）在社团活动中进行教学实践

形成兴趣课程的成功案例来源于本校丰富的社团活动，在整合这些案例的过程中，教师在进行着师本研训，那么用这些微型课程就需要在具体的社团活动中进行，而这个过程更是提高教学能力的有效途径。

4. 在其他课程建设中的研训

（1）文化熏陶课程建设中的研训

随着整个国度对民俗文化的逐步重视，结合小学生学生好奇的年龄特点，将民俗文化以润物细无声的方式对学生进行潜移默化的熏陶，巧妙地运用“熏陶”的教育方式是教师必须具备的教学能力。

此外，还通过在校园网上传相关节日起源与意义的 PPT 等方式，请老师们利用班队课等时间对学生进行各个传统节日或民俗文化方面的介绍，让学生真正了解民俗文化，从而得以代代原汁原味地传承。

（2）理念解读课程建设中的研训

教学理念的理解需要有恰当的载体，而微型课程建设能用最简单的方式正确表达出教学理念的内涵。比如，有些家长认为孩子是应该绝对“放”的，要让孩子自己去学习、去思考、去管理，家长不应该什么事都去管。针对这个现象，我们进行了微型课程的开发。我们认为，对孩子适当的“放”是需要的，但一味地“放”肯定是不合理的。所以我们编写了一段比喻：如果把学习知识的能力比作是学习坐公交车的过程的话，那就非常容易理解如何协调“管”与“放”的问题。

（七）运用后思策略来创新课程研训的模式

1. 教师反思策略完善课程化研训模式

（1）微博反思

结合本校“唤醒发展内需 享受职业幸福——教师‘五步推进’自主发展方略研究”课题所取得的成果，进行教师个案研究。教师在平时教学中对相关问题进行记录，然后通过撰写教学反思的途径，与全校教师进行交流，其他教师通过恰当的点评融入各自的研究成果，从而在无形中取得课题研究成效的最大化。由教科室牵头，分教师年龄段布置上交课堂提问改进措施的反思篇数。40 岁以上一学期一篇，35~40 岁一学期 3 篇，35 岁以下一学期 6 篇。

一般的反思包括教学信息、教学思考等多项内容，一篇反思会花费很多时间，因此教师反思的积极性就会受到影响，最终影响重要信息的发现与收集。本课题需要大量、及时的实践信息才能做深做透，因此我们减少每月上交的优秀反思数量，力求在少中出精品。同时增加“微博反思”，如网上的微型博客一样，用很短的篇幅，甚至是几十个字记录有效的信息。这不仅调动了教师记录的积极性，也让教师间创新提问规范的交流变得丰富、简洁、有效。

教学论坛：根据本学科的教学，发表关于微型课程开发的想法，为课题的实践提供非常丰富的第一手资料，具有非常强的说服力。

（2）定期反馈

针对自己平时的教育教学案例，不定期地做一些自我问答，及时了解自己课程开发的进展情况，并作出合理的分析，制定好下一步有效提高的对策。如表：

反馈方向	阶段性小结的问题
教育教学案例	我最近有成功的教育教学案例吗？ 我知道成功的诀窍在哪里吗？ 为了成功运用这些诀窍，我需要在哪些地方去合理运用？
现在我的优势与问题	我的优势是否增加，之前和现在分别是哪些？ 我是如何结合自己之前的优势来改善自己的不足之处的？ 我的下一个研究领域是什么？
我认同的相关理念	①成功案例是有内在秘诀的。②某种成功的教育教学策略在某个领域是可以通用的。③从某一个点出发教师是可以开发出课程的。④微型课程的开发其实就是我们对教育教学的及时思考与前后联系。⑤对自己教学风格的思考是很有必要的。⑥要善于发现教育教学中的不足之处。⑦要能想办法用微型课程的方式去解决一些教育的难题。⑧要能与同事交流合作开发更多领域的微型课程。⑨留白处可以补充
打算怎么去做	下一步对于微型课程的开发我想达到的愿景是什么？ 我打算在什么时候以什么方式来研究这个问题？

2. 外围突破策略完善课程化研训模式

（1）结合学生——将培养学生兴趣特长的策略形成课程

教育教学是一个师生双方互动的过程，所以学生也很有必要参与校本微型课程的开发。因此我们也要关注学生，在平时教学中持续不断地建立一种鼓励学生思考的学习氛围，与学生一起寻找和建设对思考和学习更具有支持性的学习方式，如①吸引全校学生都参与社团课程活动。②邀请拥有成功经历的学生进行展示。③收集整理学生的展示资料拓展课程。

（2）结合家长——将家校合作的成功策略形成课程

家庭教育—学校教育—社会教育构成了一个完整的教育整体，但教师并不仅仅属于学校教育这一个环节。教师不但属于其中的每一个环节，而且还承担着一个重要的责任，就是将这三部分在孩子的某个阶段里紧密有效地结合在一起，实现最佳的教育效果。其中很重要的一个内容，就是谋求家校合作使得家长与老师形成合力。

班主任老师通过宣传发动、自愿报名、相互推荐、合理整合、分年级段分时间段实施等手段，仅一个四年级就开发出了几个典型的课程。这些课程有的只要在适当的时候播放相应的 PPT 和音乐就可以；有的家长提供材料之后教师稍做改进就可以使用。

（八）加强过程督导来深化课题研究的实效

为了深化课题研究，推广研究成果，提高研究的质量和研究水平，学校科研室进行严密的过程督导，全面提升课题的研究实效。

1. 集体讨论

一般备课都是备下一课时，但是针对本课题我们对集体备课有突破常规的做法，就是可以备已经上过的课，上交材料也就不是教案，而是结合某个教学内容所涉及的微型课程开发记录。这样更有利于现有成果的及时应用，更利于后续的课题研究。

2. 教学调研

校长室、教导处、教科室每周都对某个年级开展课程开发的调研活动，从而促进课程开发的持续性与合理性。

3. 例会小结

坚持每月一次的例会，对下一步的工作提出新的要求；定期查看学习笔记和研究记录；定期开展课题研讨活动；定期对各实验教师进行调查反馈，以此深入了解课题研究进展情况，抓好课题研究大方向。

五、研究成效

本课题研究，能让优秀的教学行为得以开发利用，教师优秀经验得以共享；能使教学闪光点在一定范围内得到展示，教师的教学风格得到充分体现；能让教师在某个领域拥有实践能力上的权威，成为品牌教师；能让学生享受到更加优质的课程资源；能让学校形成一种学生、教师、家长、学校共发展的办学特色。

（一）创立了基于“成功案例”的课程开发策略

本课题研究中所涉及的“成功案例”，其目的就是正确、合理、有效地去开发和利用教师优秀的教学经验。有丰富教学经验的老师，一般都会在不同的阶段和场合，运用多年积累下来的成功经验，但大多是随机的，想到了就用，很少会有一系列的记录、传承与拓展。所以成功案例的积累与展示对于教师优秀的教学经验的传承很有帮助，将一个案例的优秀做法，运用到更多相类似的教育教学过程中，就是微型课程的开发。不同的成功案例为教师开发更多优秀的微型课程提供了更多的课程开发起点，真正解决了老师拿什么研究的问题，为教师提供了高效而易于操作的实践策略。

（二）创立了邂逅“校园名师”的校本研训模式

基于“成功案例”的校本微型课程建设的研究，是从某一个点出发逐步丰富某个领域的成功方法，这是每一个老师都可以去操作的，而且成功的案例越多，这样的起点就越多，通过微型课程的开发之后老师拥有的优秀的教学资源就会越多。所以这能够使教学闪光点在一定的范围内得到展示，教师的教学风格得到充分体现，让教师在某个领域拥有实践能力上的权威，成为品牌教师。老师们只要愿意去思考、愿意去实践，都能成为名师。这种课程不仅是可以让教师直接拿来用的教学材料，而且可以从中领悟到一些探究课堂教学策略的方法。

（三）创立了具有“多种功能”的微型课程资源

基于“成功案例”的微型课程开发，每个老师都可以参与，而且每个老师的成功之处所涉及的领域不一定相同，所以最后收获了非常丰富的校本微型课程。按照应用领域的不同，大致可以分为：学科课程、德育课程、职业课程、兴趣课程、解决家长困惑的课程等。这些课程都进行了不同形式的汇编，教师可以根据自己的教学需要，通过多种途径去获得并实践。有了这个资源库，每个教师的资源都得到了利用，人人都有机会站在巨人的肩膀上前进。因此教师们的教学能力提升的速度是成倍递增的。

（四）创立了能够“动态创新”的课程开发模式

对于具备一定经验的教师来讲，仅有现成的微型课程肯定是不够全面的。因为教育是千变万化的，教师的教学活动安排也需要有非常丰富的应对手段。建立校本微型课程的“动态开发模式”就是为这些教师服务的，目的是为他们创造一种可以深入到教育的任何一个角落的课程开发策略。

何谓校本微型课程的“动态开发模式”呢？就是通过一段时间的研究，我们积累了丰富的课题资源，老师们只要通过简单的操作实践，就可以快速提高自己实践操作的能力。我们把这种没有具体课程内容，而是以具体的实践操作来实现微型课程的落实与再创新的模式，叫作校本微型课程的“动态开发模式”。

校本微型课程的“动态开发模式”分为三种类型：团队动态创新模式（运用“校园名师展示活动”在观察分析中实现课程开发）；个人动态创新模式（通过教学行为现状调查以及教学行为研究的阶段性反馈、小组互动交流、教学论坛等实现课程开发）；校园实践平台动态创新模式（尽可能给学生、教师搭建实践和展示的平台，让教师有更多机会去实践教育理想，让学生有更多机会去参与实践活动，从而积累各种微型课程）。

这些活动不但充实了校园有形文化，也改善了学生的校园生存状态，改变了他们的校园生活意义，用丰厚的文化内涵陶冶校园师生的情操，用和谐的人文活动启迪师生的智慧。

学校要转变一种育人思想，从考查学生一时能记住的知识转向培养孩子一生能带走的能力。

第二节 基于“前测”的小学课堂“先试后提”教学模式的实践研究

【内容提要】本课题的研究，无论是从素质教育的角度看，还是从终身教育、创新教育的角度看，都具有十分重要的长远价值。在课堂里首先是让学生自己试学，然后在试学中提出问题，互评中提炼方法。教师精讲时提携学生，学生精练后提升能力，并以此建立“先试后提”教学模式，根据不同学科、不同类型的教学内容打造出科学有效的不同课型。让学生“先试”是本课题研究的重要思想，但并不是盲目地去试，而是基于课前老师对于相关内容进行的教学前测而设计的试学题目、试学活动，有目的、有方向地开展试学。学生最终在“先试下的后提”中慢慢实现由“学会”到“会学”的转变。

【关键词】前测　小学课堂　先试后提　教学模式

一、课题的提出

（一）案例呈现——一次无意中的“先试后提”教学

那是一堂“分数乘除法”练习课，教材内容先是几个图形题，接着是应用题，最后是一道思考题。教师拿到数学书后待了很长时间，一直想不到理想的教学方式，最后决定让学生自己先试着做书上的练习题，然后根据做的情况再来讲。

教师说服自己这样做的理由是，学生对练习中的题目都是熟悉的，如果老师一题一题去讲，学生反而不喜欢听，甚至反感。这样做的目的是迎合学生的心理，充分调动学习积极性、主动性。

事实证明，这种改变“教师讲授，学生被动接受”为“学生主动先试、教师后讲”的教学方式，学生非常喜欢。他们就像春蚕吃桑叶一样，津津有味地做着练习，因为教师把课堂主动权交给了学生，他们觉得老师非常相信他们的能力，而且可以与别的同学比一比自己的数学水平，所以教室里非常安静，只有写字的声音。

在学生练习过程中，教师巡视教室发现了哪些学生是完全有能力完成的，哪些学生是需要指点的，并且还对个别学生进行了面对面的教学。这个过程中也穿插了有效的分层教育、因材施教等。当然每一位学生也都明白了自己掌握知识的程度，有了自己努力的方向，好的学生能够将思考题完成，一般的学生能及时提问解决问题。

这样的“先试后提”教学，不仅学生喜欢，而且效果更佳！

（二）现状分析

联合国教科文组织埃德加·富尔说：“未来的文盲不再是不识字的人，而是没有学会怎样学习的人。”因此，案例中呈现的这种课堂就显得非常重要，是培养学习能力、提高学习效率的重要途径之一。然而现实中这样的课堂并不多，而且在“课堂活跃”这一表象后面，学生的自主学习能力也不尽如人意。经过实际调查与访谈，发现存在以下问题：

1. 无准备的课堂先试，不能次次成功 —— 催生“前测”

课堂上直接让学生做，很多时候都会被认为这位教师没有做好课前准备，似乎是一种不负责任的教学态度。因为老师和学生都习惯于老师先讲，然后学生再做。有时老师自己也会觉得有一种无名的“内疚感”，因为只凭老师课前的主观猜测，不能准确地找到学生的易错点，而无法提高学习效率。究其原因，是没有找到一种适合学生“先试”的有效策略，不知道“先试”之前该怎么做准备。为此，课前调查学生的已有水平就应运而生，为有效先试做好准备。

2. 学生很强的依赖性，不想自己动脑 —— 急需“先试”

根据老师讲的方法去做，可以说自己费脑子的事会少很多，因此学生非常热衷于老师先讲，不喜欢自己先试。这是部分缺乏学习思想、学习主动性的孩子存在的惰性思想在作怪。他们只是停留在完成学习任务的初级阶段，还没有认识到学习过程中可以享受到的那种快乐与能力提高。为了提升学生的学习能力，教师要安排让学生先试学习。

3. 学习能力的培养，被课堂所忽视 —— 期盼“后提”

比较多的教师自我评价都是围绕所教学生的成绩来说的，因此，很多时候的教学都是老师先在前面“扫平道路”，接着让孩子“排队前行”，顺着老师的安排去获得“意料之中”的成绩。这样以牺牲孩子的实践机会来节约时间，在一定程度上的确可以减少意外的发生，殊不知让学生自己去“扫平道路”能获得“意料之外”的收获。这种教学方式的改变，是实现课堂后提的有效途径。

4. 先试后提下的课堂，缺乏实践策略——呼唤“研究”

大部分研究者把培养学生自学能力定位于中学生，只有一小部分小学语文、数学教师在教学中也关注到学生自学能力的培养。从总体来看，小学对于“自主学习能力培养”的研究，以教师单干的占多数，以数学学科为主，缺乏系统性和全局性。所以本课题具有非常大的研究空间。

（三）研究冲动

布鲁纳说过：“知识的获得是一个主动的过程，学习者不应是信息的被动接受者，而应该是知识获得的主动参与者。”而基于“前测”的“先试后提”教学，就是通过自学让学生主动获取知识，是发展学生自主能力的重要途径，同今后踏上社会参加工作的自学过程是一致的，是符合终身教育要求的学习模式。作为教师，学生“独学”能会的不教，学生对子帮扶能会的不教，学生合作探究能解决的也不教。亦如庄子所言：“不言之教，无为之益，天下希及之。”因此，从我校实际出发，选择本课题研究具有十分重要的意义。

二、概念界定与研究目标

（一）概念界定

1. 前测

指教师在安排学生“试学”前，所进行的一次对学生已有水平的了解，以及学生自我发展水平所能达到能力的一种预判，其目的是正确、合理、有效地安排学生的“先试”活动。这里的前测在语文上可能是一种“预习”活动，实现对文章的初步学习，并为深入研讨做好准备；在数学上可能是一种“调查”，自己对新知了解的真实反映，为后续理解架好支架。

2. 动态试学

首先，它是能够适合学生自主尝试学习的一种学习预案。其次，这种试学方案，是可以随着学生试学所产生的效果而灵活变化的，还有教师精讲、学生精练也将随之产生针对性的变化。所以我们这里将结合“动态试学稿”的编写来策应学生的“先试”活动，力求实现“后提”。

3.“先试后提”教学模式

以学生“先试”为引导；借助“试、评、讲、练”四个要素，经历学生试学、师生互评、教师精讲、学生精练四个步骤（即在课堂学习中，首先要根据前测，安排学生先试，然后教师再根据学生试学后的情况进行后提教学。这里的“后提”具备四层含义：一是学生在试学后提出相关的问题；二是学生在互评中提炼方法；三是教师精讲时提携学生；四是学生在精练后提升能力）；展示试评结合、试讲结合、评讲结合、讲练结合四种操作过程；依托动态试学稿的编写等手段，实现提高学生学习能力这样一个目标。

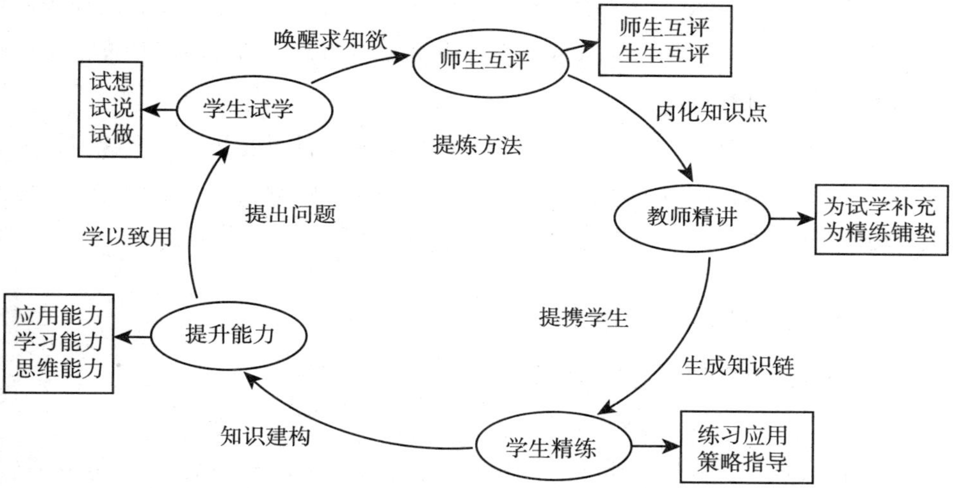

（二）研究目标

1. 总目标

本课题研究旨在使学校各学科的教学在先进理论的指导下，全面提高全体学生的自主学习能力，进而真正提高教学质量。

2. 分目标

①课堂让孩子更愿意、更有效地进行课前预习。②课堂让孩子“同中有异、和而不同”，即同堂学习但学法各有创意。③课堂让孩子在轻松的教学氛围中学习，进而建立和谐的师生关系。④课堂让教师有因材施教的机会，进而提升教师的教学能力。⑤课堂让孩子自主学习能力得到有力提升，进而提高课堂教学效率。

三、研究的内容

1.“前测下的先试”研究

教师根据教学内容的特点，对学生进行已有知识水平的调查分析，然后设计出适合学生试想、试说、试做等自主学习的环节，实现先试的目的。在先试的基础上进而实现提出问题、提炼方法、提升能力的最佳效果。为此，“前测下的先试”的具体策略研究是非常重要的。

2.“先试下的后提”研究包括：

①学生互评策略研究：学生先试后必定需要一个展示自己试学成果的舞台，而伴有教师指导下的学生互评就是一种必不可少的途径。

②教师精讲设计研究：学生通过独立试学和互评学习之后，必定已经掌握了相当量的知识，为此本课教学重难点也将随之产生动态的变化。此时教师的针对性精讲设计是非常重要的，而且这个设计也必须是动态化的，原因是谁也无法预测学生能发展到哪个程度。

③当堂精练设计研究：不仅是对本课时知识的掌握而展开的必要练习，更是与本课时相关知识得以延伸和拓展。更重要的是学生刚刚获得的学习方法、思考策略能够即刻得到运用与反馈，实现最佳掌握与理解。

四、研究的措施

（一）构建课题研究的支持体系

1. 建立“先试后提”研究管理网络

建立由校长作为课题负责人，副校长、教研组组长、学科骨干教师四级管理体制和工作网络。成立校长为组长的领导小组，负责制订适合本校的具体活动计划，统筹实施研究计划，保证把研究纳入学校议事日程。教科室、学科骨干教师具体负责课题研究的组织实施。

2. 形成畅通、及时的信息通路

指课题内部与外部环境之间的交流畅通无阻。研究中，教科室主任主管信息的收集、加工、发布和储存，发动全体实验教师提高信息意识，建立收集、发布、学习教育信息制度，为不断完善和深化课题的研究提供大量信息。

3. 建立严格的目标调控机制

指班级之间、学科之间，教师对学生学习能力的培养要建立有机的联系，不但要充分发挥各自的功能，尤其要彼此配合协调，相互补充，为实现研究目标，对他们之间的矛盾、冲突和不一致，进行严格的控制和调节，使整体功能得到最优发挥。

4. 追求人员组织的整体效应

研究中要重视组织课题管理“智囊团”。研究“智囊团”由专家、校长、教科室成员、教研组组长等组成。这样，课题研究就经常得到有关专家的指导和帮助，保证了研究的科学性。同时在研究中实行集体管理、组长负责，发挥每个人的主体性、创造性，提高自我监控能力。

（二）加强教师的培训工作

1. 加强理论学习，树立先试意识

想要学生重视自学，具备良好的自学能力，首先教师必须在思想上重视先试，树立学生的自学意识。如果教师能重视先试，切实抓好这项工作，授之以“渔”，那么学生肯定会受益匪浅。因此，为保证课题的顺利进行，学校拟在课题研究的初始阶段，组织教师充分学习讨论“课题方案”，使教师认识到“以先试来撬动教学方式的变革，从而培养学生的自主学习能力”这个选题有价值，不仅理论上容易理解，而且在实践上易于操作，意义深刻，从而形成比较强烈的科研意识，增强完成课题任务的信心。同时推荐一些与本课题研究相关的书籍、文章，组织教师学习，使他们在思想上重视对学生自学能力的培养。

2. 专家引领指导，掌握自主学习的指导方法

学校教导处和教科室定有相关制度，每个教研组在学期内要完成相应的科研教研任务。特别是学校语文和数学大组每学期开展专题研修活动。还有我校每学期要承办和参加区级的、街道级的以及杭州市学会等教研科研活动，所以立项以来围绕本课题举办的各项活动就有 20 次之多。比如，仅这个学期三个月时间里，就有语文低段、高段，数学、劳技、区教研组建设现场会的活动，其中有 8 位老师参加区级课堂展示，有 4 人参加送教下乡等，这些课的打磨离不开团队的合作，更离不开教科研专家的指导。所以，可以说，我们是站在智者的肩膀上，借用了专家的智慧开展有目的、有针对性的教学新范式的探索。在反复学习、观摩的基础上，进行先学活动的再创造。通过教师的不断研究，不断反思，展开讨论，促进课题研究的进一步推进。

（三）合作编写“动态试学稿”，谋求“教学变革”

各学科组在“基于‘前测’的小学课堂‘先试后提’教学模式的实践研究”总课题范畴下，根据本学科的特点确立研究阶段性研究子课题。其中教师教案设计是一块重要内容，要准确地把握学生“前测”情况，合理预设先试活动，预判学生试学中可能遇到的疑点、难点、兴趣点，以学促教，找到试学与精讲的最佳结合点。预案设计要能有利于教师及时调整教学方案，灵活进行课堂教学操作，

使学生的自主学习能力获得最大空间的发展。

1. 灵活机动：体现动态精髓

能根据学生的情况随时改变，这是“动态试学稿”的精髓所在。首先，它是根据“前测”分析而设计的试学方案。其次，它是可以随着学生试学所产生的效果而不断调整的。还有教师精讲也将随之产生针对性的变化。试学稿中包括：学生试学设计以及试学后能掌握的内容；师生互评设计以及互评后能掌握的内容；教师精讲设计以及教学中可能出现的意外与应对法；学生精练设计以及练习的目的与指导策略。

2. 集体备课：发挥团队优势

集体备课的基本流程：个人钻研—集体商讨—形成教案—个人反思。第一步，教师个人钻研。在前测分析的前提下，课题组组长确定集体备课时间，然后每个教师进行认真钻研，思考如何进行试学活动的动态设计；第二步，由事先分工安排的主备教师发言，拿出其教学设计初稿，然后进行集体探讨，学科组成员畅所欲言各抒己见，经过观点上的相互激烈碰撞与争论，及时加以比较、切磋和完善，最后确定最佳方案；第三步，形成动态试学稿，实验教师根据集体达成的共识，具体设计试学方案；第四步，个人反思，教师个人根据之后的实际执教情况，认真思考，深刻反思，并写出教后反思。

3. 独立备课：凸显个性特点

在备课的操作流程上做细化规定：①通读教材。（不能教一课备一课）②通读年级段的《课程标准》要求。③重视课本上的初备课。④阅读《教师用书》。⑤阅读他人成功的案例与有用的做法。（教师手中要有一定量的参考资料）⑥独立思考与集体探讨相结合，撰写好动态试学稿。

（四）多角度观察“课堂解析”，保障“先试后提”

结合本校“基于课堂解析的反思导行教研模式的实践研究”所取得的成果，进行课堂观察、解析，分为以下几种解析方式：公开课教研组合作式解析、日常课沙龙式解析。在实践中解析，寻找到怎样的“先试后提”教学活动是最有效的。在解析中改进，逐步建立一整套各科有效教学的教学模式。在改进中实践，将建立的试学模式在实践中检验完善。

解析流程：

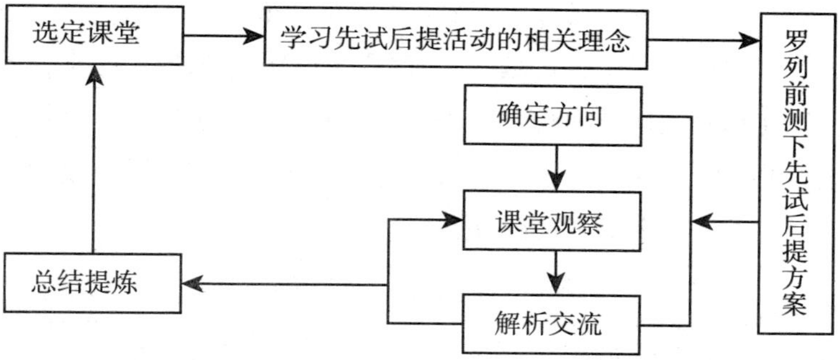

1. 公开课——教研组合作式解析

由教导处负责，各学科每个学期至少安排校级公开课、教研大组公开课、教研小组公开课各一节，进行课堂试学活动的课堂解析。在这一研究模式中，各个团队根据各种试学活动，自主组成合作小组，"两个一群""三个一伙""五个一帮"分工记录，交流总结、探讨试学模式，在团队活动中进行思维碰撞，积累改进措施的重要资料。下表为某次课堂解析研究安排。

<table>
<tr><td colspan="2">活动主题</td><td colspan="2">"先试后提"教学模式专题研讨活动之语文大组课堂解析教研活动安排</td></tr>
<tr><td colspan="3">活动总负责：审核活动安排</td><td>校长室</td></tr>
<tr><td colspan="3">活动策划：提供各项表格资料，各组人员分配</td><td>教科室</td></tr>
<tr><td colspan="3">活动落实：组织各项会议，落实听课人员、摄像人员</td><td>教导处</td></tr>
<tr><td colspan="3">活动宣传：活动报道、横幅、拍照</td><td>教导处</td></tr>
<tr><td colspan="3">活动保障：多媒体、茶水等后勤工作</td><td>总务处</td></tr>
<tr><td colspan="3">执教</td><td>语文组</td></tr>
<tr><td rowspan="4">课堂解析分组分组</td><td rowspan="4">由组长负责与全体教师进行交流</td><td colspan="2">第一组个案观察调查：× × × 等　组长：× × ×
观察某一位学生的"先试后提"情况，作出个案效果分析</td></tr>
<tr><td colspan="2">第二组小组学习投入状态观察：× × × 等　组长：× × ×
观察某个四人小组"先试后提"的投入情况，作出小组学习的整体效果分析</td></tr>
<tr><td colspan="2">第三组各种先试方式的类别频次统计：× × × 等　组长：× × ×
分不同的"先试"方式记录整个班级的学习情况，作出班级的整体效果分析</td></tr>
<tr><td colspan="2">第四组各种后提方式的类别频次统计：× × × 等　组长：× × ×
观察整个班级的"后提"方式，作出课堂学习的整体评价</td></tr>
<tr><td colspan="2">活动总结、材料汇总分析</td><td colspan="2">教科室</td></tr>
</table>

（1）以个案观察分析，来看“先试后提”的成效

从个案观察的角度来研究，基于“前测”的“先试后提”课堂，反思教师的教学行为，课前和班主任老师联系，选择学习能力强、中等、相对较弱的三个小朋友作为观察的对象，在三个孩子不知情的情况下对他们的学习过程，进行一对一地观察记录。下表为个案观察调查表。

观察对象______观察记录者______

	先试或后提的方式	学生课堂表现
1		
2		
3		
4		
课后调查	调查手段：	学生学习效果：

观察描述：三位老师对观察对象一节课学习情况进行描述。课后调查：对三个孩子的学习情况进行调查，目的是了解通过一节课的学习，比如：“真分数与假分数”在学生的头脑中留下了怎样的痕迹，达到了什么样的理解程度，调查时请三个孩子说说这堂课你们学习了什么，什么是“真分数与假分数”。分析汇总：三位教师结合自己的观察对象，进行合理的分析。最后由组长汇总信息，代表观察小组进行汇报交流。

（2）以小组观察分析，来看“先试后提”的成效。

围绕基于“前测”的“先试后提”课堂研究这一主题，以学生学习投入状态为切口，对孩子们进行细致的观察和记录，试图从数据分析和情境描述中，考察执教老师课堂教学的有效性。比如，某次观察的对象是五（4）班34位学生，每位教师负责4位学生，将学生学习的投入表现分为三种情况：一是投入状态（如能专注倾听并积极参与、积极举手并大胆发言、集中注意力完成学习任务等）；二是一般性投入状态（如基本上能专心听讲，但并不举手发言）；三是非投入状态（如做小动作、说话、开小差及其他），并对此进行了数据的记录和整理，此外还对教学时段、教学手段、学生课堂行为进行描述和笔记，从而实现定量和定性的相结合。下表为小组学习投入状态观察表。

观察记录者 ________

先试或后提的方式	非常投入状态	一般性投入状态	非投入状态				教学手段
			做小动作	说话	开小差	其他	
总计							
百分比							

课前准备：根据本堂课的教学任务，首先对教师安排的“试学”内容进行提炼，划分为几个核心问题，以便进行有针对性的观察。观察描述：观课结束后，进行相关的汇总与交流。根据学生投入状态情况，获得整班学生学习投入状态的一个汇总表。分析汇总：根据以上的数据和结果，本组老师分析听课时的记录和课后的调查，进行了初步分析。

（3）以类别观察分析，来看“先试后提”的成效

对不同的“先试”“后提”方式进行研讨分析，具体分为“试的方式”“评的方式”“讲的方式”“练的方式”四个方面来观察课堂，每位教师负责一块内容。下表为各种先试或后提方式的类别频次统计表。

观察记录者 ________

行为类别		选择类型	成效
试的方式	课前预习型		
	课前测试型		
	直接试学型		
	铺垫试学型		
	课后试学型		
评的方式	课前罗列型		
	直接反馈型		
	互评交流型		
	尝试作业型		
	作业反馈型		

续表

讲的方式	出示问题型		
	错例展示型		
	恰当点拨型		
	激励拓展型		
	书面交流型		
练的方式	问题解决型		
	自己纠错型		
	练习提高型		
	拓展训练型		
	课后作业型		

总体分析：整个小组汇总观察结果，对本课教学作出科学合理的评价。

2. 日常课——教师沙龙式解析

由教导处牵头，每位实验教师必须每学期安排一堂自我解析课。范围最小可以缩小到两人，比如当同事有意识用试学作为一个主要教学方式时，就安排在课堂上观摩他的教学活动，并邀请同事观察自己与学生的课堂行为；也可以将自己的课堂进行录像，在课后进行反复研究。这种教研模式更能体现教师的自主性与能动性，虽然没有像公开课那样全面分析，但根据自己实践选定的某一个或某几个点的分析，却能实现非常深入的研究，而且能在反复学习、观摩的基础上，进行试学活动的再创造。下表为数学小组活动观察表。

执教者______ 观察者______			
年级		课题	
教学环节	某些环节的设计与实践的亮点		商榷之处
1. 学生试学			
2. 师生互评			
3. 教师精讲			
4. 学生精练			

3. 推门课——教学检查式解析

每周一次的推门听课，即每周周前会通知下周推门听课的学科、年级等，要求以学生先试为基础的试评讲练教学模式进行教学。课后检查动态试学稿，包括试学练习、教师精讲、学生精练、教学反思等内容。

（五）有针对性的“分科研究”，发挥“前测”优势

“前测”是为了了解学生对相关知识的认识情况、认识途径，为实现正确的学生“先试”做好准备。因此需要教师精心准备，我们在不同的学科上都制定了严格的规范，总的来讲：第一，前测不能成为增加学生的作业负担，所以设计要巧妙，具备一定的新意；第二，前测不能占据学生的课堂时间，更不能占用太多的活动时间，因此我们规定抓住一些晨间谈话或活动之余的零碎时段，在 20 分钟之内完成；第三，前测不能成为一种走过场，所以我们的前测表格中要求教师切实做好统计、分析的工作，根据前测分析总结安排课堂试学活动的合理根据。

1. 数学学科：以课前调查为根据落实先试后提

（1）课前调查的内容设计

为了了解五年级学生在“真分数与假分数”一课的认识情况及认识途径，我们对本校两个班的学生进行了课前调查：第一步，调查学生对分数如何进行分类，各种分类的结果学生又是如何取名的；第二步，出示真分数、假分数，了解学生是如何理解这两个概念名称的。每隔 4 分钟下发一个调查题，前一题收起后再做下一题，以免后面题目影响前面题目的真实回答。时间 20 分钟。以下为调查问卷。

亲爱的同学你好！本次调查是为了更好地了解你们对相关知识的掌握情况，为老师更加有效地安排教学环节和教学内容作出科学的分析，最终实现同学们开心、高效地学习。为此，请你根据实际情况和真实想法进行回答。非常感谢你对本次调查的大力支持，谢谢！

第一次下发（4 分钟）

①下面是我们学习过的一些分数，请你把这些分数分一分类，说一说你这样分的根据是什么？每一类有什么特点？

$\frac{1}{3}$ $\frac{3}{4}$ $\frac{5}{6}$ $\frac{4}{4}$ $\frac{7}{4}$ $\frac{11}{5}$

第二次下发（4 分钟）

②说一说$\frac{7}{4}$的意思，并画一画，用图怎样来表示$\frac{7}{4}$。

第三次下发（4 分钟）

③请根据图写出分数：

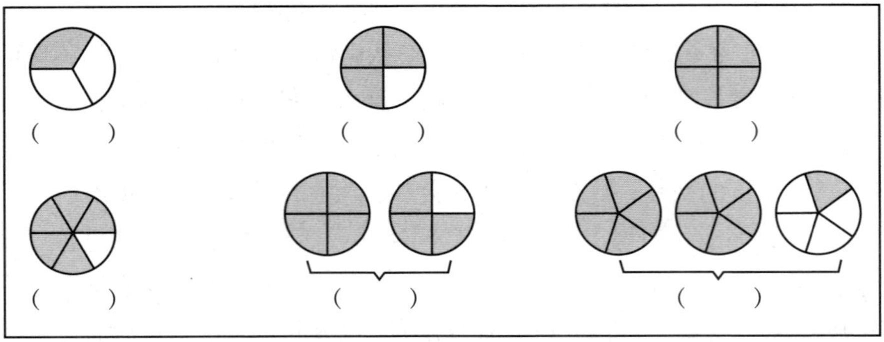

并根据图示，给这些数分一分类，并说一说分类的理由。

第四次下发（4 分钟）

④把$\frac{1}{3}$ $\frac{3}{3}$ $\frac{5}{3}$ $\frac{1}{6}$ $\frac{6}{6}$ $\frac{7}{6}$ $\frac{13}{6}$这些分数在下面的数轴中用直线上的点表示出来。然后再给这些分数分一分类。

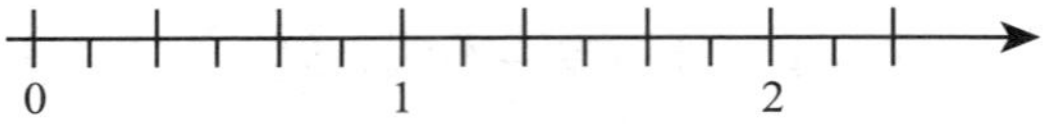

第五次下发（4 分钟）

⑤你知道真分数、假分数吗？如果请举几个例子说明你是怎么知道的？

（2）调查结果的科学分析

调查题的主观性与开放性，使得学生的回答可能是五花八门的。为便于统计，教师要从回答的差异性中找到相似性，进行合理的分类；然后再对每一类进行细致分析，从相似性中辨析学生回答的差异性。在具体分析时，对有疑问的调查结果，还可以进行个别访谈。

（3）对课堂“试学”的启示

通过调查与分析，为我们提供了鲜活的、真实的、细致的学生现有水平。透析学生的真实水平，可以改进前期教学中存在的问题，可以重组更加合理的教学结构，可以进行更加顺应学生学习心理的“先试后提”教学活动。

（六）案例反思实现各项梳理研究

结合本校研究的“在叙事中反思　在研究中发展”课题所取得的成果，对本课题进行教师个案研究。也就是教师在平时的常态课堂中对相关试学活动进行及时的记录，合理地改进，正确地实践。然后通过撰写课堂教学反思的途径，将自己的研究成果与全校教师进行交流，其他教师通过恰当的点评融入各自的研究成果，从而实现课题的深入研究，在无形中取得课题研究成效的最大化。由教科室牵头，分教师年龄段布置关于上交课堂提问改进措施的反思篇数。40岁以上一学期一篇，35~40岁一学期三篇，35岁以下一学期6篇。

（七）抽检评价实现各项评价研究

抽检评价可以分为两个部分：一个是检测学生对所学内容的掌握程度，也就是一般意义上的教学成果；另一个是属于深层次的教学成果，也就是学生获得的与教材知识相关的其他知识掌握的程度，以及在学习过程中所获得的学习和思考的方法与技巧，也就是我们所说的学习能力。（如下：请学生写一写学习的诀窍。）

做数学如同挖笋

401 ××

学好数学，上课认真听讲，下课认真做作业，这都是必不可少的。做数学，更得有技巧，比如你遇到不会做的题目时，你可以想象自己是一个过路人，看到两个农夫在比赛谁先挖到两棵笋。一个农夫把整个菜园挖遍了，花了非常多时间终于找到了两棵。另一个农夫通过仔细观察地面的裂纹，虽然也有失败，却很快挖到了两棵。做数学其实如同挖笋一样，也是要找对方法，越快越好，越简便越好。比如：在运算除法时，根据商不变的性质，我们可以把被除数的零看成符号+，除数的零看作符号-，加和减互相抵消，商也就没那么多零了。这就是技巧的巧妙运用。

（八）加强过程督导，深化课题研究

首先，研究过程中，注重开展形式多样的课题研讨活动，如坚持每月一次的例会、学习先进的教育理论、交流研究中的得失。同时对下一步的工作提出新的目标，新的要求；定期对学生、教师进行问卷调查，了解试学现状，使研究具有针对性；上好研究课，围绕课题研究的目标及要求，根据各实验教师的任课情况安排展示课，组织课题组教师参加，在研讨中找出成功与不足之处，以利今后更好地研究；课题组成员平时应注重积累，结合教学实践，坚持写反思日记，学校进行检查批阅；每次听课题研究课后，要求教师完成一篇心得体会、一篇教学设计和一份关于改进课题研究方法的建议，抓好总结、反思等环节。

其次，为了深化课题研究，推广研究成果，提高研究的质量和研究水平，学校科研室要进行过程督导，全面了解各课题的实施情况。一是查学习笔记和研究记录。通过检查，促使教师不满足于获得经验，而是对经验进行深入思考。二是定期听课题研究课，深入了解课题研究进展情况。

五、研究成效

基于“前测”的小学课堂“先试后提”教学模式的研究，能够让课堂时间掌控、行为展现形式、重难点决定权、教学成果体现权等由学生占有较大比重，老师占有较小比重，真正体现为学生的学而教，教会学生的学是为了最终的不用教。

（一）创立了基于“前测”的“先试后提”教学活动

本课题研究中所涉及的“前测”，其目的就是正确、合理、有效地去安排学生在课堂里的“先试”活动。一般地，对于学生已有水平的把握，教师主要依据原来的教学经验或教育心理学理论，即主要来自主观的推测。可以想见，这样的推测往往是单薄的、片面的，甚至是错误的。所以，哪怕是有丰富教学经验的老师，也要在对学生的已有水平做出主观推测的基础上，组织有效的、有针对性的调查，验证推测，修正推测，为课堂中学生的先试活动做好充分的准备。

可以说“前测”为后续的课堂预设及课堂实践，提供了非常可靠的教学信息，真正解决了老师在课堂上常常遇到突发事件的尴尬，为课堂“后提”提供了高效而易于操作的实践策略。

（二）创立了“课堂解析”模式来保障“先试后提”

“先试后提”现象在平时的课堂中也是比较常见的，但又是一块无形的内容。虽然它无处不在，但要想清晰地抓住它也是比较困难的。所以我们采用具备非常清晰的分工、细致的观察点的课堂解析模式进行研究。

我们在开学时制订活动计划，安排好上课及后勤保障等人员，活动一周前对参与教师进行周密的分组，分为“观察学生个体”组、“观察四人小组”组、“观察全体学生”组，分别进行课堂先试后提活动（“试的方式”“评的方式”“讲的方式”“练的方式”四个方面来观察课堂）的细致观察，让不同成员先去收集相关的资料。课前每个小组还得进行再分工，每位观察者都落实具体的观察对象、观察内容、观察地点。课堂上观察者结合相关的表格进行详细的记录，课后进行及时细致的分析，将第一手分析资料汇总给相应观察组的组长。接着由各个组的组长做总结性发言，从本组观察角度中看教师课堂先试后提活动的成效。最后由教科室汇总各组材料，作出合理分析，形成一份阶段性的研究成果，再返回给研究的相关教师进行实践。

（三）建立了小学课堂各学科典型的“先试后提”课型

以课前调查为基础；学生“先试”为引导；借助“试、评、讲、练”四个要素；

经历学生试学、师生互评、教师精讲、学生精练四个步骤；展示试评结合、试讲结合、评讲结合、讲练结合四种操作过程；依托动态试学稿的编写，即先试环节设计和与此相对应的精讲设计这样两个操作中心，实现提高学生的学习能力这样一个目标。这是“先试后提”的一种基本模式，但不同学科、不同课型实施的具体方法又是多样的。

（四）建立了小学“先试后提”课堂“动态式创新模式”

对于具备一定经验的教师来讲，仅有典型课型肯定是不够全面的。因为课堂是千变万化的，教师的教学活动安排也需要有非常丰富的应对手段。建立“先试后提”课堂“动态式创新模式”就是为这些教师服务的，目的是为他们创造一种可以向“先试后提”课堂不断前进的途径。

何谓“先试后提”课堂“动态式创新模式”呢？就是通过一段时间的研究，我们积累了丰富的课题资源，老师们只要通过简单的操作实践，就可以快速提高自己实践操作的能力。我们把这种没有具体纲领的，而是以具体的实践操作来实现课堂“先试后提”的落实与再创新的模式，叫作“动态式创新模式”。其分为团队动态创新模式（运用“课堂解析模式”去观察分析、提高落实“先试后提”活动）、个人动态创新模式(通过“动态试学稿”的编写、教师课堂行为现状调查、改进课堂行为研究的阶段性反馈、小组互动观察、教学论坛等调查与分析，来实现课堂“先试后提”的最佳效果）。

如果有一天父母赶不回来，孩子一个人在家，此时邻居就显得非常可爱。数学老师就是要想办法成为此时的邻居。

第三节　小学数学课堂提问新规范的创建与落实

【内容提要】本课题着重研究了小学数学课堂提问行为的创新与落实，在小学数学课堂教学中建立一套提问新规范。所谓“新”，是因为它包括适合新教师的条纲式固定规范；还包括适合具有一定教学经验教师的动态化规范，教师团队乃至个人都可以随时运用这些特定的课前调查、课堂观察、课后调查、课后反思等监督策略，去结合变化的课堂，进行验证、创新和落实课堂提问行为规范。

【关键词】小学数学课堂　提问新规范　创建　落实

一、课题的提出

（一）素质教育呼唤轻负高质的数学课堂

我国提出素质教育已经有好多年了，应该说在很多方面都有所推进。不过也还有很多值得大家关注的地方，甚至可以说是不容忽视的。比如课堂负担，一个从国家到地方的各界教育机构都非常重视的领域，在素质教育推进的关键时期它已经成为最大的绊脚石。因此，要真正实现素质教育，就必须建立轻负担高质量的课堂。这一点在小学数学课堂中显得尤为重要，其执行好坏将直接出现两种截然不同的结果，一种是重视思维能力培养的活力课堂，一种则是机械解题的沉闷课堂。

（二）改进数学教学行为必须从课堂开始

小学数学最大的特点是，注重学生数学思维能力的培养，而具体的体现关键是数学课堂上教师所表现的教学理念。为此，数学教师课堂教学行为改进的前提，是要让教师客观认识课堂教学存在的不足，从问题分析中感知原因，从具体的行为方式细节中寻找症结所在。教师也只有在具体的数学课堂教学实践中，通过尝试、比较、反思中认识差距，依靠同伴互助、专业引领加上自主反思逐步掌握改善的方法。

（三）基于部分数学教师对课堂提问行为的现状思考

我校自2003年率先在萧山区进入新课改后，这几年一直致力于课堂教学改革的研究，扎实开展“案例教学”和“教育叙事研究”，在具体的几次数学课堂解析研究中，教师提问的有效性引起了我们的特别关注。针对发现的问题，我们进行了本课题研究。在研究的起始阶段，我们改变以前集中开会学习的形式，取而代之的是人人都来“做”，我们围绕课题开展了一系列的调查，如：对课堂提问行为的自我评析调查，来找到教师现有的最佳提问行为加以巩固与交流，同时总结出教师的不足之处准备进行实践改进研究。调查让我们更加清晰地认识到，教师提问的操作水平不尽如人意。

对于教师课堂提问行为自评表，第一次调查共收回46张，统计如下：

教师课堂提问行为自评表				
优秀的课堂提问行为		我做得很好	我做得不够好	我希望马上研究的
1	清楚有关课堂提问的相关理念	21	19	2
2	有一套课堂提问的操作规范	19	24	0
3	学生回答问题时可以有选择性	27	14	1
4	问题能调动所有学生的积极性	17	23	3
5	在叫学生回答之前先提出问题	38	5	0
6	提问后有一定时间等待学生思考	38	3	2
7	学生不能回答时运用提示、引导和激发等策略	35	5	3
8	适当时机恰当运用追问策略	33	10	1
9	学生回答后花一定时间给学生再思考	33	9	2
10	必要时教师补充正确的答案	36	7	1
11	师生互动中时刻保持思考	28	15	1
12	激发学生进一步深入阐述答案	24	17	2
13	注重让学生来提出问题	21	21	1
14	帮助学生自信地回答	32	12	1
15	让学生知道正确理解问题含义的重要性	26	14	4
16	有心进行课堂提问的班级文化建设	13	26	6
17	有心改善自己的提问技能	28	11	5
18	与同事合作进行问题设计	16	21	6
19	平时与同事互相观察课堂提问	13	27	4
20	平时交流也注重用高质量的提问技能	17	21	4
21	平时注重相关内容的个人反思	12	27	2
22	（留白可自己补充）			

调查说明：平时的教学中，绝大多数教师都是通过自己不断的实践才获得课堂提问的经验的，很少关注课堂提问的相关理念，更不注重同事之间在这方面的交流。这说明教师课堂提问行为存在以下几个突出的问题：

1. 对有效提问的理解存在偏差

很多教师都认为，上好一堂课最重要的前提就是要设计好各个环节的问题。但是很少有人关注，同样一个问题，不同的教师问出来产生的效果却是不一样的。甚至很多人还认为效果不好的原因是问题设计不够好。这说明教师对课堂提问操作是不重视的。

2. 缺乏对提问操作应有的重视

虽然有部分教师意识到问题操作的作用，但往往会想，这么好的问题都被我想出来了，如何操作我还不会吗？凭自己的教学经验我就能很好地应付。

3. 对提问操作缺乏足够的反思

注意课堂细节的教师都碰到过由于提问操作不合理而产生负面效果的情况，不过大多数教师认为，这并不是上好一堂课最关键的地方，只要在具体操作中临时加以修正就好了。因此，很少会有教师对它进行深入的反思。这也是导致这个问题没有被很好解决的关键。

4. 急需一套实效性的操作规范

由于对提问操作的忽视，大多数教师对于课堂提问操作都具有一定的随意性，随着自己的心情来完成提问。比如：很多教师都是刚提出问题就请学生回答，根本没有留给学生思考的时间；遇到轻声回答的，教师会靠近那一个学生，结果越靠近学生回答声音越轻；原本很简单的问题，明明是学生过于紧张没有流利地回答，而教师还在那里苦苦追问。这些都是在课堂提问中常见而细小的问题，但对课堂效率的影响却是非常大。

这种“以做代学”找出优缺点的调查方式，不仅让老师们了解了课堂提问操作的内容，更深入到了课题研究的第一线。在反思自己提问行为的同时，也给课题的深入研究积累了可贵的资料。教师课堂里的任何一个细小的行为，都将改变学生课堂学习有效性的程度，何况是时刻牵动着学生学习思维的课堂提问，看似很小的“它”，却很有可能将课堂效率带入“高效”或“低产”的两个极端。因此，从我校实际出发，我们选择“小学数学课堂提问新规范的创建与落实”为课题，具有十分重要的意义。

二、概念界定与研究目标

（一）概念界定

课堂提问规范：这里是指教师在课堂上，把事先根据教材、学生等因素预设好的教学问题，通过口头语言、肢体动作、教学工具等各种载体进行实施的问题操作行为，同时获得教学反馈或问题再深入的一个过程。

课堂提问规范的创新与落实：不仅要提高教师对课堂提问行为的认识，将原先零散的课堂提问规范罗列成册，而且在此基础上，研究并建立一套教师团队乃至个人都可以随时监督或者提升自己提问行为的、方便的行为落实模式。本课题所说的“创新规范”，新在所列举的提问规范，不仅提供了实践方向，而且可以运用本课题的操作模式，结合变化的课堂，进行验证、创新、落实的动态化规范。

（二）研究目标

①针对短教龄教师，建立条纲式课堂提问新规范。

②针对有经验的教师，建立一套落实课堂提问行为的动态式规范。

③降低课堂教学成本，提高学生的学习效率。

三、研究的内容

1. 回顾课堂追寻不良行为的研究

在课堂提问的过程中，必然存在一些不良现象阻碍教学效率的提高。为了充分提高课堂教学效率，我们将运用问卷调查、访谈等多种策略进一步深入地找出目前提问过程中存在的那些不良行为。

2. 有效课堂提问规范的要义研究

从提问实施的几个具体过程展开研究，在具体环节中找寻和辨明提问规范。

（1）课堂问题呈现过程的有效性研究

课堂问题的呈现方式很多，可以让教师来呈现，还可以让学生自己来呈现。而且提问操作所借助的载体也很多的，比如：教师的口头语言、教师的肢体语言、教室内的各种教学用具等。这些都有可能影响课堂问题呈现的效果。为此，如何利用好这些载体，实现最佳的问题呈现，也是需要研究的一个内容。

（2）课堂问题展开过程的有效性研究

既然是问题就肯定会有回答，所以问与答必定会有一个空间展开过程。而这个过程中又存在很多因素，比如：有没有等待的时间、有没有实行恰当的追问等，问题对象的涉及面有多广、问答双方的交流如何等。我们也打算研究这些因素对于有效提问的影响。

（3）课堂问题应对过程的有效性研究

有问有答还不是课堂“提问操作”的全过程，教师还要对学生的回答作出正确合理的应对，这个问题才算结束。在这个应对的过程中又有很多值得我们研究的问题。比如：当问题遇到困难的时候，是直接进行提示，还是利用别的问题进行间接提示，或者是进行其他的辅助措施。

3. 改进课堂提问行为建立新规范的研究

针对课堂提问的不良行为，通过课堂解析、自我反思等策略寻找相应的改进措施或者建立全新的提问规范，是本课题的重要环节。

4. 课堂提问操作的实效性评价研究

课堂提问在课堂上是一个一瞬即逝的动态过程，所以寻找一种简便快速的评价课堂提问有效性的措施非常重要，这个直接影响到教师“提问操作”优秀策略的形成。提问肯定离不开教师与学生两方面，所以教师有哪些途径来评价自己的“提问操作”？可以从哪些渠道从学生的角度去衡量教师“提问操作”的有效性？对此，我们也进行了研究。

5. 基于课堂提问新规范下的课堂结构研究

解决了课堂提问过程中现存的问题，我们需要对这些优秀的操作措施进行整合。建立一种容易操作的课堂提问新规范，让教师能轻松地运用到实践教学过程中去，并且让这些研究成果得到不断的改进与升华。同时在一整套新规范背景下，现有课堂结构势必会有所打破。我们认为，这也是一个值得研究的方面。

四、研究的措施

（一）构建课题研究的支持体系

1. 建立“课堂提问研究”管理网络

学校建立由课题负责人教科室主任、教研组组长、学科骨干教师三级管理体制和工作网络。由教科室主任负责制订适合本校的具体活动计划，统筹实施研究计划，并主管信息的收集、加工、发布和储存，发动全体教师提高信息意识，建立收集、发布、学习教育信息制度，为不断完善和深化课题的研究提供大量信息。下表是某些课堂解析研究的安排。

<table>
<tr><td colspan="2">活动主题</td><td colspan="2">12 月 6 日“小学数学课堂提问新规范的创建与落实”专题研讨活动之数学大组课堂解析教研活动安排</td></tr>
<tr><td colspan="3">活动总负责：审核活动安排</td><td>教科室</td></tr>
<tr><td colspan="3">活动策划：提供各项表格资料，各组人员分配</td><td>教科室</td></tr>
<tr><td colspan="3">活动落实：组织各项会议，落实听课人员、摄像人员</td><td>高段数学组</td></tr>
<tr><td colspan="3">活动宣传：活动报道、横幅、拍照</td><td>低段数学组</td></tr>
<tr><td colspan="3">活动保障：多媒体、茶水等后勤工作</td><td>低段数学组</td></tr>
<tr><td colspan="3">执教</td><td>高段数学组</td></tr>
<tr><td rowspan="4">课堂解析分组</td><td rowspan="4">由组长负责与全体教师进行交流</td><td colspan="2">第一组：××× ××× ×××等 组长：×××
观察某一位学生的课堂问答情况，作出课堂提问的个案效果分析</td></tr>
<tr><td colspan="2">第二组：××× ××× ×××等 组长：×××
观察某个四人小组对于教师提问的投入情况，作出课堂提问的整体效果分析</td></tr>
<tr><td colspan="2">第三组：××× ××× ×××等 组长：×××
分“提问类别”观察整个班级的问答情况，作出课堂提问的整体效果分析</td></tr>
<tr><td colspan="2">第四组：××× ××× ×××等 组长：×××
观察整个班级的课堂问答语言流向，作出课堂问答互动的整体评价</td></tr>
<tr><td colspan="2">活动总结、材料汇总与分析</td><td colspan="2">教科室</td></tr>
</table>

2. 加强培训工作加深教研底蕴

①加强理论学习，寻找正确实践的理论支撑点。

②专家引领指导，掌握改进课堂提问的研究方法。a. 邀请教科研专家来校指导；b. 学习知名学校的先进经验。

（二）运用课堂解析模式创建课堂提问新规范

结合本校“基于课堂解析的反思导行教研模式的实践研究”所取得的成果，进行课堂提问的课堂解析。解析方式分为以下几种：公开课教研组合作式解析、日常课沙龙式解析。此解析为新教师逐步建立一整套各科有效提问的新规范，为有经验教师积累一套可以在教研团队中互相交流、科学分析的课堂提问观察方式。

解析流程：

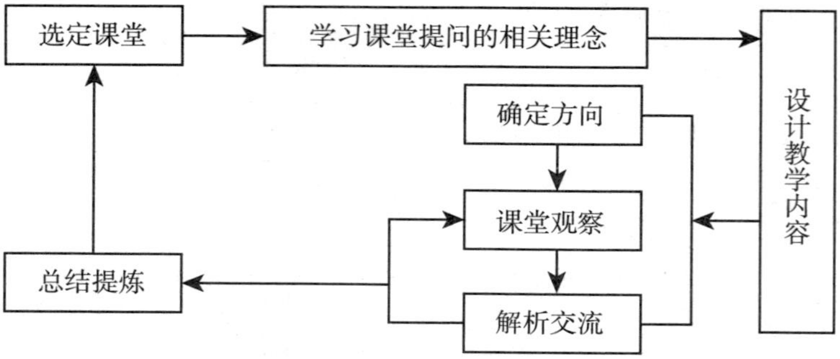

1. 公开课——教研组合作式解析

包括教研大组公开课、教研小组公开课，进行课堂提问相关内容的课堂解析。在这一研究模式中，各个团队自主组成合作小组，“两个一群”“三个一伙”“五个一帮”，分工记录，交流总结、探讨课堂提问，在团队活动中进行思维碰撞，积累改进措施的重要资料。

（1）以个案观察分析，看课堂提问的成效。

①观察措施：从个案观察的角度来研究“落实提问规范，提高课堂效率”这一专题，反思教师的教学行为，课前和班主任老师联系，选择学习能力强、中等、相对较弱的三个小朋友作为观察的对象，在三个孩子不知情的情况下对他们的学习过程进行一对一的观察记录。如下表：

个案观察调查表

观察对象＿＿＿＿＿　　观察记录者＿＿＿＿＿

	教师或学生提问	学生课堂表现
1		
2		
3		
4		
课后调查	调查手段：	学生学习效果：

②观察描述。③课后调查。④分析汇总。

（2）从小组观察，来看课堂提问的效果。

围绕“建立课堂提问新规范”这一主题，以学生学习投入状态为切口，对孩子们进行细致的观察和记录，试图从数据分析和情境描述中，考察老师课堂提问的有效性。此次观察的对象是五（4）班 34 位学生，每人负责 4 位学生，将学生学习的投入表现分为三种情况：一是投入状态（如能专注倾听并积极参与、积极举手并大胆发言、集中注意力完成学习任务等）；二是一般性投入状态（如基本上能专心听讲，但并不举手发言）；三是非投入状态（如做小动作、说话、开小差及其他），并对此进行了数据的记录和整理。此外，还对教学时段、教学手段、学生课堂行为进行描述，从而实现定量和定性的相结合。具体如下表：

学生学习投入状态观察表　观察记录者＿＿＿＿＿

核心提问	非常投入状态	一般性投入状态	非投入状态				教学手段
			做小动作	说话	开小差	其他	
总计							
百分比							

①课前准备。②观察描述。③分析汇总。

（3）以提问类别观察，看课堂提问的成效。

从提问行为这个角度对本课落实提问规范，提高课堂效率进行研讨分析，具体分为“提问类型”“挑选回答问题方式”“理答方式”“停顿”四个方面来观察课堂，每位教师负责一块内容。如下表：

各种提问行为类别频次统计表　观察记录者＿＿＿＿＿

行为类别		频次	百分比
提出问题的类型	核心提问		
	提醒型追问		
	过易提问		
	重复提问		
	无效提问		
挑选回答问题方式	提问前，先点名		
	提问后，让学生齐答		
	提问后，叫举手者答		
	提问后，叫未举手者答		
	提问后，改问其他同学		
教师理答方式	打断学生回答，或自己代答		
	对学生回答不理睬或消极批评		
	重复自己的问题或学生答案		
	对学生的回答鼓励、称赞		
	鼓励学生提出问题		

续表

行为类别		频次	百分比
停顿	提问后，没有停顿		
	提问后，停顿过长		
	提问后，适当停顿		
	学生答不出，没有等待		
	学生答不出，适当等待		

①从教师提问类型看本课教学。

整节课提问类型统计表

提问类型	核心提问	提醒型追问	过易提问	重复提问	无效问题	合计
提问数量	3	28	4	5	4	44

②从教师挑选回答的问题方式看本课数学。③从教师理答方式看本课教学。④总体分析。

（4）以课堂互动的整体分析，看提问的效果。

几位教师负责观察全体学生互动交流情况，记录教师与全体学生、教师与个别学生、教师与某个组、教师与男生或者女生等互动交流的次数，来看教师互动的面、互动的方式、互动的效果等。

2. 日常课——教师沙龙式解析

每位实验教师每学期安排一堂自我解析课。范围最小可以缩小到两人，比如同事有意识用提问作为主要教学方式时，就观摩他的课堂，并邀请同事观察自己与学生的提问行为；或者将自己的课堂进行录像，在课后进行反复研究。这种教研模式更能体现教师的自主性与能动性，虽然没有像公开课那样全面分析，但根据自己实践选定的某个提问规范的分析，能实现深入的研究，而且进行课堂提问新规范的再创造。如：数学低段小组活动中采用的是开放式的分析法，活动关注点可以由自己选。

（三）运用课堂后思策略创建课堂提问新规范

1. 教师反思策略完善课堂提问新规范

①微博反思。②教学论坛。③定期反馈。

2. 外围突破策略完善课堂提问新规范

①研究融入学生。②研究融入生活。

（四）加强过程督导，深化课题研究落实提问新规范

为了深化课题研究，推广研究成果，提高研究的质量和研究水平，学校教科室进行严密的过程督导，全面提升课题的研究实效。①集体备课。②教学调研。③例会小结。

五、研究成效

在以上研究中，我们都是从提问的效果出发来创新提问规范的，老师们只要对照以下几条去反思自己的提问行为，研究就变得非常方便、容易操作。如：①学生能听得到教师的提问。②学生能听得懂教师的问题。③学生愿意去积极思考教师问题。④每位学生都有回答的可能。⑤学生有深入思考问题的空间。研究成效自然就非常明显！

（一）创立了课堂解析模式来创新提问规范

课堂提问行为是课堂教学中非常常见的一块内容，但又是一块非常无形的内容。虽然它无处不在，但要想清晰地抓住它也是非常困难的。所以我们采用具备非常清晰的分工、细致的观察点的课堂解析模式进行研究。

我们在开学时制订活动计划，安排好上课以及后勤保障等人员，活动一周前对参与教师进行周密的分组，分为“观察学生个体”组、“观察四人小组”组、“观察全体学生”组，分别进行课堂提问行为（“提问类型”“挑选回答问题方式”“理答方式”等多方面来观察课堂）的细致观察，让不同成员先去收集相关的资料。课前每个小组还得进行再分工，每位观察者都落实具体的观察对象、观察内容、观察地点。课堂上观察者结合相关的表格进行详细的记录，课后进行及时细致的分析，将第一手分析资料汇总给相应观察组的组长。接着由各个组的组长做总结性发言，从本组观察角度中看教师课堂提问行为。最后由教科室汇总各组材料，作出合理分析，形成一份阶段性的研究成果，再返回给研究的相关教师进行实践。

（二）建立了小学数学课堂条纲式提问新规范

新教师拥有丰富的理论功底和扎实的学科基础，但他们最缺少的是课堂教学经验，因此给这些充满活力的教师提供一份经验式的课堂提问规范，是非常有必要的。通过本课题的研究，我们就总结出了一套抓得住摸得着的课堂提问规范，并且每一条后面，都做了详细的解释，并且配有相应课堂的具体实例，便于新教师们更好地去把握和实践。同时我们还有意识地分年段制定相应的课堂提问规

范，以此适应教学不同年段教师的需求。

（三）建立了小学数学课堂动态式提问新规范

对于具备一定经验的数学教师来讲，条纲式课堂提问规范是不够全面的。因为课堂是千变万化的，教师的提问操作同样需要有非常丰富的应对手段。建立动态式课堂提问规范，就是为这些教师服务的，目的是为他们创造一种可以向课堂有效提问操作不断前进的途径。

何谓课堂动态式提问新规范呢？就是通过一段时间的研究，我们积累了丰富的课题资源，老师们只要通过简单的操作实践，就可以快速提高自己提问操作的能力。我们把这种没有具体纲领的，而是以具体的实践操作来实现课堂提问新规范的落实与再创新的模式，叫作课堂动态式提问新规范。其分为团队动态式课堂提问新规范（运用课堂解析模式去观察分析、提高落实课堂提问行为）、个人动态式课堂提问新规范（通过教师课堂提问行为现状调查表、改进课堂提问行为研究的阶段性反馈表、小组互动观察表、各科中期成果调查表、课堂观察解析表、教学论坛表等调查与分析，来实现课堂提问行为的最佳效果）。

第六章

一往情深地交流分享着留白的思想

我觉得教育最大的特点，就是有无限的可能。因此，任何一种教育理念都不是独立的，它们相互之间存在着千丝万缕的联系。所以，我个人认为只有不断地相互交流，才能发挥每一种教学理念的最大效果。

在与老师们分享“留白”教学理念的过程中，我大概经历着三个过程。

第一，在自己的学校，建设“微教研团队”。其目的是把有教育梦想的老师集中起来，一起做我们自己喜欢的事。这里面不仅仅有数学老师，还有语文、英语、科学、美术、体育等各个学科的老师。但是我们都有一个共同点，就是追求自己的教育梦想。由于是在同一个学校，所以在相互交流的过程中，不仅能创设良好的工作氛围，还能实现共同成长。

第二，在不同的区域成立“名师工作室”。比如，杭州市教育局指定的杭州市俞波“名师乡村工作室”，其设立地点在淳安县姜家镇中心小学，学员来自周边乡镇的十余所小学。再有萧山区教育局指定去支教的学校，以及应一些教育集团邀请成立的名师工作室等这样以工作室的方式分享留白的教学理念，最大的好处是可以共同研究，用研究的视角去践行我们的教育梦想。

第三，在不同层面的学习过程中，发展“学术交流群”。比如，我参加的浙派名师培养对象的培训班、萧山区坚石计划数学高端研修班、数学 90 学时培训班，甚至是几位要好的老师一起建一个交流群等，用各种不同的方式与不同的老师共同探讨自己的教学理念。这样的最大的好处是，听到各种不同的声音，让“留白”的教学理念获得一些不同理念的碰撞与补充，让“留白”更加扎实、更加丰满。

以上三种与教师分享“留白”教学的方式，让我不断地思考，如何在数学课堂上践行“开放、放大、等待”这样的教学风格，给学生更多“留白”的时间与空间，让孩子们实现更好地成长。同时，在这个学生获益的过程中，我自己和周围的老师们，自然而然地形成一种“留白”的交流方式，为各自的独立思考留出空间与时间。

我们学校的一位年轻教师，在一次工作汇报中这样写道：只要认真备好课，用心去钻研，学生就会喜欢你的课，你对课堂所花费的心血会在孩子们的表现中反映出来。我非常欣赏这位老师能够这样去认识自己的工作，我更喜欢与这样的老师成为很好的朋友。因为，只有这样去践行的老师，才能配得上“教育情怀”这几个字。

所以，对于年轻教师，第一次见面时我总会问以下三个问题，第一，你在教学中有遇到过问题吗？（了解这些老师是否善于观察教学中的现象）第二，你遇到的问题解决了吗？（了解年轻教师是否善于思考）第三，你是独立还是在有人帮助下解决问题的？（了解这些教师个人背后是否有一个相互学习的团队）以上这三个问题，反映出我的一个希望，就是用这样的思考方式，让每一位年轻教师，在教学中少走弯路，对教学现象深入观察，然后将自己真正融入这些教育事件中去，最后想办法改变原来的不足之处，实现最佳的教学效果。

教师要完成书本无法完成的事，这就需要在教学中具备各种应变的能力。

第一节　建设“微教研团队”共同成长

一、以“微教研团队”为抓手，撬动教师研训“裂变式推进”

一个学校要发展，主要靠什么？靠校长？靠学生？都对，但是校长和学生靠谁？一定是靠教师。今天我在这里向大家介绍一下我们学校的“微教研团队”。正是有了这样一个研究团队，撬动了学校全体教师的一系列转变。先让大家了解一下我们学校教师的三点变化，代表了学校教师整体的发展：首先是年轻教师由一开始不敢上公开课，到现在主动要求开课；其次是杭州市教坛新秀、教研大组长等骨干教师由一开始的不需展示，到现在主动搭台办论坛；再次是具有 30 年教龄的老教师由开始的不用挑重担，到现在主动要求担任班主任。

三个层面的教师能出现如此变化，就是源于我们成立的这个“微教研团队”。

什么是“微教研团队”？

团队成立于 2017 年 9 月，之所以叫“微”，源于当时的一种指导思想，凝聚学校中有主动教研意愿的教师进行教学研究。我们的方针是宁缺毋滥，牢牢把握一个标准选定人员：具备主动研究意愿。（大家想：一把刀尖是不是越小越容易插入敌人胸膛，我们也正是要一把锋利的尖刀，所以取名“微”）为何从“教研”入手呢？教育部原副部长、中国工程院院士韦钰说：教学研究是我们克服职业倦怠的一剂良药，长期的单调的教育教学生活，使得大部分教师对教学工作产生一种厌烦，一种麻木。克服职业倦怠的最好的办法不是别的，就是教学研究。

团队刚刚成立时是 14 人，目前扩展到 27 人，有一位名师、两位杭秀、三位区秀。其成员大多数年龄在 35 周岁以下，人员涵盖各个学科。这些人有一个共同的特点，就是人人都有一股热情来投入教学研究。（这些人，你想怎么折腾就怎么来，上公开课、写论文、参加任何比赛都不会有怨言，而且会互相合作）

为什么成立“微教研团队”？

大家多少会有一种感觉，现在学校里对于教师的积极性调动非常难，可以这么讲，很多老师都不想做学校布置的工作。（比如要选派参加优质课人选了，年轻老师想去参加却没有底气，骨干老师有点底气却不想参加）特别是对于年轻教师还没有掌握方法就没有研究意愿，这是多么恐怖的一件事情。这些可以说是目前大环境的共性。

因此，成立这个团队的目的，概括地说是三句话：寻求培养年轻教师的路径；打造展示骨干教师才能的平台；巧设焕发年长教师活力的契机。

培养年轻教师是学校管理者的良知。一个学校年轻教师必须培养，这是学校管理者的基本良知，这些老师是我们下一代的希望，不培养好会害几代人。然而，培养是需要有方法与途径的，不是每天找老师谈话就可以的。我想年轻教师的成长要借助团队来“武装”自己。

用好骨干教师是学校出成绩的基础。一个学校年轻教师的培养是校长的良心活儿，但真正能让校长的管理立马出成绩的是骨干教师。可惜这些老师往往已经产生惰性，因为他们的教坛新秀评比、职称评定都已经完成，不过只要有一股洪流推一把，他们就会参与进来的，因此骨干教师要保持激情，凭借团队来“磨砺”自己，让他们有机会发挥自己的才能。

能引导好老教师是学校腾飞的保障。若能将学校中的老教师引导好的话，这些老教师一个可以顶好几个。反之，学校工作将寸步难行。因为他们不仅有教学经验而且还有号召力，见到不务正业的行为他们更善于发表言论。为了年长教师活力长存，最好的办法就是让教师明白我要是再不参与进来就要落伍了，这样老教师就会积极参与，了解一下到底在干什么。（我们微教研团队经常开设教研活动，有很多的老教师悄悄地来看我们到底在弄什么）当他们了解我们在干这么有意义的事之后，他们就会非常乐意地去教室代课，让团队中的老师安心去上公开课。大家想象一下，这是多么美好的场景。

当然在团队培养时，我们把每一位队员既当成年轻教师，又当成骨干教师，还当成老教师来引领，这样就能发挥出他们最大的潜能！

怎么样运作“微教研团队”？

我们把“微教研团队”做成了一个提升教师教学能力的专题项目，并做了三件事。

（一）借助“微教研团队”，掌握教书的根本“套路”

一个优秀的教练员一定是先教一个个挥拍的动作，绝不会是直接上来就教你打球，这就是他成功的“套路”。

那教师成长的基本套路是什么呢？我们认为首先是要学会思考，为此我们坚持每周一思。这并不稀奇，我们的特色是其他老师都会在别人的思考下面点评留言，这样我们就把一个人的成长做成了一个团队的成长。

如果说每周一思是没有主题思考的话，那么我们的教师分工研究就是有主题的思考了。

以数学组为例，微教研团队中的数学老师对全校所有数学教师进行研究分工，人人都有事情做，人人都有研究的主攻方向，这样一把火从“微教研团队”，燃烧到了整个数学组。一二年级的教师研究方向是：人教版与新思维读本的对比研究（全册），有专人负责策划活动，专人负责执笔研究成果。（一个学校需要一个微教研团队，一个学科也需要一个抓手，我们数学组研究的抓手就是新思维数学读本）三四年级教师的研究方向：对新思维读本某一个单元的解读。五六年级教师的研究方向：借用新思维读本来解决自己的困惑。这样做的好处是让每一位教师都深入其中。分工研究的过程中，每一位教师都能从自己的研究角度去懂“新思维读本”的优秀之处，为今后全面铺开读本的使用扫清障碍。

当然，我们全校数学教师拿到读本之后，也不是直接拿来上课，而是先做了一个启动仪式。由我先进行一堂示范课，由徐旭老师向全体数学教师进行赠书，然后从整体上让教师们感知一下“新思维读本”。

沈建生老师是萧山城区数学教师解题能力竞赛中唯一一个满分获得者，我让他做了一个教材对比梳理。他向教师们展示了两种教材每一个单元的知识点的异同，同时谈到了自己的感悟：人教版一上教材和“新思维读本 1A”知识体系都很完善。区别是：人教版偏基础型，注重基础性知识和练习；“新思维读本 1A”偏重拓展型，对孩子的基础要求相对高一些，对孩子的思维拓展有很大帮助。比如加、减法这部分，人教版基本以能正确计算为主，如 7−2=？而“新思维读本 1A”把三者关系也安排进去了，如，7−2=5，2=7−5，7=5+2。

这样做是让教师们能快速地从整体上了解“新思维读本”，在之后的课堂教学研究时就有了比较明确的方向。对新思维读本特有的知识点我们就单独进行研究，两个版本都有的知识点就进行对比式研究。

因为有了这样深入的研究，所以仅仅第一个学期一个数学组的教研活动就有

24 次，参与的区级活动有 28 人次。微教研团队成立一年半以来，共计听课活动达到 150 次之多。

我还受邀到杭州地区研讨会上介绍了我校的数学团队。浙江省功勋教师张天孝老师听了之后马上把城东小学作为他们教材研究的基地。

裂变之一：用思考这把火从“微教研团队”，燃烧到了整个数学组。

（二）借助“微教研团队”，练就教师成长的“桥段”

好看的电影一定有类似的桥段，这些桥段都有能够吸引观众的类似情节。同样，一个优秀的教师也一定会拥有成功的教学桥段。当教师明白了这些桥段的共同特征之后，离名师也就不远了。那么教师成名的桥段是什么呢？我们认为就是要善于表达。

为此，我们学校坚持进行每月举办一次论坛，来寻找这样的桥段。比如我们学校举行的“拥抱新思维，燃情真数学——新思维儿童数学读本专场研讨活动”。虽然每一位老师的工作量都很足，每周至少有 15 节课，但是只要进行这样的研究活动，人人都主动要求参与。

我们从三个方面来进行论坛：

第一，针对某一单元的分析，对新思维读本某一个单元的解读。主讲人：王城城，上课非常好，与杭州市教坛新秀同台上课他毫不逊色。

第二，是针对某一节课的分析，人教版与新思维读本的对比研究。主讲人：陆凯，浙师大数学硕士研究生，在杭州地区这样的小学教师是不多见的。

第三，针对某一小点的分析，用新思维读本来解决自己的困惑。主讲人：徐爱娣，数学大组长，杭州市教坛新秀，所教班级从一年级一直带到六年级，有着丰富的教学经验。

这仅仅是一次普通论坛，我们月月都有精彩。

比如有一个月论坛主题是“一次成功的教学体验”。陈斌老师（去年被评上杭州市教坛新秀）与大家分享了自己的评比体会，今年他又被选送为萧山区民生实事的优秀支教老师。

此外“学科专场”的论坛，比如语文、数学各个学科专场论坛，每一位教师都进行了论坛。

还有“素养立意”下的课例论坛和“拓展课程”研究论坛，这些都是围绕教研室组织的各项评比进行的，因此论文一等奖的获得者纷纷浮出水面。次次论坛都有点评，一个人的论坛做成了一个团队的成长。于是三年内新教师崭露头角，有的成长为学科大组长，有的成长为大队辅导员。今年团队中有 6 人获得城区教坛新秀称号。这样已然是一把火从“微教研团队”燃烧到了各个学科组。

裂变之二：借论坛这把火，把“微教研团队”燃烧到了每一个学科组。

（三）借助“微教研团队”，掌握教师成功的“模式”

一个成功团队的模式是让每个成员获得均等的发言时间，那么一个教师成功的模式是什么呢？我们认为就是要学会上课。当然这里的模式并非一板一眼的模板，而是上好每一堂数学课的具体而灵活的操作方法。为此，我们全体老师每个学期内每人要上多节公开课。

比如，王城城一个人一学期就开了 5 次课，并且获得城区优质课一等奖和城区教坛新秀。有了这些老师的牵引，学校很多创新活动得以开展。创新“1+X”集体备课的形式，“1”指的是常规的教师个人备课；“X”，就是交叉立体式地开展多元化集体备课。而且备课检查不再是纸质稿的检查，而是校长室的推门听课。本学期校级层面共计听课达 60 余次，平均每一位老师都得到了这样一次教学检查。这样更是一把火从“微教研团队”，燃烧到了整个学校管理层面。

裂变之三：用上课这把火从“微教研团队”，燃烧到了整个学校管理层面。

有了锻炼之后，就有机会登台了。学校承办了非常丰富的各级各类教研活动。

今年以“精品教研，精英磨砺”为目标，多位老师在区级以上公开课和讲座展示，包括全国级、省级、市级层面共计 75 次，实现高标准飞行。学校每月承办区级以上活动。2017 学年第一学期，学校承办了萧山区基于“素养立意”展开的方程系列教学研讨活动、萧山区小学数学新生代教师暨汤瑛名师工作室“同课同构”教学专题研讨活动、朱乐平特级教师新塘工作站研讨活动、城区小学科学“落实新课标，聚焦一年级”主题研讨活动、浙江省新思维儿童数学读本专场研讨活动；2017 学年第二学期，学校承办了萧山区进修学校“数与代数的拓展性课程开发培养班”和杭州市俞波“名师乡村工作室”联合研讨活动、小学数学第一学段“一题一课”教学研讨活动；2018 学年第一学期，学校承办了萧山区“图形与几何”等拓展性课程研讨活动、萧山区坚石计划小学数学高端研修班研讨活动、萧山区科学教研活动、萧山区音乐教研活动、李霞特级教师工作站活动等。

承办这么多的活动，目的是给这个团队成员创造更多更好的机会，让他们在展示中感觉到平时的付出是值得的；要让他们觉得被我折腾是值得的，下次还愿意和我们一起折腾。

我们的青年教师因此获得了成长：陈斌老师在萧山区小学科学年会中做STEM项目的教学成果展示；陆祝林去年被评为区教坛新秀，还在区科学年会上做了展示课；瞿海燕去年被评上萧山区教坛新秀，今年还获得了“教坛中坚”称号。她还带着孩子们在上海滩展示，开发的“管乐合奏课程”被评为区首届精品课程。我作为“国培计划2018”数学培训专家，受邀到天津师范大学为全国各省市教研员展示了公开课；我、徐爱娣、王城城、陈斌还分别送教到春晖小学、恒逸仁和实验学校、求知学校，为民办学校传经送宝。

团队成立以来，队员中评上萧山区名师1人、教坛中坚1人、市教坛新秀2人、区教坛新秀2人、城区教坛新秀6人。另外，一年半来教师技能获奖101项，其中有市、区一等奖18个。今年上半年的12个课题全部在区级立项，其中3个课题在市级立项。我校的规划课题“‘乡村记忆’德育校本课程的开发”已经被杭州市推荐到省里参与评比。我校少警校课程获得2018年精品工程，德育论文获一等奖。我校共计获奖文章达67篇之多，其中市、区一等奖有14篇，此外4篇论文在刊物发表。

“微教研团队”的教师们通过自己的思考、论坛、上课，掌握了教学中的套路、桥段、模式。教师的能力大大提升，学生当然是最大的受益者，自然也带动了学校整体的多方发展。

这支教研团队不仅和谐了同事关系，更唤起了我们的一个梦：“人人成为有情怀的教育人！”努力做到“三个要”：要做一个教育的有心人，记录所思、所想；要做一个教育的促进员，改进所见、所行；要做一个教育的享受者，畅享所感、所悟。

我们用三类人构建起了城东的新舞蹈，用三件事燃烧起了真教研；用“三个要”来铸就城东的教育梦，最终都汇聚到一个点：借助团队，惠泽师生。3×3=9，让我们长长久久地抓住教育根本，在太阳升起最早的地方——城东小学，闻鸡起舞！

二、基于“新思维儿童数学”的“一题一课”拓展课程研究

概念界定：是以“新思维儿童数学”读本为题目素材库，从中选择适合学生获得思维生长的题目作为例题，然后以“一题一课”的课堂教学形式开展教学实践，是在国家基础课程之外的数学拓展性课程。

课程定位：让学生能够接触到人教版之外的数学教学素材，从而获得思维提

升的机会。教师能够创设独特的“一题一课”的课堂教学形式，从而掌握落实数学思想的教学能力。

课程内容：

一年级：①数字天平类的几加几。②加数、加数、和三者的关系，减数、减数、差三者的关系。③图形的辨认。④单数与双数。⑤翻倍与折半。⑥天平图。⑦两5凑10。⑧进一减补。⑨综合训练（一）。⑩综合训练（二）。

二年级：①部分数量与总数量。②图形等式。③移多补少。④图形小世界。⑤两个数量的差比。⑥交换乘数的位置。⑦综合训练（一）。⑧综合训练（二）。⑨综合训练（三）。⑩综合训练（四）。

三年级：①等式变形。②选数字构建等式。③图形的辨认。④立方体拼图。⑤三角形。⑥四边形（一）。⑦四边形（二）。⑧多位数加法和减法。⑨综合训练（一）。⑩综合训练（二）。

课程实施情况与成效：

2018年6月6日，城东小学承办了小学数学第一学段“一题一课”教学研讨活动。浙江省功勋教师张天孝老师、新思维研究院徐旭老师、萧山区教师进修学校项祖法老师，还有萧山区数学高端研修班的学员，萧山城区片、余杭、临安、滨江、千岛湖等杭州各地的老师们到场参加活动。

由我讲解了课程开发的必要性、具体的开发方法以及相关的开发基础准备要求。活动首先展示了陆凯老师执教的《等式的扩展性练习》一课。陆老师以精巧独到、层层深入的教学设计，娴熟地演绎了一堂具有数学思维的课，让学生在乘法口诀得数相等的算式铺垫下，探究用1~9满足两个式子成立：□ × □ ÷ □=□-□　□ + □ = □ + □。学生在算一算、摆一摆后总结规律，通过口诀变形想出更多的填法，培养了学生在有序思考、合理变转化的思维和能力。

接着登场的是杭州市教坛新秀徐爱娣老师带来的“和是48的多连方”。徐老师以充满机智的教学技巧和大气的教学风格，让各个环节精彩纷呈。徐老师以找“和是20的多连方”为铺垫，让学生理解多连方的概念，接着探究寻找“和是42的多连方”。根据“根 + 叶”的思路引导，学生积极性高涨，沉浸在数学的知识海洋中，到下课还意犹未尽。

紧接着，沈建生老师做了《关于“一题一课”的实践体会》讲座。他从题目层次、学生层次、教学层次三个方面与在座老师们交流了两节课的实践体会。

最后，张天孝老师做了发言。他对两位教师的课堂作了高度的评价，肯定他们以学生为中心，老师做到少讲，学生做到思考，培养学生认真听讲、积极思考、自主探索、合作交流的能力。张老师提出“计算的目的是提升思维，而不是单纯地得到答案”，使在座的老师茅塞顿开，受益匪浅！在场老师认真聆听，感悟这位大师为人师者的智慧及其对教育事业的热爱。

第二节　成立“名师工作室”共同研究

一、杭州市俞波“名师乡村工作室”三年行动规划

（一）工作室现状分析

1. 学员所在地理位置偏远，需要搭建“互联网+”的教研平台

本室学员来自淳安姜家镇的老师们，这些老师所处的地理位置离杭州主城区比较远，他们经常性地来杭州或者导师所在的萧山区都是不现实的，因此这样的工作室必须创设更加接地气的教研平台来实现名师工作室的初心。那么定时的面对面实践活动加上平凡的互联网教研将是我们的教研常态，更是我们面对现状的创新研究。

2. 学员的教龄相对比较短，需要形成“易操作”的学习方法

老师们的平均年龄比较小，参加工作的年份并不长。因此需要能够通过本工作室这个平台，更多地接触杭州主城区的教育教学新理念与相关的教学实践活动。在本工作室的具体教研活动中，通过具体的一些学习策略来提升自己的教育教学能力，从而在当地发挥出自己的才能，并且能够影响周围的教师不断创新教育教学方法。

3. 学员没有行政考核要求，需要凝聚“自发性”的参与精神

导师与学员之间并非上下级关系，所以学员对于导师布置的各项研究任务没有行政约束。为此，导师必须要有一种人格魅力，要有一份教育研究的真心，才能够激发出学员们对于相关研究工作的热情。这样的参与热情将是工作室能否实现相应目标的关键。

（二）工作室行动策略

1. 学会开发课程：要让学员明白我们要教什么

我们手头有国家课程、区域课程、校本课程等，对于这些课程，学员们要能清晰地把握好具体的教学目标之外，还需要有能够独立开发教师课程的能力，就是结合自己的工作和特长，将自己所积累的教学思想与实践内容升格为课程。具备这种能力的老师不仅能把握好课程教学目标，更加能够明白学生需要学什么，

老师需要教什么，为此，三年后学员们需要形成一项属于自己的数学课程。

2. 学会创新课堂：要让学员知道我们该怎么教

课堂教学是教师最基本、最直接的教学水平的体现地，教师的任何一项教学理念都是通过课程传递给学生的。课堂更是教师与学生沟通的重压阵地，教学质量的提升与保障就是要在这个课题中去实现的。为此，三年后学员们要能够有方法地进行课堂教学展示，积累实实在在的教学技能，明白如何上好一堂数学课。

3. 学会研究数学：要让学员清晰我们不要什么

知道自己需要什么的人是聪明的人，知道自己不要什么的人是智慧的人。我们教师都是聪明人，为此要通过不断地努力研究，将自己变成智慧的人。不仅要把握能让自己成长的好机会，来磨砺自己的教育教学水平，更要弄清楚不需要做的事，让自己在专业的成长道路上不断地进步。为此，三年后学员不仅要在自己的专业上有所收获，更是要在以后的发展道路上有清晰的目标。

（三）工作室规划目标

1. 第一年目标：落实研究方法，形成学习合力

调查学员基本情况，分析现有积累，制定个人成长方案。

建立“互联网 +”教研模式，调动学员主动参与的研究精神。

设立“易操作”的学习方法，定期开展相关教学研讨活动。

2. 第二年目标：提炼研究内容，创新发展策略

积累学员的学习资源，提炼相关内容形成文章。

为学员创设展示平台，发挥团队优势提升能力。

解决学员的具体问题，形成接地气的破冰之旅。

3. 第三年目标：总结研究成果，展示学员水平

在数学教学上形成一项研究成果；拥有自己的数学课程；拥有适合自己的教学风格；实现自己的成长目标；清晰自己今后的教学之路。

2018 年 2 月 28 日

二、杭州市俞波“名师乡村工作室”成员自律

①以主人翁的姿态参与学习，及时与大家沟通合理有效的学习建议。

②每天活动记录心得体会并上传。（交给助理姜晓丽，然后交给导师）

③每天活动拍照、报道。（助理姜晓丽负责安排落实，网络培训也要报道）

④网络培训及时上传内容，不影响后续成员的学习进度。（一次培训后助理姜晓丽负责汇总内容，然后交给导师）

⑤每年每个成员各自制作一份成果手册。（可以是个人各方面的成长，包括公开课、讲座、各种比赛等，还有参加培训过程中的各种反思以及记录的资料，还有个人在平时的研究成果等。交给助理进行汇总后，助理将本室的各方面规划、计划、方案、学员分析等内容整理进去，做成本室一年成果）

杭州市俞波“名师乡村工作室”学员名单汇总表

学科：小学数学　　设立学校：姜家镇小

序号	所在学校	姓名	政治面貌	职务	学历
1	唐村小学	方照光	党员	副校长	本科
2	王阜乡严家小学	毛凤美	党员	教研组长	本科
3	宋村小学	王建茂	党员	教师	本科
4	叶家小学	叶 芳	党员	班主任	本科
5	畹墅小学	宋华磊	党员	教师	本科
6	界川小学	章 慧	群众	教师	本科
7	双源完小	徐 栋	群众	班主任	本科
8	郭村小学	沈 冬	团员	教师	本科
9	淳安县姜家镇小龙泉完小	姜晓丽	群众	教导主任	本科
10	界首中小	徐仙华	党员	教师	本科
11	姜家镇小	方淑芬	党员	教师	本科

基于“教材对比”的数学课堂教研模式的实践研究

（研究方案）

一、课题的提出

“教材对比”在教师的论文中是比较多见的，但是这些对比仅限于对不同教材内容的比较居多。“教材对比”在教师进行公开课教学时也常被运用，但是也仅限于教师选择不同的版本进行教学。“教材对比”作为一种课堂教研的模式来进行研究至少有以下几个优点：

其一，“教材对比”有利于准确把握数学的本质。

不同版本的教材对于同一教学内容的例题呈现都会有不同的形式，因此通过这些不同教材的对比就更加能够准确地把握题目背后的数学本质。原本教师无法确定的一些实质性的数学内容，也能够快速地通过这些不同的例题辨析清楚。

其二，“教材对比”有利于合理选择例题的呈现。

教师可以从不同版本的教材中获得不同形式的例题，而且这些例题必定是专家深思熟虑才编写完成的。这样一来，面对不同的学生、不同的教师，就可以根据实际需要来选择更加适合的例题呈现形式进行教学。

其三，“教材对比”有利于高效打通反馈的途径。

不同版本教材的习题呈现也不尽相同，那么教师就有机会全方位把握住相关知识点的拓展内容，并且可以寻找到不同的组织线路。因此教师不仅可以有针对性地呈现学生的习题，更可以在这个过程中有效地把握学生的各种反馈内容。

基于以上几点，我们希望借助“教材对比”这个形式来进行合理有效的数学教研活动，完成更加合理的教学设计，实现更加高效的课堂效率，最终形成一种方便通用的教学研究手段。

二、对核心概念的操作定义

①教材对比：选择某一教学内容进行课堂教学，针对这个教学内容寻找不同版本的教材内容，然后用一种独特的对比手段进行对比（例题、习题内容和形式的对比），获得教师需要的内容（本知识点的数学本质，选择用哪种形式的例题和习题的呈现，根据知识脉络把握学生反馈时的应对策略）。

②基于“教材对比”的教研模式：就是以“教材对比”为基本手段，几个老师在一起可以进行磨课、辩课。在这个过程中教师一直是有“教材对比”这个拐杖的，能够围绕着教材、围绕着数学本质进行新课标意图下的课堂教学研究。这是跳出原有数学教研模式的一种新型研讨形式，给教师一个空间和机会去落实核心素养的落地。

三、预期成果

（一）教师方面

学会用“教材对比”的方式去把握数学本质；学会用“教材对比”的方式去选择例题和习题；学会用“教材对比”的方式去形成学生的多样化反馈途径；学会跳出原有的课堂设计和教学模式，学会用科研的方式去思考和实践。

（二）学生方面

借助“教材对比”的教研模式，让更多学生从把握数学本质的角度上去学习数学，做到既学会数学的技巧更理解数学的算理，从而提高数学课堂的学习效率。

（三）成果形式

“教材对比的表格设计”：包括通过内容表象比较出数学本质，然后设计出自己上课的例题、习题等，预设学生的各种反馈途径等。

“听课观察的表格设计”：包括记录例题和习题使用后的学生反馈内容、反馈方式、学生受益面等情况。

“课后分析内容的表格设计”：包括数学本质的把握是否准确、例题习题设计是否合理、学生反馈途径是否畅通等。

“基于教材对比的数学教研模式”：通过一节课的研究提炼出一种通用的数学课堂教研模式，从而为教师快速成长和学生高效听课作出贡献。

四、研究指向与内容

要向 40 分钟的数学课堂要质量，教师必须要把握住每一个课时所要教学的数学本质。要快速而准确地把握数学的本质，除了教师本身的数学基本素养之外，还有一个非常好的方法就是进行教材对比，在不同的教材对比中更容易理清。

通过教材对比，正确快速地把握相关数学知识的本质，教师能将数学模型了然于胸，然后根据学生实际情况设计和运用合适的题目呈现方式进行教学，最终使得学生获得更加有效的教学。在这个过程中，教师能够学会用科研的方式去比较教材、分析教材、使用教材、改编教材，用科研的方式去把握课堂、分析课堂、改进课堂，用科研的方式去合作学习、总结经验、不断成长。

1.“教材对比”过程的具体方法研究

以前老师们所做的教材对比都是个人行为，现在则是作为一个团队进行研究。那么各种对比所使用的表格如何设计，教师之间的对比成果如何进行分享都是我们需要研究和设计的。

2. 基于“教材对比”的教学设计研究

教材对比之后，教师一定会有各种收获，那么这样的成果如何运用到教学设计中去，如何把能凸显出数学本质的题目呈现方式设计出来就显得尤为重要。

3. 课堂实践中“教材对比”策略研究

课堂教学实践中，团队教师成员如何进行有效的课堂观察，具体观察什么内容，观察表格如何设计，并且这些观察分析内容与之前的教材对比相结合来分析课堂教学的实际成果。

4. 课堂实践后“教材对比”总结研究

教学实践之后，每一位教师都会有不同的经历，如何在这样的经历中获得成长，应该以什么样的角度和方式去反思和总结自己的行动，最后形成一份属于自己收获的教学实践文章，并且与大家共同分享。

五、操作措施

（一）理论实践研究

①了解和学习现阶段关于教材对比的相关成果。

②罗列出部分可进行教材对比研究的课时内容。

③准备好教材对比研究中具体要比的相关条目。

（二）教学实践研究

指定一位教师上课，由这位老师确定教学内容、不同版本教材；然后分工设计具体的教材对比表格并根据表格完成相应的实践内容；接着根据分工设计课堂观察表格进行教学实践和课堂观察；最后根据分工设计表格进行实践之后的分析、团队总结。

每一次教学研讨活动的分工安排表：

基于“教材对比”的数学课堂教研模式研究——以“因数与倍数”一课为例之（萧山城区或萧山农村或千岛湖姜家镇或千岛湖完小）活动		
分工	实践教师名单	实践要求
上课内容		教师上报团队讨论
上课教师		进行本次活动分工
上课时间、地点		根据工作室活动
课前教材对比的表格设计与实践人员		要求表格内容细分、要求从对比中获得教师需要的内容
听课时的教师观察表格设计与实践人员		要求表格内容细分、可以让不同教师负责记录不同内容
听课后的教师评价表格设计与实践人员		要求表格内容细分、包括听课教师评价的不同板块以及任课教师需要总结的内容

（三）确立教研模式的实践研究

通过具体的某一节课进行研究之后，归纳出可以在以后教研活动中通用的方法，然后将这样的教研方法固定下来，传承下去。

六、研究的方法

本课题的研究主要以经验总结法和行动研究法为主。

①文献研究法：我们将主要运用文献研究法来搜集、整理和运用国内外与此

相关的理论，在分析比较的基础上为课题实施提供充实可靠的理论依据。

②行动研究法：我们主要用行动研究法通过实践探索更加有效的课堂教学，在行动中，边实践，边反思，边探索，边修正。

具体方法主要有：

调查法：对学生进行有关课堂教学后的调查问卷，对实验班班级分别进行前测、中测、后测，并进行认真分析总结。

个案研究法：观察优秀教师成功的经验做法，论证后加以推广；观察学生在实验中的转变。教师要积累相关的课例材料，并对所观察学生的情况及时反思，撰写教育随笔，积累相关资料。

照片、录像记录法：在研究过程中，对每次活动进行现场记录与分析，用教师现场听课记录表进行课后研讨分析。

反思法：坚持口头与笔头相结合的原则，进行多维反思。

③经验总结法：认真做好各类资料的收集、整理和实施情况的记录，及时总结各阶段的成果与不足，撰写阶段性小结和有关教学案例。

七、研究的步骤及人员分工

（一）研究步骤

1. 第一阶段：课题形成阶段（2017 年 10 月—2018 年 4 月）

认真学习和领会与本课题相关的理论，完成对课题的论证与构建；撰写论证研究方案，成立课题组织机构，确定研究策略。召开开题会，收集相关资料，各成员设计表格，建立其他研究档案并正式开题研究实验。

2. 第二阶段：深入实验与研究阶段（2018 年 4 月—2019 年 5 月）

按照研究与实验方案，进一步明确研究的目标，进一步细化研究内容。本阶段的重点是深入研究，解决问题。请专家指导，交流研究情况，反思前段研究情况，调整研究方法，积累过程性研究材料。课题组规范课题管理，不断总结升华，潜心深化出新，保证课题研究与实验如期结题。

3. 第三阶段：课题总结结题阶段（2019 年 5 月—2019 年 7 月）

在实验与研究不断深化、取得显著成效的基础上，进一步论证研究成果，对课题研究与实验进行全面的总结，撰写研究与实验总报告，专家鉴定和课题验收。

（二）研究人员及分工

组长：俞波（杭州市“名师乡村工作室”导师，具体负责课题研究工作）。

组员：具体负责各项实践工作。

基于“问题提出”的小学数学课堂教学实践研究

（研究方案）

一、课题的提出

新课标指出，学生自己发现和提出问题是创新的基础。有作家说：人是要长大的，但眼最好不要长大；人是要变老的，但心最好不要变老。眼不大、心不老，就是童眼和童心，有了童眼和童心才能有创造。童眼和童心最大的特点就是孩子小时候能不停地发问，发问是创造的源泉。研究者与普通工作者最大的区别就是，研究者自己解决自己提出的问题，而普通工作者是解决别人提出的问题。然而，为何很多孩子长大了却不会发问了呢？这是我们教育者需要思考和探索解决的问题，基于“问题提出”的小学数学课堂研究就是很好的尝试。

第一，“问题提出”是培养创新意识的基础。

创新意识的培养是现代数学教育的基本任务，应体现在数学教与学的过程之中。学生自己发现和提出问题是创新的基础；独立思考、学会思考是创新的核心；归纳概括得到猜想和规律，并加以验证，是创新的重要方法。创新意识的培养应该从义务教育阶段做起，贯穿数学教育的始终。

第二，“问题提出”是实现知识重构的途径。

当今时代，学习已经不仅仅是知识的简单增加。教师需要通过各种教学手段使得学生的学习真正发生。“问题提出”就是一个非常好的途径。学生可以借助“问题提出”对已经学习的内容进行有效的重构，实现最佳的学习效果。教师可以借助学生的“问题提出”充分地了解学生的学习现状。

第三，“问题提出”是获得学习方法的平台。

查理·芒格（Charlie Thomas Munger，1924 年 1 月 1 日出生），美国投资家，沃伦·巴菲特的黄金搭档，伯克夏·哈撒韦公司的副主席。他曾指出：人类社会只有发明了发明的方法之后才能发展，同样的道理，你们只有学习了学习的方法之后才能进步。学生可以借助“问题提出”的方式掌握一种非常好的学习方法。

基于以上几点，我们希望借助“问题提出”这个形式来进行合理有效的数学教研活动，完成更加合理的教学设计，实现更加高效的课堂效率，最终形成一种方便通用的教学研究手段。

二、对核心概念的操作定义

所谓“问题提出”，在教学中既是方法又是目标，它有别于一般认为的课堂中教师的提问、学生向教师或同学提出的问题，也有别于课后学生还有不明白的提问。这里是指教师首先提供某个知识点，然后学生提出可以用这个知识点来解决的相关问题，是一个个非常具体的数学问题。这个提出问题的过程给予学生对原有知识进行激活和梳理的机会，之后同学们一起对问题进行分析的过程，更给予学生对原有知识的重构机会，从而使得学生的学习不是简单的量的增加，在对原有知识的重构中实现数学能力的提升。

执教这样的课堂，教师的教学水平同样不是简单的经验积累，更是对原有教学经验的重构，是教学能力提升的重要途径。因为教师需要在原有基础上从更高的角度、更开放的视野去设计和实施教学，完全以学生的现场反应来进行教学。

三、预期成果

（一）教师善于用“问题提出”的方式教学

学会用“问题提出”的方式去把握数学本质；学会用“问题提出”的方式去选择例题和习题；学会用“问题提出”的方式去形成学生的多样化反馈途径；学会跳出原有的课堂设计和教学模式，学会用科研的方式去思考和实践。

（二）学生学会用“问题提出”的方式学习

借助“问题提出”的教研模式，让更多学生从把握数学本质的角度上去学习数学，做到既学会数学的技巧更理解数学的算理，还能从中获得一种数学学习方法，从而提高数学课堂的学习效率。

（三）成果形式

“问题提出”的教学设计：在正确理解“问题提出”概念的基础上，能够设计出便于学生进行“问题提出”学习的课堂教学设计方案。

“问题提出”的教学实录：在众多的教学实践中筛选出具有典型性的课堂教学案例，能够凸显出“问题提出”教学的优越性。

“问题提出”的教学后思：针对具体的教学实践内容，能够进行深入分析，充分而深刻地概括出“问题提出”教学的设计方法、实践须知。

基于“问题提出”的数学教研模式：通过一节课的研究提炼出一种通用的数学课堂教研模式，从而为教师快速成长和学生高效听课作出贡献。

四、研究指向与内容

要向 40 分钟的数学课堂要质量，教师必须要把握住每一个课时所要教学的数学本质。要快速而准确地把握数学的本质，除了教师本身的数学基本素养之外，还有一个非常好的方法就是用“问题提出”的方式进行教学，实现最佳的课堂效率，为培养出创新人才而准备。

教师根据学生实际情况设计和运用合适的教学内容，通过“问题提出”的方式，学生能正确快速地把握相关数学知识的本质，将数学模型了然于胸，最终获得更加有效的学习。在这个过程中，教师能够学会用科研的方式去思考、分析，用科研的方式去把握课堂、分析课堂、改进课堂，用科研的方式去合作学习、总结经验、不断成长。

1.“问题提出”的教学理念研究

“问题提出”的教学方式，在国际上和国内都有专家在进行研究，我们可以学习和借鉴他们的研究成果。作为一线教师的我们，可以在别人研究的基础上有所突破，就是在某一节课上，我们如何进行更深入的研究。

2.“问题提出”的教学设计研究

“问题提出”教学理念，对于一线教师一定会有各种收获，那么这样的成果如何运用到教学设计中去，如何设计出合理有效的数学教学活动、学习内容就显得尤为重要。

3.“问题提出”的教学实践研究

课堂教学实践中，团队教师成员如何进行有效的课堂观察，具体观察什么内容，观察表格如何设计，并且将这些观察分析内容与之前的教学方式对比相结合来分析课堂教学的实际成果。

4.“问题提出”的教学反思研究

教学实践之后，每一位教师都会有不同的经历，如何在这样的经历中获得成长，应以什么样的角度和方式去反思和总结自己的行动，最后形成一份属于自己收获的教学实践文章，并且与大家共同分享。

五、操作措施

（一）理论实践研究

①学习现阶段关于“问题提出”教学的相关成果。

②罗列部分可进行“问题提出”教学的课时内容。

③预设重点要突破“问题提出”教学的实践目标。

（二）教学实践研究

指定一位教师上课，由这位老师确定教学内容，然后分工合作实践。

每一次教学研讨活动的分工安排表：

基于“问题提出”的数学课堂教研模式研究—— 以某一课为例 之（萧山城区 或 萧山农村 或 千岛湖姜家镇 或 千岛湖完小）活动		
分工	实践教师	实践要求
上课内容		教师上报团队讨论
上课教师		进行本次活动分工
上课时间、地点		根据工作室活动
课前“问题提出”教学环节设计		要求活动明确、学生有机会以“提出问题”的方式学习
课中“问题提出”教学观察表格设计与实践		要求表格内容细分、可以让不同教师负责记录不同内容
课后“问题提出”教学的后思与讨论		要求上课老师主要思考，听课教师人人留言

（三）确立教研模式的实践研究

通过具体的某一节课进行研究之后，归纳出可以在以后教研活动中通用的方法，然后将这样的教研方法固定下来，传承下去。

六、研究的方法

本课题的研究主要以文献研究法、经验总结法和行动研究法为主。

①文献研究法：我们将主要运用文献研究法来搜集、整理和运用国内外与此相关的理论，在分析比较的基础上为课题实施提供充实可靠的理论依据。

②行动研究法：我们主要用行动研究法通过实践探索更加有效的课堂教学，在行动中，边实践，边反思，边探索，边修正。

具体方法主要有：

调查法：对学生进行有关课堂教学后的调查问卷，对实验班班级分别进行前测、中测、后测，并进行认真分析总结。

个案研究法：观察优秀教师成功的经验做法，论证后加以推广；观察学生在实验中的转变。教师要积累相关的课例材料，并对所观察学生的情况及时反思，撰写教育随笔，积累相关资料。

照片、录像记录法：在研究过程中，对每次活动进行现场记录与分析，用教师现场听课记录表进行课后研讨分析。

反思法：坚持口头与笔头相结合的原则，进行多维反思。

③经验总结法：认真做好各类资料的收集、整理和实施情况的记录，及时总结各阶段的成果与不足，撰写阶段性小结和有关教学案例。

七、研究的步骤及人员分工

（一）研究步骤

1. 第一阶段：课题形成阶段（2018 年 10 月—2019 年 4 月）

认真学习和领会与本课题相关的理论，完成对课题的论证与构建；撰写论证研究方案，成立课题组织机构，确定研究策略。召开开题会，收集相关资料，各成员设计表格，建立其他研究档案并正式开题研究实验。

2. 第二阶段：深入实验与研究阶段（2019 年 4 月—2020 年 5 月）

按照研究与实验方案，进一步明确研究的目标，进一步细化研究内容。本阶段的重点是深入研究，解决问题。请专家指导，交流研究情况，反思前段研究情况，调整研究方法，积累过程性研究材料。课题组规范课题管理，不断总结升华，潜心深化出新，保证课题研究与实验如期结题。

3. 第三阶段：课题总结结题阶段（2020 年 5 月—2020 年 7 月）

在实验与研究不断深化、取得显著成效的基础上，进一步论证研究成果，对课题研究与实验进行全面的总结，撰写研究与实验总报告，专家鉴定和课题验收。

（二）研究人员及分工

组长：俞波（杭州市“名师乡村工作室”导师，具体负责课题研究工作）。

组员：具体负责各项实践工作。

部分学员学习体会分享

浙江省淳安县界首乡中心小学　徐仙华老师

学习心得：

2018 年 3 月，我有幸加入俞波名师工作室，这意味着自己可以有更大的提升空间和可能性。在一次线上工作室活动中，我们观看了俞导执教的“两位数加减法中问题提出”的教学实录，感触颇深：整堂课不花哨，很实在；在老师的问题引领和适时点拨下，学生思维活跃；以“问题提出”为驱动，引起新旧知识、师生观点、生生思维的碰撞，从而多维度促进模型建构。

课一开始直接出示：37+49=？

提出问题：根据这个算式，你能编一道用这个算式解决的数学问题吗？（学生尝试编题，教师查看并给需要的学生适时点拨）

学生成果展示：

学生一：有“一共”就用加法；

学生二："来"就是用加法，"去"就是用减法；

学生三：可以把"37 辆车"看成一个部分数，"49 辆车"看成另一个部分数，一共有多少辆是一个整体。

学生四：有"比"字的不可以用加法计算，使用减法计算。

……

我相信学生成果展示的时候思维是有碰撞的：

师：有"一共"一定用加法解决吗？（用递进式追问引发学生思考，引起思维碰撞：有"一共"好像未必都是用"加法"的……）

师：你能编一道用这个算式解决的带"比"字的数学问题吗？（在教师的问题引领下，学生根据自己的生活经验给算式添了问题情境，还编得有模有样，思维也在原来算式的基础上提升了一个维度，上升到解决问题）

俞导在整个学生发言的过程中，没有立即否定学生的错误答案，而是在其他同学的不同想法中，在自己的思维碰撞中总结得出：我们不能想当然，有"一共"的未必用加法，有"比"字的未必用减法。这也给我们一线老师带来一些思考：我们的学生有时候为什么学得很死？为什么思维品质不高？我想老师应该有一定的责任，不可否认基础很差的同学可以适当灌输一些"死记硬背"的东西（仅限帮助理解），但我们更重要的是要教给孩子思维品质和思维方法。

这节课俞导采用的是问题引领下的"慢板式教学"，真正做到了"学会等待"，等待孩子的成长，等待孩子的"破茧成蝶"。当孩子没有勇气回答或不自信的时候，一个抚摸，适时耐心地等待，最后孩子勇敢地发言了。我想这孩子勇敢地迈出了这一小步，对于他的人生来说可能就是一大步。

浙江省淳安县畹墅小学　宋华磊老师

学习心得：

运用问题组织课堂教学是教师常用的教学方式。优秀的教师善于运用问题激发学生的思维，组织学生进行学习活动。就像杨老师设计的"100 以内数的整理与复习"课，杨老师把提出问题作为教学手段来进行实施，通过设计不同类型的问题让学生自己说，同时学生提出的问题都是本堂课的练习题，重视课堂的生成。因此教师不仅需要给学生提出问题创造条件，还需要帮助学生成为更好的问题提出者，为学生提供经历探究、猜想和提出问题的机会。那如何在自己的课堂中实践这一理念呢？我觉得要做到以下几点。

1. 转变备课方式

在备课时不仅要备教材、备学生、备教案、备习题、备方法等，而且还要精心提炼本节课的核心问题，并认真预设课堂活动的组织方式。比如说教师要抓住内容的结构，在关联处设计问题。教师在备课的过程中要根据教材内容逻辑结构的特点，在关联处设计核心问题，不仅可以统率课堂教学的关键和重点内容，而且可以与该内容密切联系的相关内容进行比较，从而更容易地激活学生的思维。

2. 转变课堂组织方式

现在的课堂要求每位学生都要具备一定的独立思考、自主探究、合作交流等学习能力，具有发现问题、提出问题、探究问题和解决问题的意识。因此教师要创设问题情境，让学生感受问题、发现问题并提出问题，引导学生去思考、讨论并发表自己的看法与见解。

3. 转变学生的学习方式

现在的学生由传统的配合者、接受者和服从者转变为积极参与和主动学习的发现者、探究者和合作者。同时现在的教材例题变少了，习题变活了，过去那种小步子教学、模仿性操作变成了现在的以点带面、举一反三的思维教学和练习。因此，我们在教学时要突出思想方法，以不变的思想方法应对多变的实际情况，这样有利于形成解决问题的策略，培养学生的创新精神和实践能力。

总而言之，我们在自己的教学中要重视问题提出，不仅要给学生创造提出问题的条件，还需要帮助学生成为更好的问题提出者，为学生提供经历探究、猜想和提出问题的机会。

浙江省淳安县姜家镇中心小学龙泉校区　姜晓丽

学习心得：

学习了俞老师“两位数加减法中问题提出”的教学以及美国特拉华大学蔡金法教授“以问题提出方式进行教学”的理论知识，让我对教学有了新的认识。

1. 教学模式的认识

以往的教学模式都是老师抛出数学问题，学生根据题意去解决问题，很少会给出算式，让学生去想可能涉及的数学问题与思考。在俞老师的课堂上，学生通过算式改编成了一道道的数学问题，虽然一节课讲的内容不多，但学生真正明白了为什么用加法解决，并不是说题目中有“一共”就是加法，有“比”就是减法。俞老师通过一个个不同的情景，让学生理解了把一部分和另一部分合在一起就用加法，把一个整体去掉一部分就用减法，学生通过自己提问的方式整理内化本节课所学知识。

2. 教学文本的认识

数学课本上很多的例题基本上都是给出一个具体的生活情境，然后让学生根据这个情境解决数学问题。而“问题提出”的教学不同，它依托于课本知识，又对课本知识进行了升华，学生不光得学会计算，还得学会应用。

那么如何在自己的教学中实践这样的理念呢？我想，首先，我们要充分利用学生的生活经验，把时间留给学生，让学生学会思考；其次，我们要转变以往的教学模式，更新自己的教学思维，努力提高课堂效率。

浙江省淳安县唐村小学　方照光老师

学习心得：

让数学问题带领孩子高效学习

“学贵于疑，小疑则小进，大疑则大进。”有效的课堂提问是老师组织学生进行思考、探究学习的一个有效途径，是让学生主动学习的动力，可以让师生之间形成一个良好的沟通环境。科学源于好奇，学生的思维也往往来源于疑惑。只有让学生有了疑，才可以让他们更好地思。在小学数学的课堂教学中对学生进行恰当的提问，使他们能够有一个很好的思维方向，对于活跃课堂气氛，促进学生学习有很大的帮助。

俞老师在课堂上一直用问题引导孩子们理解加和减的意义所在，小朋友们收获颇丰。课堂中数学的“应用性、实践性”得到充分展示，让孩子们认识到学习数学的重大意义，激发其学习动力，也提高大家应用数学知识解决实际问题的能力。这值得我们学习。

浙江省淳安县姜家镇中心小学　方淑芬老师

学习心得：

我们都知道，在每一个计算单元都会在学习计算课之后学习相关的解决问题的方法，随着不断地学习，学生对问题解决就比较熟悉了。然而，学生对问题的解决能力的提升不是那么明显，特别是学习能力较弱的孩子，题目稍做改变就不会变通，只会做简单的套用算式。而俞老师这堂课就是结合《在问题提出中拓展数学的理解》这篇文章的思想，在给出孩子们算式的情况下，结合自身的生活以及平时自己印象深刻的内容让孩子们想出一种问题情境。本堂课的关键在于问题的提出。俞老师根据学生的问题情境和所提出的数学问题，不断地让孩子说“为什么这个问题可以用加法解决”，其目的是让学生明白：加法是用来解决求“部分 + 部分 = 总数”的问题；让孩子们明白：不能用题目中的个别字来简单地判断加减法，而是学会对问题进行分析。分析题目的方法很多，最能够让人看懂的就是“画图”。画图是学生最欠缺的一项能力，但也是学习数学最必不可少的一种方法，它是将抽象的文字题目转化成形象的图形，如果学生能把文字题目正确地转化成图形，那么必定能很好地理解题目。

在课堂上，俞老师在小部分孩子明白，大部分孩子不明白的情况下，不断地让学生站起来说，利用学生做到“一传十,十传百”，这样的效果比老师说多少遍都要有用。

浙江省淳安县界川小学　章慧老师

学习心得：

这几天自主学习了美国特拉华大学蔡金法教授关于“以问题提出方式进行教学”的理论知识，并在线观摩学习了俞波老师以“问题提出”的方式教学的课堂——“两位数加减法中问题提出”一课，收获颇丰。这是开阔自己数学教学视野、丰富数学教学手段的一次不可多得的学习机会，也是一次让我对何为在“数学问题提出”中进行数学教学的一次重新认识或者说是深刻的理解。从事问题提出的活动不仅能促使学生对数学学习产生美好的情感，更能促进学生问题解决能力的提高。教师不仅需要给学生提出问题创造条件，还需要帮助学生成为更好的问题提出者，为学生提供经历探究、猜想和提出问题的机会。在数学教学中，我们总是站在“知识灌输者”的角度，往往忽视了让学生作为学习的主体，我们害怕学生完成不了自己希望他们在课堂上所能达到的教学目的，不舍得放手，不愿意放手，才让学生成为学习中被动的“知识接受者”。这一次赏析了杨薪意老师执教的“100 以内数的整理和复习”一课教学案例及导师俞波执教的教学视频，这种创造，在课堂实施的过程中，使得学生的课堂参与与投入加大，相比单纯的解决问题更好地促进了他们认知的主动性，也势必产生良好的连锁效应，促进学生认知向综合性、多元性发展。我想，这也是自己在今后的数学教学中可以借鉴开展的一种教学方向。

浙江省淳安县郭村小学 沈冬老师

学习心得：

传统的课堂中常出现的形式是：老师创设一个具体的情境材料，然后提出问题，学生通过思考列出算式并解答，难点不在于如何计算，而在于如何分析条件和问题，列出算式。俞老师的这堂课从 37+49=86 入手，让学生根据这个算式自由发挥想象，编写应用题。在编写的过程中，需要叙述的逻辑性、语言的组织、对生活场景的回忆等。并且在这个过程中，学生明白了为什么用加而不是减，而后再用减法 86–37=49 和 86–49=37 编题，进一步深入探究。

这样的教学让我深受启发。我目前任教六年级数学。六年级上册第六单元百分数（一）的第三课时就涉及许多诸如实际比原计划增加了百分之几或者变化幅度是多少的这类应用题。学生常出现列式错误的情况。而如果在复习课中，用问题提出这一方法进行教学，如出示 100÷（1–20%）=125 这个算式，让学生编题，想必学生定会在编题的过程中逐渐明确为什么这里要用除法，为什么括号里是减而不是加。

浙江省淳安县叶家小学 叶芳老师

学习心得：

创设学生感兴趣的话题情境，给学生提供一个广阔的思维空间，让他们自主地、全方位、多角度思考问题。“问问题”是孩子的一种天性，当学生提出问题时说明他的思维正在萌发。在数学学习中，学生能否提出问题，提出有效的问题，直接体现了学生的数学思维能力。在教学过程中，教师需要尊重学生，正确面对学生提出的各种问题，同时教师应该有意识引导学生有效提问的方法和技巧。当学生大胆提问，教师就可以感受学生的思维过程，找出学生思维的困惑，及时给予学生帮助。以“问题提出”的方式进行教学能有效激发学生的学习积极性，可以帮助学生理解所学知识，多角度参与课堂，有利于学生的学习。当然这样的课堂也需要教师巧妙设计才会水到渠成。

浙江省淳安县严家小学 毛凤美老师

教学设计：

人教版一年级上册“9 加几”教案。

一、复习导入

师：同学们喜欢做游戏吗？今天我们玩一个闯关的游戏。

第一关：计算。

10+1=（　　）　10+5=（　　）　10+4=（　　）

10+8=（　　）　10+9=（　　）　10+3=（　　）

第二关：选择第一关的任意一小题，编一道生活中的数学题。

生 1：有 10 只小鸡在吃米，又来了一只小鸡，一共有几只小鸡？

生 2：树上有 10 只小鸟，又飞来了 5 只小鸟，一共有几只小鸟？

生 3：小兰有 10 支铅笔，妈妈又给她买了 9 支铅笔，她一共有几支铅笔？

……

二、探究新知

根据算式，提出问题。

师：刚才同学们表现得都很棒，都能根据算式编出数学题。现在老师这里还有一道算式，你们能编一道数学题吗？

生：能。

出示：9+4=

（生独立思考，编写数学题）

生 1：有 9 根小棒，又拿出了 4 根小棒，一共有几根小棒？

师：怎样才能快速地算出有几根小棒？

生 1：1、2、3……12、13 依次数。

生 2：从 9 数到 13。

生 3：先从 4 根小棒里面拿出 1 根，与 9 根合在一起，再想“10+3=？”结果是 13。

优化算法，建立模型。

师：小朋友们都很棒，这节课我们着重来讲解第三位同学所讲的“凑十法”。现在我们先观察这些小棒，多少根可以捆成 1 捆？

生：10 根。

师：捆成 10 根一捆后，还有几根？

生：还有 3 根。

师：现在在我们眼前的就是 10 根和 3 根，一共是多少根呢？

生：13 根。

（板书：

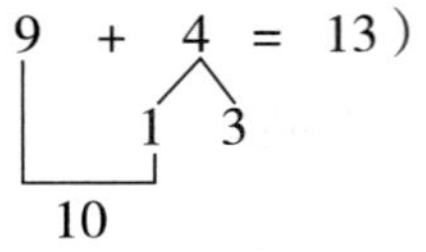

）

师：你会用同样的方法计算 9+7=（　　） 9+8=（　　） 9+3=（　　）吗？

（学生独立思考后汇报）

9+7=（16），从 7 里面拿一根给 9，就捆成了 1 捆，还有 6 根，合在一起就是 16 根；

9+8=（17），从 8 里面拿一根给 9，就捆成了 1 捆，还有 7 根，合在一起就是 17 根；

9+3=（12），从 3 里面拿一根给 9，就捆成了 1 捆，还有 3 根，合在一起就是 12 根。

师：同学们的表现棒极了！像这样的算式，第一个加数都是 9，我们叫它 9 加几。我们是怎样算 9 加几的呢？都是先把 9+1 凑成 10，然后计算 10 加几。

三、巩固训练

1. 先圈出 10 个，再算出一共有多少个。

2. 根据所给图示，编出一道数学问题，并解答。

3. 看谁算得又快又对。

9+7=（　　） 9+8=（　　） 9+3=（　　） 9+6=（　　）

7+9=（　　） 8+9=（　　） 3+9=（　　） 6+9=（　　）

四、课堂小结

师：这节课我们用了“凑十法”解决了 9 加几的问题，请同学们在课后收集生活中 9 加几的数学问题，做成知识小卡片。

猜想·证明·应用

——关注问题提出的“勾股定理逆定理”的教学实践研究

浙江省杭州市萧山区教师发展学院　吴小燕　许兴铭

【摘要】教育培养学生的思维与创造力，提升学生的素养。数学教学中，教师要善于创设问题情境，给学生提供一个探究新知的过程，鼓励学生大胆猜想，提出数学问题，并引领学生解决问题，给学生更多的学习机会与挑战。

【关键词】猜想　探究　问题提出

一、困境：应试课堂教学把学生变成了刷题机器

教学现象 1：初中阶段，为了提高应试能力，教师以大量的题组练习替代了新知的探究过程，学生即使有疑问也不敢提，怕耽误宝贵的课堂时间。课堂缺乏生机，学生就是刷题的机器。

教学现象 2：教师在引领学生探究过程中，没有过多关注学生提出的问题，即使看到学生中的疑问，也是一带而过，继续按照原有的预设进行教学，学生的设想得不到解决与验证，降低了他们的学习积极性，学生数学素养的培养停留在表面。

这些现象表明，教师心里清楚给学生探究与提问的重要性，但由于升学的压力，教师还是带学生进行题海战术，忽视学习过程的探究。长此以往，学生会失去学习的兴趣，缺乏自主探究问题的能力。

二、破冰：在学习情境中学会质疑并提出问题

关注问题提出的教学概述。于学生而言，问题提出包含两种意思：一种是根据情境来提出问题；另一种是改变或改编已知来提出新的问题[①]。本文以课堂教学案例为载体，结合这两种意思来引发学生的问题提出，从中总结出教师引领学生学习几何定理的一种框架模式，如下图。在探究过程中，创设情境，自然而然引发学生的问题，随着学习的发生与发展，学生又引发新的问题，教师始终关注学生的问题提出，积极引领学生一起解决问题，在这样一个不断提出问题、解决问题的学习过程中，提升学生的研究能力和核心素养。

流程图如下：

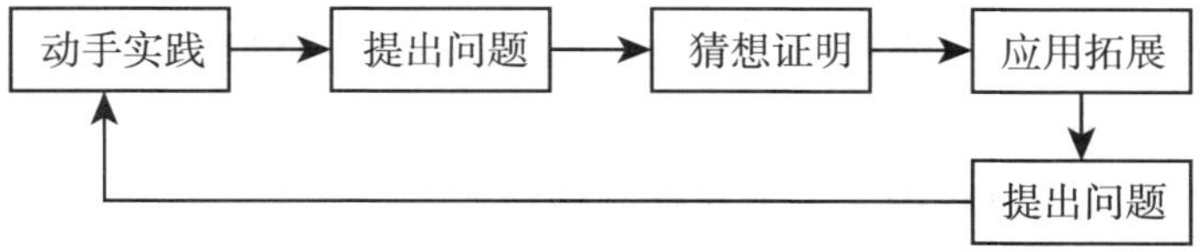

三、课例研究

本文的课例是八年级上册第二章“探索勾股定理”第二节内容“勾股定理逆

①蔡金法，姚一玲．数学“问题提出”教学的理论基础和实践研究［J］．数学教育学报，2019，28（4）：42–47.

后来判断这两个三角形是否全等？

学生 9：很容易求出直角边为 3 厘米和 4 厘米的直角三角形的斜边为 5 厘米。根据全等三角形判定 SSS，易证这两个三角形全等，对应角相等，于是得到最长边所对的角是直角。

教师：那么把数字 3 厘米、4 厘米、5 厘米改成字母 a，b，c 如何来证呢？

学生 10：把数字用字母来代替，只要证明斜边相等就可以了，只要说明 $c=c'$ 就可以啦。

把具体的数用字母来代替，学生展开讨论。

教师帮助学生梳理，学生说，教师板书如下：

证明：如图，作 Rt$\triangle A'B'C'$，

使$\angle C'=$Rt$\angle$，$B'C'=a$，$A'C'=b$.

记 $A'B'$ 为 c'，则 $a^2+b^2=c'^2$

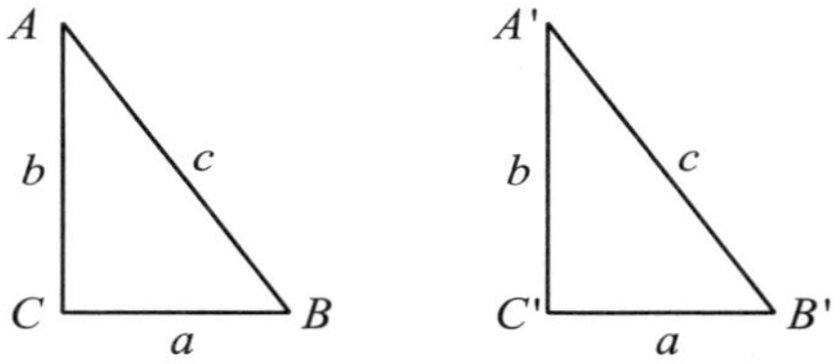

$\because a^2+b^2=c^2$，

$\therefore c'^2=c^2$

$\because c'>0$，$c>0$，

$\therefore c'=c$.

又$\because BC=B'C'=a$，

$AC=A'C'=b$，

$\therefore \triangle ABC \cong \triangle A'B'C'$ (SSS)

$\therefore \angle C=\angle C'=Rt\angle$，

即$\triangle ABC$ 是直角三角形。

【点析】教师从分析法的角度适时适当引导学生，帮助学生找到问题的突破口，教会学生如何从结论着手来思考问题，并体会从特殊到一般的证明方法。

定理：如果三角形中两边的平方和等于第三边的平方，那么这个三角形是直角三角形。

老师：进一步引导学生思考“这个定理与勾股定理有什么联系”？

学生 11：条件与结论互换了一下。

老师：在前面学过的直角三角形这节中，已经学过哪些互逆命题都是正确的？

学生 12：直角三角形斜边上的中线等于斜边的一半；三角形一边上的中线等于该边的一半，则这个三角形是直角三角形。

直角三角形的两锐角互余；有两个角互余的三角形是直角三角形。

【点析】看到一个定理（或真命题）要想到它的逆命题是否成立，从中培养学生的逆向思维与质疑能力，并全面地分析问题，数学核心素养落实。

（三）沟通应用，建立模型

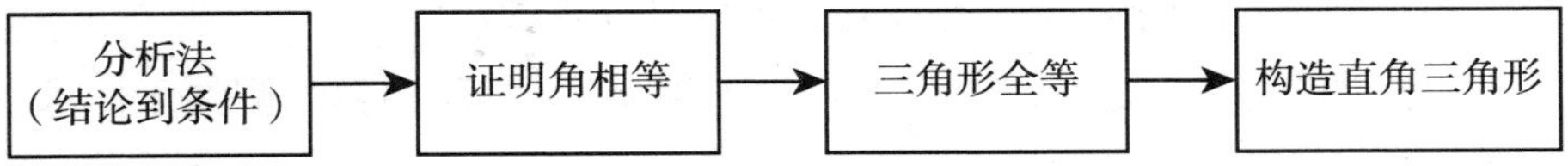

1. 基本练习

习题展示：根据下列条件，分别判断以 a，b，c 为边的三角形是不是直角三角形。

（1）$a=7$，$b=24$，$c=25$

（2）$a=\frac{2}{3}$，$b=1$，$c=\frac{2}{3}$

（3）$a=\sqrt{7}$，$b=\sqrt{3}$，$c=2$

（4）$a:b:c=5:12:13$

练习过程中，教师引导学生关注猜想中的问题 2：构成直角三角形的三边是不是一定要正整数？引导学生观察这四个小题中可以得到的结论。

学生 13 提出问题：是不是周长是定值的三角形都可以围成直角三角形？

教师：找一根绳子，当场让三位学生进行演示，得到直角三角形。并指出古希腊人结绳构造的方法得到直角三角形。同时也让学生演示围成的三角形也可以是钝角三角形、锐角三角形。

【点析】在设计的问题中，要与学生心中的疑问相呼应，在探究的过程中，$a=5n$、$b=12n$、$c=13n$ 中 n 取正整数时得到很多勾股数，如果扩大或缩小任意的倍数，得到的三角形还是直角三角形，只要满足三边之比是 $5:12:13$，在练习中悄然无声地解决了一开始学生提出的问题 2。对于学生 13 提出的问题，老师要牢牢抓住学生思想的火花，密切关注学生在解决问题中遇到的新问题，因势利导，培养学生的学习积极性与思维的深刻性。

2. 综合应用

根据下列条件，判断以 a，b，c 为边的三角形是不是直角三角形？

（1）$a=m^2-n^2$，$b=2mn$，$c=m^2+n^2$（$m>n$，m，n 是正整数）

教师给学生一定的时间思考与讨论，提出：如何比较 a，b，c 三边的大小？老师让学生自己思考，同学互助。

学生 14：直接观察就可以得到 $c>a$，接着只要判断 c 与 b 的大小。

学生 15：作差法比较，$c-b=m^2+n^2-2mn=(m-n)^2>0$（$m>n$），得到 $c>b$。

学生 16：不用比较三边的大小，要判断三边能否组成直角三角形，只要把这三边进行平方，然后判断其中两边的平方和是否等于另一边的平方即可。

拓展：学生对 m 与 n 取一些特殊正整数，寻找一些勾股数（3，4，5）（5，12，13）（7，24，25）（6，8，10）（12，16，20）…

学生 15 提出问题：这里的 m 与 n 可以是任意数吗？

同学讨论回答，也可以是任何数。如果 m，n 取正整数，则便于探求一些勾股数，书本可能是这个目的。

【点析】鼓励学生多种方法来解决此题，积极探究勾股数，领会数学的建模思想，从中体会归纳与演绎的方法，对学生提出的问题教师要做客观辩证的评价。

3. 拓展练习

由数化形：逆定理的几何意义及应用的探索。

①如图 1，最大正方形的面积等于较小两个正方形面积的和。求证：这三个正方形的边构成的△*ABC* 是直角三角形。

②图形变换下的习题变式：把大正方形往上翻折如图 2，以△*ABC* 的每一条边作三个正方形。已知这三个正方形构成的图形中，绿色部分的面积与蓝色部分的面积相等，则△*ABC* 是直角三角形吗？请证明你的判断。

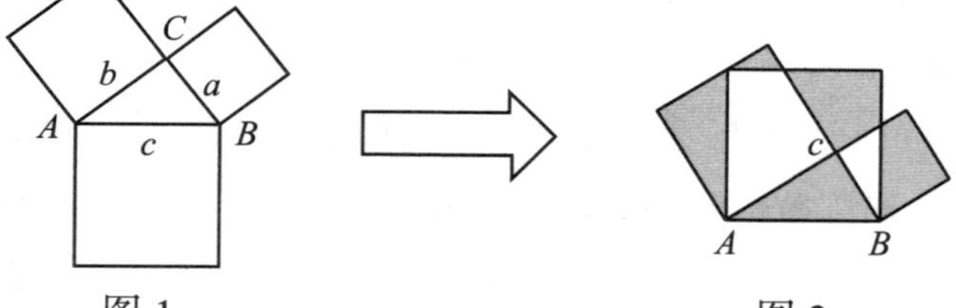

图 1　　　　　　图 2

变式拓展 1：如果以直角三角形的三条边 a，b，c 为边，向形外分别作正三角形，见下图 1 那么是否存在 $S_1+S_2=S_3$

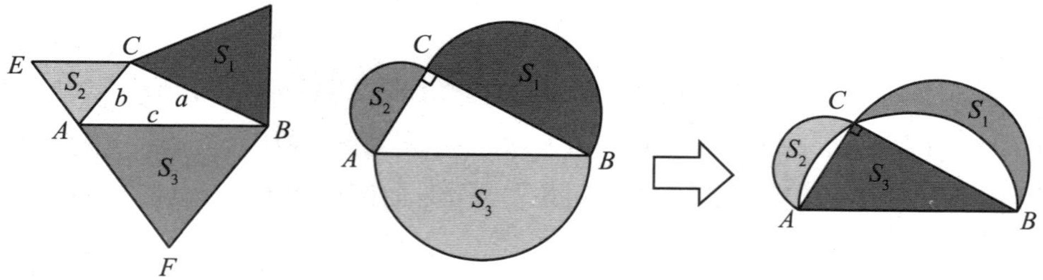

图1　　　　　　图2　　　　　　图3

变式拓展 2：以直角三角形的三边为直径做三个半圆，如上图 2，则 $S_1+S_2=S_3$ 成立吗？图形往上翻折如上图 3，你能说出 $S_1+S_2=S_3$ 的理由吗？

【点析】在教学中，结合图形理解了逆定理的几何意义，从而可以进一步应用逆定理来得到一些新的发现，激发学生的探索精神。

（四）归纳梳理：以提问的形式从多维的视角分析研究

①勾股定理的逆定理产生的前因是什么？说说新结论产生的方法和途径。

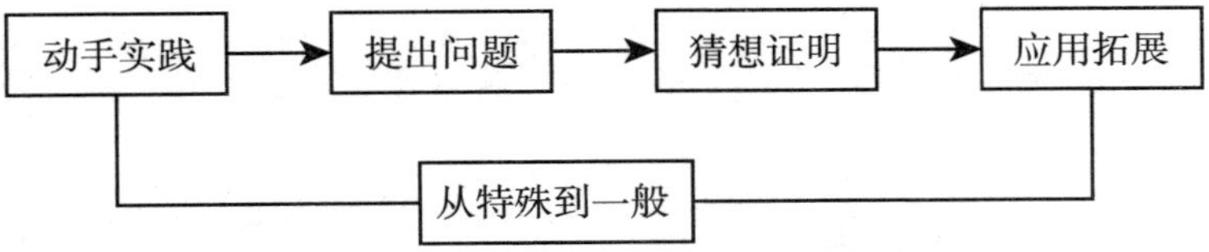

②对于一个命题的论证我们有哪些步骤？

③勾股定理的逆定理可以在用在什么地方？请举例说明。

④一堂几何课我们从哪几个维度构架学习：

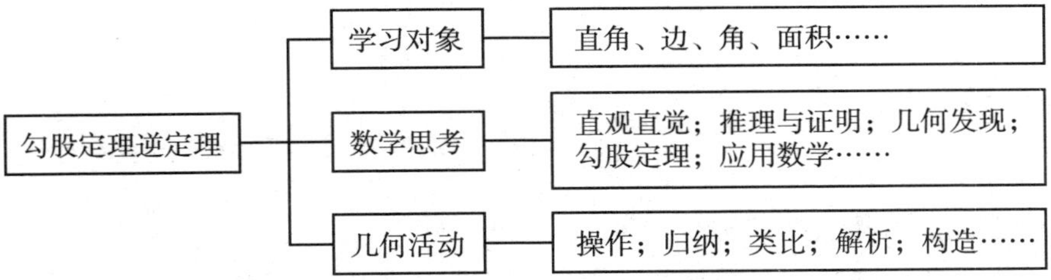

（5）课后拓展 三边关系 $a^2+b^2>c^2$，$a^2+b^2<c^2$ 能得到何种三角形？

这一猜想有可能在课堂上生成，教师积极引导学生课外去探索发现证明并整理成文。

【点析】课堂小结不仅仅是总结所学到的知识和技能，更重要的是要去总结知识和技能形成的来龙去脉，厘清研究对象的要素，用类比的方法引导学生用数学研究的视角进行数学探索，在学习的基础上产生新的问题，鼓励学生课后思考，提高学生自主研学的能力。

创编习题全域扫描，借助习题精准复习

——以“简便计算复习课”一课的教学为例

浙江省杭州市萧山区城东小学 徐爱娣

【摘要】小学毕业总复习是对整个小学阶段数学知识的概括和总结，让学生

巩固、加深、拓宽已经学过的知识并达到温故而知新。然而，老师面对层次不同的学生、内容繁多的教学任务、紧迫的教学时间，往往会陷入种种误区：机械的"题海战"、盲目的"拉网式"、孤立的"游击战"等，使学生和老师都疲惫不堪，却收效甚微。本文以六年级"简便计算复习"一课为例，通过创编、梳理、抢答、再编习题的教学方式，在编题中全方位展现学习现状，在运用习题中实现精准复习，让不同的学生在总复习阶段得到不同程度上的收获，让学生体会复习课的另外一种魅力。

【关键词】数学本质　精准复习　简便计算　复习课

一、创编习题，开放式的唤醒

（一）学生编题，体会"凑整计算"

（师出示：8，$\frac{3}{7}$，7.4，$\frac{4}{7}$，125 ，2.4。）

师：你能编一道一步计算题并快速计算出得数吗？

生 1 ：8×125 。

生 2 ：$\frac{3}{7}+\frac{4}{7}$。

生 3 ：7.4–2.4。

师：你们为什么这样编？

生：计算方便，都能凑整（学生很快说出每道题目的得数）。

师：你们真厉害，能根据这些数的特征，在"凑整"思想的引领下组成计算题并立即算出得数。是的，"凑整"是整个小学阶段计算中很重要的思想，能帮助我们简化计算。

【开放式整理，唤醒全面复习：给出几个特别的数，有分数、小数、整数，让学生自由创编一步计算式题，学生对以前的知识点进行全方位的回忆。

低起点入手，牵起全班的手：简便计算的基本思想是凑整，这里的编题在无形中让学生体会简便运算不仅仅是整数可以运用，分数、小数甚至百分数都是可以用的。同时，创编题目也培养了学生的数感，并对后续的简便计算定律整理做了引领和铺垫。】

（二）教师改编，遵循"计算规则"

师：老师来改编一下同学们的题目（在学生的一步计算题上老师作了一些改动）：

$\frac{3}{7}+\frac{4}{7}\times 23$　　　　$48\times 8\times 125$　　　　7.4–（2.4+1.3）

现在该怎么计算？还能凑整吗？

生：不能凑整了，只能根据四则混合运算的法则进行计算。

师：是啊，观察题目以后，如果不能简便计算，必须遵循四则混合运算的规则进行计算。

教师出示：学生读一读。

四则混合运算计算法则：

1. 只有加减法或只有乘除法，从左往右计算；

2. 既有加减法又有乘除法，先算乘除再算加减；

3. 有小括号的题目要先算小括号里面的。

【教师改编学生的题目，规避教学中的负迁移：学生有了前面复习的凑整思想，很容易出现一种负迁移，就是会想当然地把一些计算题进行凑整计算了。为了改变这种情况，老师特地在这里利用课堂的生成性资源，直接改编学生的题目，目的就是给学生一个自主发现的机会，在观察老师改编题目的过程中，能够在不知不觉中明白，很多题目还是要遵循四则混合计算的计算法则进行计算。同时，把四则混合运算的计算法则自然而然进行了复习。】

（三）学生改编，回忆运算定律

师：如果让你来改编，你想怎么改？为什么？

生 1：改编学生的题目为：$23\times\frac{3}{7}+\frac{4}{7}\times 23$。可以利用乘法分配律来进行简算：$23\times(\frac{3}{7}+\frac{4}{7})$。

（教师板书乘法分配律）

师：剩余两道题目能进行改编吗？并说说改编的依据。

生 2：48×（8×125），可以根据乘法结合律来简算。

生 3：7.4–（2.4+1.6）或者 7.4–2.4–1.6 可以利用减法性质。

……

（教师板书运算定律）

【学生二次改编同学的题目，刺激学生对于简算模型的回忆：逆向思维的编题，是非常考验学生对旧知掌握情况的熟练程度的。教师进行适当点拨以后，由学生继续进行改编，并说明理由，鼓励学生多角度思考，方法并不唯一。】

二、梳理习题，系统式的内化

学生不断改编同学的题目，心中的运算定律与性质都被激活了。于是老师索性就请孩子们将这些自己改编的题目进行恰当的梳理，来整理学过的知识点。

简单运算复习整理单

$(52+13)+48$	$(\frac{1}{2}+\frac{1}{3}-\frac{1}{6})\times 24$	71×99
$(50\times 17)\times$	$600\div 25\times 4$	$533-167-133$
$600\div 25\div 4$	44×25	$(10+125)\times 8$

师：小学阶段我们学了很多运算定律和性质，除了刚才说到的几种，还有很多。请同桌合作进行梳理，完成整理单。

师：原来小学阶段我们学了那么多关于计算的零散知识点，今天通过同学们的梳理，形成了简便计算一条线，结合四则混合运算又形成了一个知识板块，这就是我们复习的意义——温故而知新。

【利用梳理习题的过程，内化原有的知识点。复习课的主要目的是让学生把头脑中已有的零星知识点进行系统归纳、整理，通过复习课将知识点串成线、结成网。学生个人的知识体系可能不够完善，而集体的讨论会弥补个人思维的短板，通过小组内合作探讨，到小组间交流、对比补充，教师再进行个别指导，让学生在教学中充分展示自己整理的成果。教师给予不同层面的积极评价，使学生对自己整理的成果的印象更加深刻，产生成功体验并建立自信。所以复习课中往往不求完整的整理形式，为求会与不会的悄然呈现，只为抓住复习的本质。】

三、抢答习题，互动式的生成

（一）看大家编的题目，限时抢答

师：掌握了那么厉害的本领，我们来试试身手吧！很有挑战性哦！

（屏幕上会限时显示大家编写的一道题目，同学们必须在规定时间内看清楚题目并想好能否简算？怎么简算？运用什么运算定律？）

39×101	4.4×25	$(\frac{1}{2}+\frac{1}{3}-\frac{1}{6})\times 24$
$6.32\times \frac{1}{35}+3.68\div 35$		$600\div 25\times 4$

（教师依次出示题目，适当根据题目难易掌握显示时间）

（学生很激动，看到题目积极思考，并能准确说出运算方法和简算依据）

【利用学生编题后的抢答，内化孩子原有的知识点。通过限时抢答，可以检验学生对于简便计算定律本质的理解有没有到位。我没有让学生进行大量的运算，只出示题目让学生说出用哪种运算定律解决即可，因为我觉得会选择用什么定律比用定律计算更有价值。】

（二）看老师编的题目，限时抢答

师：好精彩的课堂，好厉害的同学，再来试一题。

（出示：$600\div25\times4$）

生 1：$600\div25\times4$ 利用除法性质可以这样简算 $600\div25\div4$。

生 2：错了，错了。

师：哦？哪里错了？

生 3：这个题不能简便运算的。因为后面是乘法，不能用除法性质。

（生 1 还有疑惑，生 3 跑到黑板前找到除法性质，进行说明：一个数连续除以两个数，可以除以它们的积，这才是除法性质。生 1 恍然大悟。）

【通过对习题的抢答，生成简便计算的多种方法。学生受习惯性思维影响，会觉得出示的每一个题目都是可以简便计算的。因此部分学生直接判断失误。而我觉得正需要这样借助这样的特例，让学生明白，简便计算也是有规则的。当然由于前面一个环节老师已经有对于负迁移的正确引导，所以这个环节更多的是检验孩子们的能力，同时也可调节课堂教学气氛。应该说，当时孩子们大多数都是正确的，个别出错也是能瞬间明白过来的。】

师小结：看来简便计算不那么简单啊，必须要看清楚数字的特点与题目的特征，找到相应的简便方法来运算。

【复习课不只是复习，还有思维碰撞：复习课除了查漏补缺，也需要有一定的数学碰撞和思维的深度，也就是要让知识“内化与生成”。首先就要找准本节课知识的生长点即数学本质，根据知识点间的区别与联系、迁移规律，通过探索知识的生长点，使学生对知识的又一次生成产生一种跃跃欲试的需求和冲动，这时有必要采用一些具有主动架构式的教学环节和内容来促进学生知识不断地生长与体系的形成。

复习课不只是思维碰撞，还有自主辩论：通过习题 $600\div25\times4$ 能用除法的性质，让学生进行辩论思考，尝试把复习的主动权交给学生。学生只有经过自己独立思考获得本质的知识，才能获得更好的内化效果。为教师要善于在复习课教学中，重视教材的挖掘，通过对典型例题的精准复习，达到以点成线，以线成面，以面成体的融会贯通目的，使学生对习得知识有“既见树木，又见森林”的感觉。要把知识体系当成复习核心，围绕体系开展教学，同时要注意引导学生对其归类，总结规律，对习题进行变式训练，对问题进行灵活变换，使学生从多方面感知数学解题的方法，提高学生的综合分析、解决问题的能力和应变、整合能力，从而真正起到内化生成的效果。】

四、再编问题，自然拓展

师：同学们，你们编写的计算题都会算了，你能选择其中一题计算题，编写出一道图形题或者应用题来吗？

（根据算式，同桌自主编题）

生 1：我们编的题目是 52+13+48=52+48+13。我们是这样编的：学校组织学雷锋捐书活动，601 班捐书 52 本，602 班捐书 13 本，603 班捐书 48 本，一共捐书多少本？

同桌补充：我们可以先求 601 和 602 班的总数，再加上 603 捐的数量就是总数。也可以先求 601 和 603 班的总数，再加 602 班的数量，也是总数。

生 2：我们选择的题目是（50×17）×2=50×2×17。我们是通过结合图形来编题的。有两个长方形，长是 50 厘米，宽是 17 厘米，它们的总面积是多少？

（同桌到黑板上画图演示）

第一种方法：先把两个长方形拼成一个大长方形，它的长是 50×2，再乘宽 17。

第二种方法：先求一个长方形的面积：50×17，再乘 2。

师：同学们根据简便计算的试题自己编应用题，你有没有发现，解决问题，方法并不唯一。有时候思路不一样，解法也会方便很多，包括我们的图形题。现在老师有这么一道题目，你们观察一下，能不能用简便方法来快速计算结果。

求下面图中零件的体积，保留到 π。

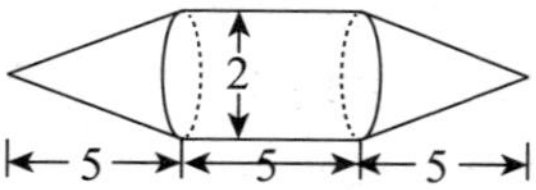

生 1：两个圆锥的体积 + 一个圆柱的体积。

$2 \div 2 = 1$

$\frac{1}{3} \times \pi \times 1^2 \times 5 + 1^2 \times 5 \times \pi + \frac{1}{3} \times \pi \times 1^2 \times 5$

$= \frac{5}{3}\pi + 5\pi + \frac{5}{3}\pi$

$= \frac{25}{3}\pi$

生 2：因为圆锥和圆柱的高相等，所以可以利用乘法分配律，这个零件的体积其实就是$\frac{5}{3}$个圆柱的体积。

$$\left(\frac{1}{3}+\frac{1}{3}+1\right)\times 1^2\times 5\times\pi$$
$$=\frac{5}{3}\times 1\times 5\times\pi$$
$$=\frac{25}{3}\pi$$

【计算不只是计算，是为了解决问题：学习的本质——学以致用，所以要检测学生复习课的效果如何，不要采用大量机械性、重复性的练习，而是尽可能用少量的练习，来取得事半功倍的效果，以达成复习目的。而这种少而精的练习最好镶嵌在学生的兴趣点上，进行生活化的应用，最终看学生是否会灵活应用所学知识解决生活化问题。所以设置环节四“数形结合，解决问题”的目的就是承上启下结合实际，通过图形的变换及解题的再分析，使学生更进一步感悟数学变化的魅力。在整堂课中安排的交流环节有很多，形式丰富，师生间总结出规律性的东西，提升解决实际问题的能力。】

基于“错例分析”的小学数学教学改进的实践研究

——“微班”环境下乘法运算定律的错例分析与思考

浙江省淳安县姜家镇中心小学龙泉校区　姜晓丽

【摘要】在小学数学教学中，熟练掌握运算定律是实现简便运算的有效途径，也是学生学习中的重难点。笔者发现，在学习乘法运算定律时，乘法交换律是学生比较容易掌握的，而乘法结合律和分配律的运算却经常出错，突出表现在乘法分配律和结合律的混用等。本文主要通过收集全班 9 名同学有关乘法分配律和结合律的典型错例，进行归类整理，并提出相应的教学措施。这为后期学习小数、分数的简便运算奠定了基础，对提高学生的运算能力、开拓学生的数学思维都有着重要的意义。

【关键词】微班　乘法　分配律　结合律

计算教学作为小学数学教学中的一大重点，在学生学习数学的过程中无处不在。而简便计算作为计算教学的主要内容，对学生运算能力和思维能力的发展都具有积极的作用。在四年级下册的教学内容中乘法分配律和乘法结合律是教学的主要内容之一，在后期的学习中又不断出现乘法分配律和乘法结合律的应用，例如小数、分数的简便计算。因此，乘法分配律和结合律的学习在整个小学阶段的计算教学中是至关重要的。但在实际教学过程中，学生经常在运用乘法结合律和乘法分配律进行简便计算时出错，给学生的“学”和教师的“教”都带来了困扰。为此，笔者结合自身教学经历以及学生的学习实际，发表一些自己的见解。

一、错题再现

在乘法运算定律的教学中，笔者收集了全班9名同学的典型错题，并将这些错题进行了归类。

第一类：基本的计算错误

$7.5+2.5\times4$
$=7.5+10$
$=75$

$278\times2+278\times3+278\times5$
$=278\times(2+3+5)$
$=278\times13$
$=3614$

第二类：简便了却忽略了运算规则

$48\div4\times25=0.48$　　$17\times8\div17\times8=1$

第三类：乘法分配律与乘法结合律混用

18×125
$=(10+8)\times125$
$=10\times(8\times125)$
$=10\times1000$
$=10000$

$125\times32\times25$
$=125\times8+25\times4$
$=1000+100$
$=1100$

125×48
$=125\times(8\times6)$
$=125\times8\times6\times125$
$=1000\times800$
$=800000$

第四类：简便计算，不简便

102×41
$=(100+2)\times41$
$=100\times41+2\times41$
$=102\times41$
$=4182$

88×125
$=(8+80)\times125$
$=88\times125$
$=11000$

第五类：直接凑整，忽略等式的成立性

99×21
$=(99+1)\times21$
$=100\times21$
$=2100$

15×101
$=15\times(101-1)$
$=15\times100$
$=1500$

第六类：知道定律但不会用

101×54	$101\times69-69$
$=100\times54+1$	$=100\times69-1$
$=5400+1$	$=6900-1$
$=5401$	$=6899$
$37\times111+999\times7$	$9999\times9999+19999$
$=4107+6993$	$=9999\times9999+(10000+9999)$
$=111000$	$=9999\times3+10000$
	$=29997+10000$
	$=39997$

二、原因分析

（一）第一类错题：粗心大意

出现第一类错误的主要原因还是学生在做题的过程中不够仔细。对于四年级的学生来说，最简单的加减运算应该是不在话下，但还是把 2+3+5 算成了 13，把 7.5+10 算成了 7.5×10。

（二）第二类错题：思维定式

笔者在教学过程中发现，学生看到“8 和 125，4 和 25”时，就会习惯性地把它们进行相乘。例如在计算 $48\div4\times25$ 时，学生很容易先算 4×25，将乘法结合律用在了含有除法的算式中，而忽略了正确的运算顺序。当题目要求能简便的就简便时，学生就很自然地将两边的先算，然后直接相除，例如 $17\times8\div17\times8=1$。

（三）第三类错题：生搬硬套

在教学中，最常见的问题就是学生没能真正区分乘法结合律和分配律，在做题的时候，解题思路很容易受到形式上的干扰，造成运算定律的错用和运算过程的混淆。从第二类错例可以明显看到：$18\times125=(10+8)\times125$，这一步是正确的，说明学生看到 125 很自然地就想到了 8，于是就将 18 拆成了 10+8，但在接下来的运算中，又将 10 与 8 用“×”号连接，说明学生根本不理解乘法分配律的算理。在计算 $125\times32\times25$ 时也是如此，学生看到 125 想到 8，看到 25 想到 4，于是将题目中的 32 拆成了 8×4，但在接下来的计算中却与 $125\times8+25\times4$ 对等起来，中间用“+”连接，采用乘法分配律进行计算。再看 125×48，看到 125 想到将 48 拆成 8×6，等于 $125\times8\times6$，但在第三步时后面却又乘了 125。不难发现，类似这样的错误在学生的作业中重复出现，这无时无刻不在提醒我们，学生对乘法分配律和结合律的理解混淆不清，以致造成学生在做题目时生搬硬套。

（四）第四类错题：机械记忆

有些学生能熟练地背出乘法运算定律的概念及计算公式，但在具体的应用上却很困难，这很有可能就是学生只注重运算形式的记忆，而这种记忆造成了学生计算的循环。从错例中可以看出，学生在做第一步的时候，思路还是清晰的，把102看成100+2，把88分解成8+80。接下来应用乘法分配律进行计算理应是水到渠成的事，但学生在做题时却又回到了原题上，这可能都是对形式的机械记忆造成的。

（五）第五类错题：急于凑整

在遇到含有“99”“98”“101”“102”“999”“1001”等这些接近整百整千数的算式时，学生往往片面追求凑整，而忽略了整个算式的结构及对等性，造成计算过程前后不等。从第三类错例中可以明显看到，学生看到99、98这些接近100的数，想到了凑整的方法，却直接算成$99\times21=(99+1)\times21$，$15\times101=15\times(101-1)$，硬生生将99、101凑成了100。

（六）第六类错题：算理不清

通过错例可以看出学生在解题过程中完全不知道从何处下手，对数字不敏感，不擅于观察，比如遇到“1乘公共因数”的情形时，学生没有用乘法算式表示出来，从而造成计算上的错误。例如$101\times54=100\times54+1$，从乘法的意义上看，$101\times54$可以表示为101个54相加，即100个54再加上1个54，但在计算时学生却直接将加1放在了最后，算成$100\times54+1$。在计算$101\times69-69$中也是如此。在计算$37\times111+999\times7$和$9999\times9999+19999$这类稍复杂的简便运算时，在学生原本就理不清的基础上，又加大了难度，以致错误连连。

三、应对措施

（一）通过总结归纳，培养学生的数学学习习惯

首先，教师应该帮助学生养成认真审题的习惯。其实学生解题时的许多错误并不是因为他们不会做，而是因为他们缺乏正确的审题习惯和审题技巧。所以说，认真审题是正确解题的关键。

其次，教师应帮助学生养成书写工整，字迹清晰的做题习惯。特别是数字、小数点、进退位要书写清楚，数位要对齐，以防因自身字迹潦草而导致的错误。

有时草稿纸上的字迹也不能小觑，这往往是提高学生计算准确率的关键。

最后，教师还应帮助学生养成学会检查的习惯。做完题，要仔细检查，看看结果是否合理，并学会验算。

（二）通过回顾旧知，培养学生自主探究的能力

在三年级下册第四单元第 46 页中，我们已经学习了两位数乘两位数的笔算乘法。在学习中我们可以看到：

$$
\begin{array}{rrr}
 & 1 & 4 \\
\times & 1 & 2 \\
\hline
 & 2 & 8 \\
1 & 4 & \\
\hline
1 & 6 & 8
\end{array}
\quad
\begin{array}{l}
\\
\\
\longrightarrow \text{表示2个14} \\
\longrightarrow \text{表示10个14} \\
\\
\end{array}
$$

用点子图表示：

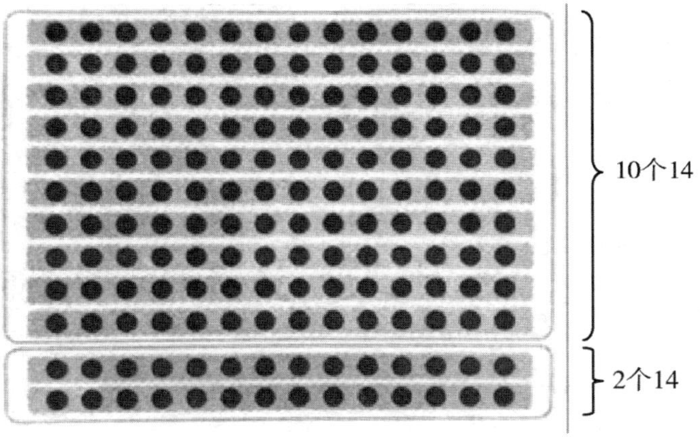

顺着这个思路，学生很快就联想到 $14\times12=14\times(10+2)=14\times10+14\times2$，这也就验证了乘法分配律 $(a+b)\times c=a\times c+b\times c$，帮助学生抓住数学的本质，体验从一般到抽象的过程，从而建立数学模型。可以看出，数学知识之间存在着一定的联系，通过对已学知识的回顾，可以唤醒学生已有的学习经验，从而更加有效地巩固乘法分配律的算理和算法。

（三）通过数形结合，培养学生的数学思维

画图是非常直观的表达方式，通过画图可以非常直观地反映运算规律，让人一目了然。例如：李叔叔家有一块菜地（如下图所示），这块菜地有多少平方米？

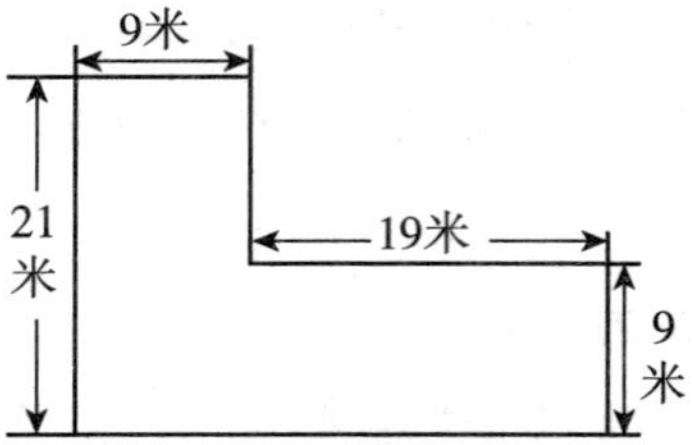

这是一道有关几何计算的数学实际问题，题目中的多边形可以划分为宽相等的两个长方形：

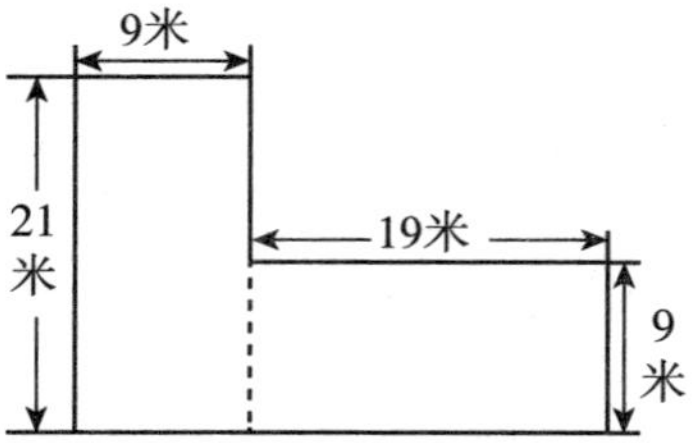

列式计算：21×9+19×9

也可以把这两个比较小的长方形拼成一个大的长方形：

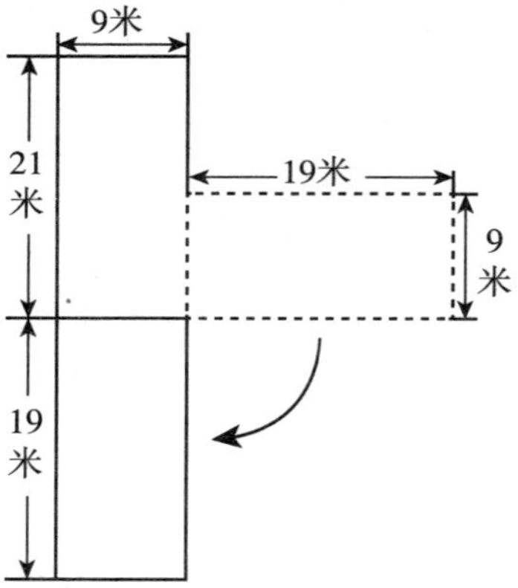

列式计算：（21+19）×9

从图形中，我们可以看出 21×9+19×9=（21+19）×9，用字母表示就是（a+b）×c=a×c+b×c，学生从几何模型上再次证明了乘法分配律。因此，我们可以通过数形结合的方法帮助学生理清思路，弄清算理，构建乘法结合律和乘法分配律的思维模型。

（四）通过对比学习，培养学生的学习方法

1. 在字母表达式中对比

乘法结合律：（a×b）×c=a×（b×c）

乘法分配律：（a+b）×c=a×c+b×c

	不同点	相同点
乘法结合律	①运算符号都是乘号 ②每个因数只出现了一次 ③同级运算	①都含有三个不同的字母 ②都必须遵循四则运算运算法则
乘法分配律	①运算符号有加（减）有乘 ②因数 c 出现了两次 ③二级运算	

通过基本公式、概念的对比，让学生在形式上加以区分，提高简便计算的准确性。

2. 在课堂教学中对比

在课堂教学中，教师可以出示有关乘法分配律和结合律的算式，让学生根据算式试着编一编现实生活中的一系列数学问题，从而加深学生对乘法分配律和结合律的认识与理解。例如：

75×125×2　　（75+125）×2　　75×2+125×2

学生会举例说：学校小操场的长为 125 米，宽 75 米，小操场的周长是多少米？这道题就只能用（75+125）×2 和 75×2+125×2 进行计算，而不能用 75×125×2。教师试着追问，那什么时候会用到 75×125×2？学生很快就会说，当问到两块这样的操场面积有多大时，可以用。另外，还可以适当地加入选择、判断的方式进行教学，分析学生掌握与理解的能力，从而提升课堂教学的质量。这样的课堂教学，让更多的学生亲身经历了乘法分配律数学模型建立的过程。

3. 在课后练习中对比

对不同类型的运算进行罗列，分类并加以区别。例如在练习中出示：

（25×75）×4　（25+75）×4　25×4+75×4　25×（75×4）　25×75+4

让学生来说一说这五道算式的异同点及相互之间的联系：（25×75）×4 和 25×（75×4）中间都是乘号，只是小括号的位置不同，改变了运算顺序并不改变计算结果；（25+75）×4，25×4+75×4 和 25×75+4 都有加、乘，但 25×75+4 和其他两个算式表达的意义完全不同，计算结果也就不同。

（五）通过联系生活，培养学生的应用能力

对于四年级的学生来说，他们的形象思维能力相对较好，那些纯数字的数学题目看似十分容易，但在思维方面容易出现混淆，特别是概念性的教学等。这时，教师在教学过程中就可以与学生的生活实际紧密联系，充分挖掘学生的生活素材，让教学活动更加富有现实意义，从而让学生用现实生活中的原型为依据，去构建相关的数学运算定律。

（六）通过口诀编制，培养学生的解题技巧

把数学教学与生活实际相结合，利用对比的方式组织教学，这个时候更需要教师趁热打铁。当学生还在疑惑何时用乘法分配律、何时用乘法结合律时，我们不妨让学生编制一两条口诀来提升课堂教学的效率。比如，在整理错题过程中，我们就一起编制了这么一段关于乘法分配律和结合律进行简便运算的口诀："眼睛看仔细，运算顺序要遵守，基本口算不能错。同级运算最好办，乘法结合要优先，两级运算都出现，乘法分配想一想。遇到整十整百整千数，动脑试着拆一拆，再用乘法分配算。"在区分乘法分配律和结合律时，我们也可以编制相应的口诀，方便学生记忆，从而逐渐地去理解和领悟其中的真正含义。

（七）通过有效练习，培养学生的计算能力

通过大量的练习和纠错讲解，教师可将学生的错题进行归纳整理，对每位学生的易错点进行提炼，并有针对性地布置练习，让学生自己发现总结方法，实现学生自主探究，促使学生熟悉和理解乘法结合律和乘法分配律，并且能够熟练应用。

最好的教学就是讲故事，而非一味地说教。为此，我将继续发展"学术交流群"共同探讨，一起研究数学教育的故事。